Über dieses Buch Im Nachwort zu seiner »*Selbstdarstellung*« schrieb Freud 1935 im Hinblick auf seine in den Jahren davor erschienenen kulturtheoretischen Schriften: »Nach dem lebenslangen Umweg über die Naturwissenschaften, Medizin und Psychotherapie war mein Interesse zu jenen kulturellen Problemen zurückgekehrt, die dereinst den kaum zum Denken erwachten Jüngling gefesselt hatten.« Diese Feststellung schien einen Eindruck der Zeitgenossen zu bestätigen: Freud sei auf einmal, aus Altersweisheit, auf die Kultur gekommen. Dieser Eindruck trügt. Freud war als Wissenschaftler von Anfang an immer auch mit gesellschaftlichen Phänomenen beschäftigt gewesen. Alfred Lorenzer und Bernard Görlich stellen in ihrer gedankenreichen Einleitung fest: »Das ›hysterische‹ Unglück [...] ist [...] eingebunden in einen ganz bestimmten kulturellen Zusammenhang [...]. Was dem analytisch Verstehenden zu Ohren kommt, ist die Darstellung eines Leidenszusammenhangs, in dem Bedürfnisse, Wünsche, intime Lebensentwürfe auf der einen, Normen, Gebote und Verbote auf der anderen Seite miteinander in Widerstreit geraten sind. Diese Konfliktstruktur zieht von vornherein die soziokulturelle Dimension ins Spiel [...].«
Wer die Schriften des vorliegenden Bandes studiert, wird nachvollziehen können, wie sich Freuds Auffassung von der Wechselwirkung Individuum / Kultur im Laufe der Jahrzehnte differenzierte. Gemeinsam ist allen Arbeiten die These vom Antagonismus zwischen Kultur und Triebleben. Während in den frühen Arbeiten dieser Antagonismus noch als vorwiegend den Sexualtrieb betreffendes Gegeneinander von Luststreben und moralischem Verbot konzipiert wird, hat Freud später den Brennpunkt mehr und mehr auf den Aggressions- und Selbstvernichtungstrieb gerichtet. Diese Verlagerung begründet die staunenswerte Aktualität des Freudschen kulturtheoretischen Denkens in unserer Zeit.

Der Autor Sigmund Freud, geboren 1856 in Freiberg (Mähren); Studium an der Wiener medizinischen Fakultät; 1885/86 Studienaufenthalt in Paris, unter dem Einfluß von J.-M. Charcot Hinwendung zur Psychopathologie; danach in der Privatpraxis Beschäftigung mit Hysterie und anderen Neurosenformen; Begründung und Fortentwicklung der Psychoanalyse als eigener Behandlungs- und Forschungsmethode sowie als allgemeiner Psychologie; 1938 Emigration nach London; 1939 Tod.

Die Verfasser der Einleitung Alfred Lorenzer, Dr. med., 2002 verstorben, war Professor am Fachbereich Gesellschaftswissenschaften, Universität Frankfurt a. M., und Psychoanalytiker. Zahlreiche Veröffentlichungen, darunter *Sprachzerstörung und Rekonstruktion* (1970) und *Intimität und soziales Leid* (1984). – Bernard Görlich, Dr. phil., akad. Rat am Lehrstuhl für Psychologie, Universität Augsburg. Neben anderen Publikationen Mitherausgeber und Autor von *Zur Idee einer psychoanalytischen Sozialforschung* (1987).

Unsere Adresse im Internet: www.fischerverlage.de

SIGMUND FREUD

Das Unbehagen
in der Kultur

Und andere kulturtheoretische Schriften

Einleitung
von Alfred Lorenzer
und Bernard Görlich

FISCHER TASCHENBUCH VERLAG

Neunte, unveränderte Auflage: März 2004

Veröffentlicht im Fischer Taschenbuch Verlag,
einem Unternehmen der S. Fischer Verlag GmbH,
Frankfurt am Main, Mai 1994

Umschlagentwurf: Buchholz / Hinsch / Hensinger
(unter Verwendung eines Fotos von Freud aus den dreißiger Jahren,
dem Jahrzehnt, in dem *Das Unbehagen in der Kultur*
und ›Warum Krieg?‹ entstanden)
Gesamtherstellung: Clausen & Bosse, Leck
Printed in Germany
ISBN 3-596-10453-X

INHALT

Einleitung. Von Alfred Lorenzer und Bernard Görlich . . .   7

Das Unbehagen in der Kultur (1930)   29

Die »kulturelle« Sexualmoral und die moderne
Nervosität (1908)   109

Zeitgemäßes über Krieg und Tod (1915)   133

Warum Krieg? (1933)   163

Anhang

Editorisch-bibliographische Notiz   181
Sigmund Freud – Werke im Taschenbuch (Gesamtübersicht) .   184

EINLEITUNG

Von Alfred Lorenzer und Bernard Görlich

I.

In seinen Notizen ›Zu Freuds Kulturbetrachtung‹, einer der ersten zeitgenössischen Reaktionen auf *Das Unbehagen in der Kultur*, geht Theodor Reik von Leser-Irritationen aus: »Die letzten Schriften Freuds sind auch für viele, die sich seine Anhänger nennen, eine Quelle ernster, manchmal peinlicher Verlegenheit geworden. Ihre Einreihung bereitete gewisse Schwierigkeiten, ihre Etikettierung innerhalb der wissenschaftlichen Literatur vollzog sich nicht so glatt als es wünschenswert gewesen wäre. Sie hatten wenig mit den Problemen der Neurosenlehre in jenem engeren Sinne zu tun. Sie waren eher eine besondere Art Erörterung und Kritik der abendländischen Kultur, ein Versuch der Kulturbetrachtung – doch unternommen unter denselben Gesichtspunkten, die früher die psychologische Durchdringung der Psychoneurosen bestimmt hatten.«[1] Aber, so gibt Reik weiter zu bedenken, nicht nur »der Inhalt dieser Probleme, auch die Art ihrer Behandlung mußte ernstes Befremden hervorrufen. Es ist nämlich nicht mehr zu verkennen, daß sich Freud in diesen letzten Schriften subjektiver gibt als in den früheren, daß er etwas von seiner persönlichen Stellung zu den großen Fragen der Zeit und der Zeiten verrät. Gegenüber der nur dem Forschungsobjekt zugewandten, unpersönlichen Haltung früherer Jahre getraut er sich nun der Äußerung eigener Ansichten, die von der Tradition erheblich abweichen. Die Wissenschaft wird gewiß emphatisch erklären, daß sie mit all dem nichts zu tun hat und daß es wissenschaftlich nicht zu verantworten sei, eigene Ansichten über die Beziehung von Glück und Kultur zu äußern. Ist nicht *Die Zukunft einer Illusion* gewissermaßen das Credo eines Glaubenslosen, enthält nicht *Das Unbehagen in der Kultur* ein Stück Weltanschau-

---

1 T. Reik, ›Zu Freuds Kulturbetrachtung (»Das Unbehagen in der Kultur«)‹. *Imago*, Bd. 16 (1930), S. 232–245; das Zitat S. 232.

ung eines Beobachters, der sich von Weltanschauungsfragen sorgfältig ferne hielt?«[2] Reik pointiert schließlich den Inhalt der Irrita-
tion nicht ohne ironischen Unterton: »Kultur und Glück – so
spricht man nicht zu Internisten.«[3]

Offenbar sieht auch Reik in den letzten Schriften Freuds eine
Schwerpunktverschiebung psychoanalytischer Betrachtung, sucht
er doch nach Bildern, die dem Leser den vermeintlichen Wechsel in
der Betrachtungsweise nahebringen sollen: »Die Andacht vor dem
Kleinen ist noch immer da, aber die großen Zusammenhänge treten
daneben hervor. Das Mikroskop wird oft beiseitegelegt und das
Fernrohr herangerückt. Eine Mahnung aus den Makamen des Ha-
riri bezeugt die Berechtigung, ja Notwendigkeit eines solchen
Wechsels des Standpunkts: ›Zu nah den Augen ist nicht besser als zu
fern – Dich selbst durchschaust du nicht und nicht den Welten-
stern.‹ Noch immer ist Klarheit das Ziel der Arbeit, aber manchmal
tritt nun Abgeklärtheit in den Vordergrund. Noch immer ist der
Beobachter in Freud übermächtig, aber daneben erscheint der Be-
trachter. Noch immer ist es das Wissen, dem sein bestes Streben gilt,
aber manchmal wird es von dem nach Weisheit abgelöst.«[4]

Die Rühmung der Freudschen Persönlichkeit, die sich diesen Sätzen
anschließt, braucht uns hier nicht mehr zu interessieren. Abgesehen
davon, daß sie im schroffen Gegensatz zu Freuds eigenem Selbstur-
teil steht (auf das wir noch eingehen werden), läßt Reik aber einen
wichtigen Gesichtspunkt außer acht, von dem man unbedingt sprechen muß, will man die Bedeutung der Freudschen Kulturbetrachtung angemessen erfassen: Diese entsteht nämlich gerade nicht als
Altersphilosophie eines weisen Mannes, die man abtrennen könnte
von den empirischen Aussagen des früheren Forschers; sie ist nicht
später Ableger einer ganz anders begonnenen Suchbewegung. Das
Problem der ›Kultur‹ betrifft den Psychoanalytiker vielmehr vom
ersten Augenblick an, weil es verwoben ist mit seiner Aufgabenstel-
lung wie mit dem Thema, das Freud in den Mittelpunkt seiner Auseinandersetzung rückte: Das »hysterische Unglück«, mit dem die

---

2 A. a. O., S. 232 f.
3 A. a. O., S. 233.
4 Ibid.

psychoanalytische Aufklärungsarbeit konfrontiert ist, ist kein Organgeschehen, das man aus dem lebensgeschichtlichen Zusammenhang des Betroffenen herauspräparieren könnte; es ist vielmehr eingebunden in einen ganz bestimmten kulturellen Zusammenhang, einen Kultur-Konflikt, der in seiner lebenspraktischen Unmittelbarkeit Ausdruck sucht. Was dem analytisch Verstehenden zu Ohren kommt, ist die Darstellung eines Leidenszusammenhangs, in dem Bedürfnisse, Wünsche, intime Lebensentwürfe auf der einen, Normen, Gebote und Verbote auf der anderen Seite miteinander in Widerstreit geraten sind. Diese Konfliktstruktur zieht von vornherein die soziokulturelle Dimension ins Spiel, geht es doch um soziale Beziehungsmuster, um Weisen zwischenmenschlichen Zusammenspiels. So wird in der Therapie der Patient niemals als isoliertes Wesen, sondern aus seinen besonderen Beziehungssituationen und Beziehungsentwürfen heraus verstanden; das sinnlich spürbare Wertgefüge der jeweiligen Kultur, und das heißt, das Problem der Kultur im Individuum, steht zur Debatte.

Freud handelte zwar zunächst in der Vorstellung, die Leidensuntersuchung streng naturwissenschaftlichen Kriterien unterwerfen zu können. Er begann aber schon früh zu ahnen und schließlich auch in seinen Schriften zu respektieren – immerhin stammt die erste explizit »kulturtheoretische« Studie, ›Die »kulturelle« Sexualmoral und die moderne Nervosität‹, bereits aus dem Jahre 1908 –, wie die kulturelle Thematik in das Verstehen und Begreifen hineinspielt, ja, wie sie sich diesem regelrecht aufzwingt.[5] Um nur ein Beispiel aus der Frühgeschichte der Psychoanalyse anzuführen: Freud zeigt, wie die in ersten Ansätzen entwickelte Neurosentheorie »sich mit der Auffassung des Mittelalters deckt, nachdem sie den ›Dämon‹ der priesterlichen Phantasie durch eine psychologische Formel ersetzt hat«[6]. Freud spielt dabei auf die neu entwickelte »Theorie einer Spaltung des Bewußtseins« an, die »als Lösung des Rätsels der Hysterie« gelten soll und nun auf überraschende Weise in Verbindung ge-

---

5 Vgl. dazu auch A. Lorenzer, *Intimität und soziales Leid. Archäologie der Psychoanalyse*. S. Fischer Verlag, Frankfurt am Main 1984.
6 S. Freud, ›Charcot‹ [Nachruf 1893]. In: S. Freud, *Gesammelte Werke*, Bd. 1, London 1952, S. 21–35; das Zitat S. 34.

bracht wird mit einem Jahrhunderte zurückliegenden kulturellen Normenkonflikt: »Tatsächlich hatte das Mittelalter doch diese Lösung gewählt, indem es die Besessenheit durch einen Dämon für die Ursache der hysterischen Phänomene erklärte [...].«[7] Noch konkreter skizziert Freud diesen Bezug in Briefmitteilungen an Wilhelm Fließ. »Was sagst Du übrigens zu der Bemerkung«, fragt er im Brief vom 17. Januar 1897, »daß meine ganze neue Hysterie-Urgeschichte bereits bekannt und hundertfach publiziert ist, allerdings vor mehreren Jahrhunderten? Erinnerst Du Dich, daß ich immer gesagt, die Theorie des Mittelalters und der geistlichen Gerichte von der Besessenheit sei identisch mit unserer Fremdkörpertheorie und Spaltung des Bewußtseins?«[8] Im folgenden Brief (vom 24. Januar 1897) teilt Freud dann mit, daß er den »Malleus maleficarum« (den *Hexenhammer*) bestellt habe und »fleißig studieren« werde. Freud erläutert: »Die Geschichte des Teufels, das Schimpflexikon des Volkes, die Gesänge und Gebräuche der Kinderstube, alles gewinnt nun Bedeutung für mich.«[9] Tatsächlich drängt die Freudsche Suchbewegung in diese Richtung: Es geht um einen unmittelbaren Bezug zu Inhalten und Formen von Lebenspraxis. Gebräuche, Gesänge, Sprachwendungen und Glaubensvorstellungen – diese kulturellen Formen der Weltdeutung und Weltauseinandersetzung gewinnen Bedeutung, weil sich in ihnen jener Zuschnitt von Lebenssinn widerspiegelt, dem Freud im Material seiner Patienten, in je individuell gebrochenen Formen, begegnete.

Aber nicht nur in der Verbildlichung der Erfahrung, auch in den ersten Ansätzen ihrer Systematisierung und Verbegrifflichung wird die Bedeutung des Kulturellen respektiert; so in Freuds ›Definition von »Heilig«‹, enthalten im Manuskript N der Briefe an Fließ (31. Mai 1897): »›Heilig‹ ist, was darauf beruht, daß die Menschen zugunsten der größeren Gemeinschaft ein Stück ihrer sexuellen und

---

7 A.a.O., S. 31.
8 S. Freud, *Briefe an Wilhelm Fließ 1887–1904*. Ungekürzte Ausgabe. Hrsg. von J. M. Masson, Bearb. der dt. Fassung von M. Schröter, Transkr. von G. Fichtner. S. Fischer Verlag, Frankfurt am Main 1986, S. 237.
9 A.a.O., S. 239 f.

Perversionsfreiheit geopfert haben. Der Abscheu vor dem Inzest
(ruchlos) beruht darauf, daß infolge der sexuellen Gemeinschaft
(auch in [der] Kinderzeit) die Familienmitglieder dauernd zusammenhalten und des Anschlusses an Fremde unfähig werden. Er
ist also antisozial – Kultur besteht in diesem fortschreitenden Verzicht.«[10]
Was sich in der Hervorhebung von Sexualität und Perversion hier
schon andeutet: Freuds Interesse zielt auf die basalen, leiblich konturierten Formen im Umgang des Menschen mit den kulturellen
Lebensanweisungen, auf den Zusammenhang von Kultur und
Triebschicksalen. Deshalb gilt dem Alltagserleben der Menschen
seine besondere Wertschätzung. Als Freud im *Unbehagen* damit
beschäftigt ist, »die Züge der Kultur im einzelnen zusammen[zu]suchen, wie sie sich in menschlichen Gemeinschaften zeigen«, skizziert er die Ausgangsposition der Betrachtung so: »Wir lassen uns
dabei ohne Bedenken vom Sprachgebrauch, oder wie man auch
sagt: Sprachgefühl, leiten im Vertrauen darauf, daß wir so inneren
Einsichten gerecht werden, die sich dem Ausdruck in abstrakten
Worten noch widersetzen.«[11]
Gehen wir nicht achtlos an dieser Akzentsetzung vorbei, denn offensichtlich ist Freud hier darum bemüht, den ›subjektiven‹ – erlebnisanalytischen – Zugang, der sein psychoanalytisches Verfahren ja
insgesamt charakterisiert, auch in der Auseinandersetzung mit Kulturphänomenen zur Geltung zu bringen: Ansatzpunkt ist nicht
die Ebene der reflexiven Wissensbestände, sondern das Alltagsbewußtsein, die in ihr enthaltene Gefühlsaura. Mit dem vermeintlich
Selbst-Verständlichen will Freud sich liieren, um dieses von innen
her zu erschüttern und über dessen undurchschaute Antriebsmomente kritisch aufzuklären.
Halten wir fest: Diese Verschränkung von ›subjektivem‹ Zugang
und ›Kulturkritik‹ enthüllt in den Arbeiten, die dieser Band umfaßt,
ganz generell die Eigenart des psychoanalytischen Vorgehens, wobei jedoch eine Schwierigkeit zu beachten ist: die Übertragung

10 A.a.O., S.269.
11 Unten, S.56.

11

psychoanalytischer Erkenntnis auf das nichttherapeutische Terrain der Kulturanalyse ruft ideologiekritische Einwände auf den Plan. Und das mit nicht geringem Recht, bleibt doch die psychoanalytische Betrachtungsweise allzuoft naiv-blind, reflexionslos gegenüber dem Thema der sozialhistorischen Zusammenhänge und der geschichtlich-gesellschaftlich ›objektiven‹ Prozesse. Die Freudsche Perspektive steht ihrem Gegenstand nicht in der für ideologiekritisches Begreifen notwendigen Distanz gegenüber; sie ist gleichsam Seismograph unmittelbar-konkreter Erfahrung, Modell jener »zarten Empirie«, von der schon Goethe sprach und Benjamin Zeugnis ablegte, »die sich mit dem Gegenstande innigst identisch macht und dadurch zur eigentlichen Theorie wird«[12]. In seinem Verstehenszugang (der sich ideologiekritischer Erweiterung nicht sperrt) initiiert Freud eine Kulturbetrachtung »vom Seelenende dieser Welt«[13] und – spürt hierbei ungleich mehr von den Irritationen der ›Subjektivität‹ auf, als beflissene Ideologiekritiker je wahrzunehmen in der Lage wären.

II.

Unmittelbar nach Abschluß der Arbeiten am *Unbehagen* schreibt Freud am 28. Juli 1929 an Lou Andreas-Salomé: »Liebste Lou, Sie werden mit gewohntem Scharfsinn erraten haben, warum ich Ihnen so lange nicht geantwortet. Anna hat Ihnen bereits mitgeteilt, daß ich etwas schreibe, und heute habe ich den letzten Satz niedergeschrieben, der die Arbeit, soweit es hier – ohne Bibliothek – möglich ist, beendigt. Sie handelt von Kultur, Schuldgefühl, Glück und ähnlichen hohen Dingen und kommt mir, gewiß mit Recht, sehr überflüssig vor, zum Unterschied von früheren Arbeiten, hinter denen doch immer irgendein Drang steckte. Was sollte ich aber tun? Man kann nicht den ganzen Tag rauchen und Karten spielen, im Gehen

---

12 J. W. Goethe, *Maximen und Reflexionen. Aus Wilhelm Meisters Wanderjahren*. Nr. 565. In: J. W. Goethe, *Sämtliche Werke in 18 Bänden*. Hrsg. von E. Beutler. Zürich, München 1977, Bd. 9, S. 573.
13 S. Freud, *Briefe an Wilhelm Fließ 1887–1904*, a. a. O., S. 294.

bin ich nicht mehr ausdauernd, und das meiste, was man lesen kann, interessiert mich nicht mehr. Ich schrieb, und die Zeit verging mir dabei ganz angenehm. Ich habe die banalsten Wahrheiten während dieser Arbeit neu entdeckt.«[14]

Eine merkwürdige Distanzierung, darauf ausgerichtet, den Bedeutungsgehalt der Kulturstudie von vornherein zu begrenzen und zentrale Aussagen herunterzuspielen. Man muß sich fragen: Hat Freud hier einfach die Last allzu hoch gesteckter Erwartungen abschütteln wollen, die demjenigen aufgebürdet ist, der sich an einem so komplexen Thema versucht?

Offensichtlich waren ihm die Schwierigkeiten bewußt, die ihn bei der Arbeit am Thema begleiteten; sie erschienen ihm zuletzt so immens, daß er dem Unterfangen insgesamt erst für die Zukunft Erfolgsaussichten einräumte: »Ich könnte nicht sagen, daß ein solcher Versuch zur Übertragung der Psychoanalyse auf die Kulturgemeinschaft unsinnig oder zur Unfruchtbarkeit verurteilt wäre. Aber man müßte sehr vorsichtig sein, nicht vergessen, daß es sich doch nur um Analogien handelt und daß es nicht nur bei Menschen, sondern auch bei Begriffen gefährlich ist, sie aus der Sphäre zu reißen, in der sie entstanden und entwickelt worden sind. [...] Trotz aller dieser Erschwerungen darf man erwarten, daß jemand eines Tages das Wagnis einer solchen Pathologie der kulturellen Gemeinschaften unternehmen wird.«[15] »[...] eines Tages« – das unterläuft alle Resignation und ist auch keine Distanzierung vom eigenen Ansatz: Es verweist uns vielmehr darauf, wie sehr Freud in diesen Schriften Perspektiven eines Programmes vorgab und mit der Aufforderung verband, sie zu verfolgen und die Verbindungen zwischen den auseinanderstrebenden Gesichtspunkten herzustellen.

Versuchen wir, diese Gesichtspunkte der Freudschen Kulturauffassung kurz zu benennen. In deren Zentrum steht die Behauptung eines fundamentalen und letzten Endes unlösbaren Widerspruchs von Kultur und Trieb. Er wird auf mindestens vier voneinander unterscheidbaren, aber gewiß ineinander verschränkten Ebenen gel-

---

14 S. Freud / L. Andreas-Salomé, *Briefwechsel*. Hrsg. von Ernst Pfeiffer. 2., überarb. Aufl. S. Fischer Verlag, Frankfurt am Main 1980, S. 198.
15 Unten, S. 106 f.

tend gemacht. Da ist erstens zunächst ein funktionales Verständnis von Kultur. Ihre »Hauptaufgabe [...], ihr eigentlicher Daseinsgrund [ist], uns gegen die Natur zu verteidigen«.[16] Im Kontext dieser Funktionsbestimmung fällt Freud ein sarkastisches Urteil: »Es ist einer der wenigen erfreulichen und erhebenden Eindrücke, die man von der Menschheit haben kann, wenn sie angesichts einer Elementarkatastrophe ihrer Kulturzerfahrenheit, aller inneren Schwierigkeiten und Feindseligkeiten vergißt und sich der großen gemeinsamen Aufgabe, ihrer Erhaltung gegen die Übermacht der Natur, erinnert.«[17] Auf einer zweiten Ebene wird Kultur begriffen als ein Herrschaftszusammenhang, analysiert in der Perspektive einer »Gewaltstheorie«[18], die sich etwa in dem Satz verdichtet: »So bekommt man den Eindruck, daß die Kultur etwas ist, was einer widerstrebenden Mehrheit von einer Minderzahl auferlegt wurde, die es verstanden hat, sich in den Besitz von Macht- und Zwangsmitteln zu setzen.«[19] Mit der Hinwendung zu einem dritten Gesichtspunkt kehrt Freud noch innerhalb dieser Betrachtung auf das Terrain der eigenen Erfahrung zurück, die Ebene der Analyse des konkreten Individuums. Hier diagnostiziert er jenen untilgbaren »Kern der Kulturfeindseligkeit«[20], den er sich gebildet denkt aus Urverboten, die im Entwicklungsprozeß kultureller Institutionen aufgestellt wurden und in Triebversagungen Niederschlag fanden, so daß in der Perspektive des einzelnen »der Preis für den Kulturfortschritt in der Glückseinbuße durch die Erhöhung des Schuldgefühls bezahlt wird«[21]. An dieser Stelle deutet sich nun auch der vierte, der entscheidende Gesichtspunkt in Freuds Kulturbetrachtung an; eingebaut ist er in die These über den Entstehungszusammenhang der Kultur und prägnant zusammengefaßt in der »Erkenntnis, daß jede

---

16 S. Freud, *Die Zukunft einer Illusion* (1927). In: S. Freud, *Gesammelte Werke*, Bd. 14, London 1948, S. 325–380; das Zitat S. 336.

17 A. a. O., S. 237.

18 H. Dahmer, *Libido und Gesellschaft*. Studien über Freud und die Freudsche Linke. Suhrkamp Verlag, Frankfurt am Main 1973, S. 149. Dort auch ausführlichere Darlegungen der Implikationen des Freudschen Kulturbegriffs.

19 S. Freud, *Die Zukunft einer Illusion*, a. a. O., S. 327.

20 A. a. O., S. 331.

21 Unten, S. 97.

Kultur auf Arbeitszwang und Triebverzicht beruht und darum unvermeidlich eine Opposition bei den von diesen Anforderungen Betroffenen hervorruft«[22]. Erst in der Perspektive der Subjekt-Analyse ist Freud in der Lage, die Glücksansprüche des einzelnen, der »virtuell ein Feind der Kultur ist, die doch ein allgemeinmenschliches Interesse sein soll«[23], mit den Anforderungen kultureller Institutionen zu konfrontieren. Nun gelingt es ihm, den Herrschafts- und Unterdrückungszusammenhang in den Blick zu rücken, um »die Quellen der Unzufriedenheit mit der Kultur«[24] zu diagnostizieren. In diesem Zusammenhang macht Freud denn auch darauf aufmerksam, wie entscheidend es für den Fortbestand einer Kultur sein wird, »ob und inwieweit es gelingt, die Last der den Menschen auferlegten Triebopfer zu verringern, sie mit den notwendig verbleibenden zu versöhnen und dafür zu entschädigen«[25]. Schließlich steht in diesem Kontext auch jener Satz, mit dem die kritische Position der Freudschen Kulturbetrachtung eindeutig charakterisiert ist: »Es braucht nicht gesagt zu werden, daß eine Kultur, welche eine so große Zahl von Teilnehmern unbefriedigt läßt und zur Auflehnung treibt, weder Aussicht hat, sich dauernd zu erhalten, noch es verdient.«[26]

Wie man sieht, erschließt Freud das Kulturproblem aus der Perspektive subjektiver Inwendigkeit. Und es ist kein Zufall, daß seine Kulturauffassung in dem Maße an Perspektiven hinzugewinnt, in dem die Einsichten bei der Erforschung des »psychischen Apparats« wachsen und die Theoriegestalt erweitern. Bestätigung findet diese These gerade im Blick auf die im vorliegenden Band versammelten Schriften.

Die Arbeit aus dem Jahre 1908, ›Die »kulturelle« Sexualmoral und die moderne Nervosität‹, ist auf dem Forschungsstand der bahnbrechenden *Drei Abhandlungen zur Sexualtheorie* (1905) formuliert; hier wie dort geht es um die Kosten der kulturell geforderten, indivi-

---

22 S. Freud, *Die Zukunft einer Illusion*, a. a. O., S. 331.
23 A. a. O., S. 327.
24 Ibid.
25 A. a. O., S. 328.
26 A. a. O., S. 333.

duell aber schwer zu erbringenden »Sublimierungsleistungen«. Die in ›Zeitgemäßes über Krieg und Tod‹ aus dem Jahre 1915 fortgesetzte Kulturbetrachtung nimmt Erkenntnisse auf, die aus dem Kernbereich der »Metapsychologie« stammen, deren Ausbau in diesem Zeitraum bekanntlich besonders intensiv vorangetrieben wurde. So ist der Ambivalenzkonflikt zwischen Liebe und Haß im zweiten Teil des berühmten metapsychologischen Essays ›Triebe und Triebschicksale‹ beherrschendes Thema; diesen elementaren Konflikt in seiner kulturellen Bedeutung transparent zu machen ist andererseits Zielperspektive eben auch der Abhandlung ›Zeitgemäßes über Krieg und Tod‹. Das *Unbehagen in der Kultur* von 1930 schließlich hätte die vorliegende Gestalt nie gefunden, wäre Freud nicht in der Lage gewesen, seine neugewonnenen Einsichten aus der Arbeit am psychischen Apparat (die im Strukturmodell thematisierte Problematik des »Über-Ichs«) und die Resultate seiner Neukonzeption der Triebtheorie (die Spannung von Eros und Todestrieb – gerade in dieser Schrift sowie auch in seiner Antwort auf die Frage ›Warum Krieg?‹) zur Geltung zu bringen.

Die eigentliche Provokation der Freudschen Kulturauffassung, die in all diesen Schriften spürbar wird, ist in der Behauptung enthalten, daß die Quellen, aus denen sich der Kulturzusammenhang speist, nicht im Bereich der menschlichen Planbarkeit, des vernünftigen Willens lägen, daß die Kulturentwicklung vielmehr »als ein eigenartiger Prozeß, der über die Menschheit abläuft,«[27] zu betrachten sei. Eine Wendung übrigens, die Freud gleich dreimal an verschiedenen Stellen des *Unbehagens* benutzt und die vielleicht am deutlichsten illustriert, was seine Kulturbetrachtung insgesamt bezweckt: Desillusionierung der über Epochen hinweg lange genug dominierenden Grundanschauung, menschliches Verhalten und dessen kulturelle Organisation seien zuallererst durch geistig-moralische Fähigkeiten reguliert worden; Geist, Bewußtsein, Sprache hätten als die primären Wirkungsgrößen zu gelten, denen das vernünftig-autonom gedachte Individuum seine Vormachtstellung auf dem Planeten verdanke. Der »unterhalb« des Bewußtseins und der Sprache verbleibende Bereich (die organismische Schicht und die in ihr bereits

---

27 Unten, S. 62.

16

angelegte Beziehung zur Welt) verblaßte in dieser Betrachtung zu purem Instinkt, zur biologisch-naturalen Ausstattung, der weder inhaltlich bestimmende noch formgebende Bedeutung zugesprochen wurde. Materialistische Aufklärung, die an diesen Prämissen zu rütteln begann, geriet in der Geschichte zumeist in Acht und Bann. Ihre Mahnung ist: so wie die Menschen ihre Abkunft aus dem Tierreich vergessen haben, so vergessen und verdrängen sie die reale Herkunft und sinnliche Basis ihrer Ideenwelt. Solche Einsicht wurde entweder scharf bekämpft oder geflissentlich überhört.

Freud mischt sich nun genau an dieser Stelle ein, wenn er – so im Briefwechsel mit Einstein – über den »Prozeß der Kulturentwicklung« folgende provokative Aussage macht: »Vielleicht ist dieser Prozeß mit der Domestikation gewisser Tierarten vergleichbar; ohne Zweifel bringt er körperliche Veränderungen mit sich; man hat sich noch nicht mit der Vorstellung vertraut gemacht, daß die Kulturentwicklung ein solcher organischer Prozeß sei.« Übrigens entwickelt Freud im Kontext dieser Überlegungen bereits ein Bewußtsein von der Historizität kultureller Triebschicksale: »Die mit dem Kulturprozeß einhergehenden psychischen Veränderungen sind auffällig und unzweideutig. Sie bestehen in einer fortschreitenden Verschiebung der Triebziele und Einschränkung der Triebregungen. Sensationen, die unseren Vorahnen lustvoll waren, sind für uns indifferent oder selbst unleidlich geworden; es hat organische Begründungen, wenn unsere ethischen und ästhetischen Idealforderungen sich geändert haben.«[28] Diese dunkel und rätselhaft anmutende Stelle hellt sich auf, wenn sie einbezogen wird in die Antwort auf die Frage, wie die Zumutungen des Krieges abgewehrt werden können: »Den psychischen Einstellungen, die uns der Kulturprozeß aufnötigt, widerspricht nun der Krieg in der grellsten Weise, darum müssen wir uns gegen ihn empören, wir vertragen ihn einfach nicht mehr, es ist nicht bloß eine intellektuelle und affektive Ablehnung, es ist bei uns Pazifisten eine konstitutionelle Intoleranz, eine Idiosynkrasie gleichsam in äußerster Vergrößerung.«[29] Die Abwehr gegen die »ästhetischen Erniedrigungen des Krieges«, wie es

---

28 Unten, S. 176.
29 Unten, S. 176 f.

17

im folgenden Satz noch heißt, hat also ihr Fundament in der Leiblichkeit; der Widerstand gegen das Unerträgliche ist eingesenkt in den Körper – und wird seine Kraft entfalten, wenn die Haltung der »konstitutionellen Intoleranz« alle Individuen erfaßt. In diesem Sinn schließt Freud mit dem Gedanken: »Alles, was die Kulturentwicklung fördert, arbeitet auch gegen den Krieg.«[30]

III.

Im *Unbehagen in der Kultur* arbeitet Freud ein Thema aus, von dem er bereits sechs Jahre zuvor in einem Brief an Romain Rolland berichtete: »Auch habe ich wirklich einen großen Teil meiner Lebensarbeit (ich bin zehn Jahre älter als Sie) dazu verwendet, eigene und Menschheitsillusionen zu zerstören. Aber wenn diese eine sich nicht irgendwie annähernd realisieren läßt, wenn wir nicht im Laufe der Entwicklung lernen, unsere Destruktionstriebe von unseresgleichen abzulenken, wenn wir fortfahren, einander wegen kleiner Verschiedenheiten zu hassen und um kleinen Gewinn zu erschlagen, wenn wir die großen Fortschritte in der Beherrschung der Naturkräfte immer wieder für unsere gegenseitige Vernichtung ausnützen, welche Zukunft steht uns da bevor? Wir haben es doch wahrlich schwer genug, die Fortdauer unserer Art in dem Konflikt zwischen unserer Natur und den Anforderungen der uns auferlegten Kultur zu bewahren.«[31]
Eine eindrucksvolle und beklemmend aktuell anmutende Lagebeurteilung. In ihr, so scheint es, stehen das große Thema des Destruktionstriebes, das im zweiten Teil des *Unbehagens* den Gang der Argumentation bestimmen wird, auf der einen Seite und die Betrachtung der antagonistischen Beziehung von Natur (Triebanspruch) und Kultur auf der anderen noch weitgehend unvermittelt

---

30 Unten, S. 177.
31 S. Freud, *Briefe 1873–1939*. Ausgew. und hrsg. von Ernst und Lucie Freud. 3., korr. Aufl. S. Fischer Verlag, Frankfurt am Main 1980, S. 359f. (Brief vom 4. März 1923).

nebeneinander. Es ist aufschlußreich nachzuvollziehen, wie sich aus der Verknüpfung der beiden Themenkreise dann die eigentliche Kernproblematik des *Unbehagens* herausgeschält hat.

Betrachten wir die hier vorgenommene Verhältnisbestimmung von Natur und Kultur deshalb genauer. Seit den *Drei Abhandlungen zur Sexualtheorie*, spätestens aber seit der ersten kulturtheoretischen Studie, ›Die »kulturelle« Sexualmoral und die moderne Nervosität‹, ist uns die folgende Version gut vertraut: Natur und Kultur erscheinen als Gegenpole, unverrückbar-unversöhnlich; ja, man hätte den Eindruck gewinnen können, als sei Kultur eine Instanz, die an einen von ihr zunächst nicht betroffenen, dann aber um so mehr in Mitleidenschaft gezogenen, immer aber eigenständig existierenden Naturgrund von außen herantritt. Mit dem Triebantagonismus Eros / Todestrieb verändern sich die Vorzeichen dieser Verhältnisbestimmung grundlegend. Aus dem bloßen Gegenüber der Pole Natur und Kultur wird ein Ineinander, denn anders als die bisherigen Triebgrößen – Sexualtrieb, Ichtrieb, Objektlibido, narzißtische Libido – erscheinen Eros und Todestrieb nun selbst als kulturschaffende Prinzipien; sie treten als eigenständig konzipierte Kräfte auf den Plan, die über das Schicksal der Kulturentwicklung inwendig entscheiden sollen. Freud legt diesen Zusammenhang im sechsten Kapitel seines Buchs dar: »Irgendeinmal im Laufe dieser Untersuchung hat sich uns die Einsicht aufgedrängt, die Kultur sei ein besonderer Prozeß, der über die Menschheit abläuft, und wir stehen noch immer unter dem Banne dieser Idee. Wir fugen hinzu, sie sei ein Prozeß im Dienste des Eros, der vereinzelte menschliche Individuen, später Familien, dann Stämme, Völker, Nationen zu einer großen Einheit, der Menschheit, zusammenfassen wolle. [...] Diesem Programm der Kultur widersetzt sich aber der natürliche Aggressionstrieb der Menschen, die Feindseligkeit eines gegen alle und aller gegen einen. Dieser Aggressionstrieb ist der Abkömmling und Hauptvertreter des Todestriebes, den wir neben dem Eros gefunden haben, der sich mit ihm in die Weltherrschaft teilt. Und nun, meine ich, ist uns der Sinn der Kulturentwicklung nicht mehr dunkel. Sie muß uns den Kampf zwischen Eros und Tod, Lebenstrieb und Destruktionstrieb zeigen, wie er sich an der Menschenart vollzieht. Dieser Kampf ist der wesentliche Inhalt des Lebens über-

haupt, und darum ist die Kulturentwicklung kurzweg zu bezeichnen als der Lebenskampf der Menschenart.«[32]
Die Verschränkung von Triebnatur und Kultur muß auch deshalb als zwingend gedacht werden, weil die Persönlichkeitsinstanz des Über-Ichs, im entwickelten Strukturmodell ausgewiesen als »Strukturverhältnis« und Träger der kulturellen Traditionen, ihre Kraft aus der Tiefe des Es – und das heißt nun, auch aus der Dynamik der hier wirksamen Destruktionstriebe – bezieht. Der Todestrieb ist also nicht nur der Repräsentant der tödlich wirkenden äußeren Verhältnisse. Vielmehr hat er, laut Freud, im Inneren des Subjekts selbst Platz genommen; von innen her entfaltet er seine Wirkkraft, so daß der einzelne eigentlich keine Chance hat, dem Mechanismus, der ihn auf bedrückende Weise in den Kulturzusammenhang einbindet, nämlich der Macht des »Schuldgefühls«, zu entgehen.
Allerdings macht es der Autor dem Leser nicht leicht, diesen Zusammenhang zu verstehen, weil er sich zwischen der Ebene der Analyse des Individuums und jener der Erforschung der Kulturentwicklung tatsächlich ständig hin- und herbewegt. Das Schuldgefühl, das nun mehr und mehr ins Zentrum von Freuds Nachdenken rückt, scheint diese Analogiebildung zu erzwingen. Es wird einerseits aus dem Triebschicksal des Individuums abgeleitet, das seine aggressiven Impulse nicht ausleben kann, sondern gegen sich selbst wenden muß; andererseits aber wird dasselbe Schuldgefühl als »Mittel« bezeichnet, das die Kultur selbst einsetzt, »um die ihr entgegenstehende Aggression zu hemmen, unschädlich zu machen, vielleicht auszuschalten?«[33] Für Freud, der durchaus Gespür für die methodischen Schwierigkeiten besaß, die bei der Analogiebildung entstehen[34], stand jedenfalls fest: »Die Kultur bewältigt also die gefährliche Aggressionslust des Individuums, indem sie es schwächt, entwaffnet und durch eine Instanz in seinem Inneren, wie durch eine Besatzung in der eroberten Stadt, überwachen läßt.«[35]
Freud mutet dem Leser nicht wenig zu. Zumindest vom Augenblick

32 Unten, S. 85 f.
33 Unten, S. 86.
34 Vgl. unten, S. 106 f.
35 Unten, S. 87.

jener Wende an, die mit der Einführung der Eros-Todestrieb-Theorie in Gang gekommen ist und nach der sich die Schrift eigentlich in zwei große Teile zerlegt, wird die Orientierung schwierig. Rekapitulieren wir deshalb kurz: In immerhin vier von acht Kapiteln erfolgt die Betrachtung der Kulturphänomene ganz im Medium der vertrauten Libidotheorie; sie reichte aus, um bezüglich der Eingangsfrage nach der Existenz eines von Romain Rolland postulierten »ozeanischen Gefühls« Stellung zu beziehen (1. Kapitel); sie bestimmt auch die bereits von Resignation geprägte Einstellung zum Glücksproblem (2. Kapitel), die sich in dem berühmten Satz kundtut, »man möchte sagen, die Absicht, daß der Mensch ›glücklich‹ sei, ist im Plan der ›Schöpfung‹ nicht enthalten«[36]. Auch die Antworten auf die Frage nach dem »Wesen« der Kultur (3. Kapitel) und auf die nach ihrer Entstehung, die den Blick auf die phylogenetische Problematik von Urverboten und »organischen Verdrängungen« (4. Kapitel) lenkt, standen noch gänzlich unter libidotheoretischen Vorzeichen; so auch die im zuletzt skizzierten Zusammenhang auftauchende These: »Das Sexualleben des Kulturmenschen ist doch schwer geschädigt, es macht mitunter den Eindruck einer in Rückbildung befindlichen Funktion, wie unser Gebiß und unsere Kopfhaare als Organe zu sein scheinen.«[37]

Im fünften Kapitel erst, dort, wo Freud eine religiöse »Idealforderung der Kulturgesellschaft«[38], das Gebot der Nächstenliebe nämlich, schärfer ins analytische Visier zu nehmen beginnt und dem »Eiapopeia vom Himmel«[39] die Gewalt und »Ubiquität der nicht erotischen Aggression und Destruktion«[40], »den Kampf zwischen Eros und Tod, Lebenstrieb und Destruktionstrieb«[41] gegenüberstellt, verändert sich die Tonlage, und nicht nur sie.

Der Leser hat das Gefühl, als werde ihm mit jedem weiteren Schritt der Argumentation nach dieser Wende der Boden des gut Vertrau-

---

36 Unten, S. 42f.
37 Unten, S. 70.
38 Unten, S. 73.
39 Unten, S. 86.
40 Unten, S. 83.
41 Unten, S. 85.

ten entzogen. Schließlich wird er mit Fragen und Antwortversuchen konfrontiert, aus denen Verzweiflung spricht: »*Homo homini lupus*; wer hat nach allen Erfahrungen des Lebens und der Geschichte den Mut, diesen Satz zu bestreiten? […] Wer die Greuel der Völkerwanderung, der Einbrüche der Hunnen, der sogenannten Mongolen unter Dschengis Khan und Timurlenk, der Eroberung Jerusalems durch die frommen Kreuzfahrer, ja selbst noch die Schrecken des letzten Weltkriegs in seine Erinnerung ruft, wird sich vor der Tatsächlichkeit dieser Auffassung demütig beugen müssen. Die Existenz dieser Aggressionsneigung, die wir bei uns selbst verspüren können, beim anderen mit Recht voraussetzen, ist das Moment, das unser Verhältnis zum Nächsten stört und die Kultur zu ihrem Aufwand nötigt. Infolge dieser primären Feindseligkeit der Menschen gegeneinander ist die Kulturgesellschaft beständig vom Zerfall bedroht. Das Interesse der Arbeitsgemeinschaft würde sie nicht zusammenhalten, triebhafte Leidenschaften sind stärker als vernünftige Interessen.«[42]

IV.

Daß Freud in der Diagnose des *Unbehagens* mit liebgewordenen Illusionen ein Ende zu machen bestrebt war, darauf hatte man sich einstellen können, die Aufregung um die religionskritische Kulturstudie *Die Zukunft einer Illusion* von 1927 noch in Erinnerung. Gerade angesichts der dort noch hoffnungsvollen Rede vom »Primat des Intellekts«[43] öffnet sich im *Unbehagen* aber unerwartet eine neue, düstere Perspektive, die dieses Buch zu einem Dokument der Hoffnungslosigkeit, der Ausweglosigkeit zu machen scheint.
Kurt R. Eissler hat dies hervorgehoben und auch auf die Spannung aufmerksam gemacht, die zwischen den beiden kulturtheoretischen Werken Freuds – der *Zukunft einer Illusion* und dem *Unbehagen in der Kultur* – besteht. Ausgangspunkt der Überlegungen Eisslers ist die Überzeugung, daß Freud die Behauptung von der möglichen

---

42 Unten, S. 76.
43 S. Freud, *Die Zukunft einer Illusion*, a. a. O., S. 377.

Durchsetzungskraft des Intellekts nach der Katastrophe des Zweiten Weltkriegs nicht aufrechterhalten hätte. »Die Ermordung seiner Schwestern wie von Millionen seiner Glaubens- und ›Rassen‹-Genossen hätte ihn belehren müssen, daß dem gelegentlichen Aufflackern dämonischer, triebhafter Destruktionskräfte wie in Kreuzzügen, Inquisition und rassischer Vernichtung auch in unserer Zeit kein dauerhafter Einhalt geboten werden kann. Sie sind von größerer Stärke als aller Intellekt – offenbar unzähmbar. Die Existenz nuklearer Waffen mit der Potenz totaler Destruktion hätte bewiesen, daß der Realisierung des Primats des Intellekts eine zu kurze Zeit bemessen ist und ›die weite, weite Ferne‹, die Freud noch als eine Möglichkeit erschien, nicht im Schicksalsbuch der Menschheit steht. [...] *Die Zukunft einer Illusion* ist nur Zwischenstation zu einem tieferen Erfassen der Menschheitsproblematik. Ich war vorschnell, als ich meinte, der Zweite Weltkrieg hätte Freuds Optimismus bekehrt. Die Einsicht in das Wirken der Destruktion hatte dies bereits getan, und im *Unbehagen* ist keine Stelle zu finden, die Anlaß für Hoffnung auf einen Primat des Intellekts gäbe.«[44] Die Abwehr, die gegen diese Aussage auch innerhalb der psychoanalytischen Zunft aufgerichtet wurde, ist bekannt; sie kulminiert in der These vom lebensgeschichtlichen Rückzug des weisen alten Mannes, der, von unheilbarem Krebs gezeichnet und den eigenen Tod erwartend, im Todes-Trieb noch die Eigenmächtigkeit des Subjekts betont, Sinn in das sinnwidrige Grauen zu bringen versucht habe. Wie berechtigt oder unbegründet sich solche Interpretationen auch ausnehmen mögen, ausschließlich am biographischen Schicksal orientierte Betrachtungsweisen haben die Tendenz, die kulturkritische und politische Aussage, die im *Unbehagen* enthalten ist, zurückzunehmen und aufs Individuelle einzuschränken.

Dieser Tendenz ist entgegenzutreten, und es ist kein Zufall, daß es ein politisch engagierter Schriftsteller war, der ein besseres Beispiel gegeben hat: Arnold Zweig hat die Studie unmittelbar dazu benutzt, sich das zeitgeschichtlich erlebte Trauma der faschistischen Barbarei zu erklären, und Freud davon Mitteilung gemacht: »Von allem, al-

---

44 K. R. Eissler, ›Sic gloria ingenii. Die Inschrift am Freud-Denkmal in Wien‹. *Psyche*, Bd. 40 (1986), S. 1139–1144; das Zitat S. 1143.

lem abgesehn«, schreibt er am 27. Februar 1939, »bin ich in dieser
Zeit so tief und beglückt in Ihrer Atmosphäre! Ich habe nämlich
entdeckt, und eine gewisse Beruhigung geschöpft aus dieser Entdeckung, daß die Erklärung für den Trümmerhaufen, als dessen
Ratten die Diktatoren und wir leben, bei Ihnen steht. Im *Unbehagen.* Nur Ihre Gedanken erklären den Haß, die Gleichgültigkeit gegen alles, was seit Mosis Kultur geschaffen und bedeutet hat. Ich will
einen Aufsatz darüber schreiben, wenn Sie es nicht selbst tun wollen.«[45] Freud selbst reagierte freilich zurückhaltend und gab vor,
nicht recht zu wissen, wie eine solche Bezugnahme möglich wäre:
»Was Sie für ›trostreiche Aufklärungen‹ in meinem *Unbehagen* entdeckt haben wollen, kann ich nicht leicht erraten. Dieses Buch ist
mir heute sehr fremd geworden.«[46]
Zögern wir nicht klarzustellen, daß das *Unbehagen* ein politisches
Werk ist – und zwar unabhängig davon, ob Freud es selbst so verstanden hätte. Es gilt die Position, aus der heraus es geschrieben ist,
ernst zu nehmen und anzunehmen: es ist die Position der Verzweiflung, die von Eissler in den Mittelpunkt gerückt wurde, und der
Aufklärung, die Arnold Zweig angesichts der Verzweiflung artiku-
liert hat. Freud hat mit der ihm eigenen Unbestechlichkeit ein Urteil
über die herrschende Realität gefällt: Die affektiven Störungen, die
er auf dem Boden des *Unbehagens* wirken sah – Unruhe, Unglück,
Angst –, sind Grundstimmungen eines Katastrophenbewußtseins,
das in immer neuen Rationalisierungsanstrengungen Fluchtburgen
sucht.
Diese zu zerstören bedeutet, eine Forschung zu intensivieren, für
die das *Unbehagen* Vorbild ist: Aufklärung tut not, was die subjektive Seite der kulturellen Lebenswelt betrifft, das Schicksal der
menschlichen Sinnlichkeit. Aufklärung muß es geben darüber, wie
kulturelle Normen und individueller Lebensentwurf zueinander
stehen und wie die hier aufspürbaren Reibungspunkte jene Basis
betreffen, für die Freud den Begriff der »Triebschicksale« gewählt
hat. Aufzuarbeiten ist die Problematik der Kultur im Subjekt, in

45 S. Freud / A. Zweig, *Briefwechsel.* Hrsg. von Ernst L. Freud. S. Fischer Verlag, Frankfurt am Main 1968, S. 185.
46 A. a. O., S. 186 (Brief vom 5. März 1939).

Freudschem Respekt einer Anerkennung der realen Unversöhntheit der Natur inmitten aller Kultur.

»Freud mag nun recht oder unrecht haben hinsichtlich der Rolle, die er dem Triebleben im menschlichen Schicksal zuweist«, hat der englische Kulturwissenschaftler Lionel Trilling eingeworfen und eine Position bezogen, die dem gerade entwickelten Gedanken nahezustehen scheint, »ich meine, wir müßten innehalten und uns einmal überlegen, ob diese Betonung der biologischen Tatsachen, statt eine reaktionäre Idee zu sein, nicht vielmehr und in Wirklichkeit ein befreiender Gedanke ist. Er legt uns die Annahme nahe, daß Kultur nicht allmächtig ist. Er weist darauf hin, daß es einen Urbestand menschlicher Qualität gibt, der sich der Kontrolle der Kultur entzieht, und daß gerade dieser, so elementar er immer sein mag, uns instand setzt, die Kultur ihrerseits unter die kritische Lupe zu nehmen und sie davor zu bewahren, sich absolut zu setzen.«[47]

Nun setzt sich eine solche Auffassung, vor allem die Behauptung eines jenseits aller Kultur existierenden »Urbestands menschlicher Qualität«, dem Verdacht aus, eine Ausflucht zu suchen, einem irrationalen Biologismus das Wort zu reden. Auch Herbert Marcuse, Sozialphilosoph und Freud-Interpret im Kontext der Frankfurter Schule, hat sich solche Vorhaltungen gefallen lassen müssen und sich auf eine begriffliche Gratwanderung eingelassen, wollte er doch bei aller Betonung der Geschichtlichkeit der Triebe auch den im Triebbegriff vermuteten emanzipatorischen Gehalt bewahren: den point de résistance ebenso wie den Ansatzpunkt für Befreiung.[48]

Tatsächlich scheint es geboten, diesen nach vorn gerichteten Gedanken noch zu radikalisieren und deutlicher auf die Struktur der Subjektivität in aktueller Gestalt, auf den Bildungsprozeß konkreter Persönlichkeitsstruktur in gegenwärtigen Verhältnissen zu beziehen.

Gewiß hat Freud die kulturell bestimmten Konfliktgründe, denen

---

47 L. Trilling, ›Freud und die Krise unserer Kultur‹, *Merkur*, Bd. 10 (1956), Heft 8, S. 770.

48 Vgl. hierzu B. Görlich, *Die Wette mit Freud. Drei Studien zu Herbert Marcuse*. Nexus Verlag, Frankfurt am Main 1991; insbes. den Aufsatz ›Die Wette mit Freud. Marcuse liest »Das Unbehagen in der Kultur«‹, a. a. O., S. 55–107.

wir dabei nachzuspüren haben, in gattungsgeschichtliche Archaik verschoben und die unversöhnlichen Widerspruchsmomente als Triebantagonismen im Subjektinneren aufgebaut. Eine kritische Aufnahme der Freudschen Problematik muß die biologisch-innere Triebdialektik aufbrechen und ihren Kerngehalt durchsichtig machen als Resultat einer dynamischen geschichtlich-gesellschaftlich-kulturellen Auseinandersetzung zwischen Innen und Außen, individuellem Bedürfnisanspruch und gesellschaftlich-normativer Handlungsanweisung. Wobei unbedingt zu beachten ist: Der Bedürfnisanspruch, der Trieb selbst, ist Moment dieser kulturellen Lebenspraxis. Er ist in Form und Inhalt von dieser bestimmt, produziert; aber der Trieb ist auch eigenständiger Produzent, denn er entfaltet dennoch aufgrund seiner intim-eigenartig-unverwechselbaren Erlebnis-Geschichte und seiner besonderen sinnlichen Erlebnis-Gestalt – seiner Leiblichkeit – Eigensinn, Eigensystematik und jene Widerständigkeit gegen Einpassung in den common sense, die Freud stets reklamierte, wenn es ihm darum ging, die Bedeutung seiner Entdeckung des Unbewußten herauszustellen.

Die These von der geschichtlichen Bestimmtheit, der gesellschaftlichen Herstellung und der kulturellen Verfaßtheit des Triebes [49] zwingt auch zur Übersetzung der Eros-Todestrieb-Hypothese: Das, was Freud als schicksalhaft-ewig darstellt (nicht zufällig bemüht er dabei die Goethesche Wendung von den ›himmlischen

---

49 Diese Übersetzung des Freudschen Triebbegriffs steht im Zentrum der »materialistischen Sozialisationstheorie«, die einer der beiden Autoren in Schriften seit Beginn der siebziger Jahre begründet hat. Vgl. vor allem: A. Lorenzer, *Zur Begründung einer materialistischen Sozialisationstheorie*, Suhrkamp Verlag, Frankfurt am Main 1972; die sozialisationstheoretischen Exkurse in: *Das Konzil der Buchhalter. Die Zerstörung der Sinnlichkeit. Eine Religionskritik* (1981), ungekürzter Nachdruck: Fischer Taschenbuch Verlag, Frankfurt am Main 1984; sowie ›Tiefenhermeneutische Kulturanalysen‹, in: *Kultur-Analysen. Psychoanalytische Studien zur Kultur*, hrsg. von Alfred Lorenzer, Fischer Taschenbuch Verlag, Frankfurt am Main 1986, S. 11–98. Zu Perspektiven der sozialisationstheoretischen Trieb-Interpretation vgl. auch B. Görlich, ›Die Aktualität psychoanalytischer Sozialisationstheorie in der gegenwärtigen Debatte um Freud‹, *KulturAnalysen. Zeitschrift für Tiefenhermeneutik und Sozialisationstheorie*, Bd. 1 (1989), S. 6–31.

Mächten‹), ist die Kraft der menschlichen Aggressionsneigungen, die Gewalt von Destruktivität und Vernichtung auf der einen, die Anstrengung des Eros zur Gemeinschaftsbildung und Kulturentwicklung auf der anderen Seite; diese Bilder grandioser Welterklärung verweisen uns auf die Betrachtung der Grundschicht und Grundspannung gesellschaftlich entwickelter Subjektivität: Es geht einerseits um Formen elementarer Zersetzung menschlicher Lebensentwürfe, um Formen der Bedrohung des Eros, die aus sinnlichkeitsfeindlicher Organisiertheit der Kultur herrühren, deren Grundlagen also zu analysieren wären; und es geht andererseits um die Erkundung des kulturellen Spielraums, der Menschen dennoch in die Lage versetzt, trotz aller konkreten Verletzungen, die sie durchleiden, den Drang zu entwickeln, sich zu verwirklichen in Auseinandersetzung mit der Welt, den anderen, in der leiblichen Entfaltung wie in der aktiven Bereitschaft zu solidarischem Handeln und zu sozialem Kampf.

Um unsere Überlegungen abzurunden: Wir hörten zu Beginn, wie »Freuds Kulturbetrachtung« seinen Schülern (und deren Nachfolgern) einige Verlegenheit bereitet hat. Der »subjektive« Zugang und die Beschäftigung mit der »abendländischen Kultur« verbannten die Arbeiten gleichsam an den Rand der offiziellen Psychoanalyse. Zu Unrecht; denn gerade in diesen Schriften gab Freud ein zentrales Geheimnis der Psychoanalyse preis: ihr Gegenstand ist kulturelle Lebenspraxis. Noch in der strengsten Konzentration aufs Lebensgeschichtlich-Individuelle tritt ihr diese entgegen – freilich subjektiv gebrochen und deshalb nur zugänglich über eine persönliche ›Verständigung‹, über ein subjektives ›Sich-Einlassen‹ auf die Eigenart der jeweiligen Lebenswelt.

Psychoanalyse radikalisiert den subjektiven Ansatz jeder hermeneutischen Erkenntnis in doppelter Weise – es geht nicht nur um die Überwindung der individuellen Verständigungsdifferenz, sondern auch um die Aufhebung der Spannung zwischen dem Sagbaren und dem Unsagbaren, den erlaubten und den verbotenen wie auch den ›undenkbaren‹ Lebensformen. Diese doppelte hermeneutische Anstrengung spielt sich vor der Folie der kulturellen Lebensformen, den jeweiligen widerspruchshaltigen gesellschaftlichen Verhältnissen ab.

Das jedenfalls ist das Freudsche Vermächtnis: Psychoanalyse ist stets – wenn auch oft uneingestandenermaßen – Kultur-Betrachtung. Und sie ist, indem sie die sozialen Konflikte der einzelnen in den Tiefen der Triebschicksale aufsucht und an den vermeidbaren und unvermeidbaren Zumutungen der gesellschaftlichen Ordnung mißt, immer auch, ja eigentlich vor allem: »Kultur-Kritik«.

DAS UNBEHAGEN IN DER KULTUR

(1930)

DAS UNBEHAGEN IN DER KULTUR

I

Man kann sich des Eindrucks nicht erwehren, daß die Menschen gemeinhin mit falschen Maßstäben messen, Macht, Erfolg und Reichtum für sich anstreben und bei anderen bewundern, die wahren Werte des Lebens aber unterschätzen. Und doch ist man bei jedem solchen allgemeinen Urteil in Gefahr, an die Buntheit der Menschenwelt und ihres seelischen Lebens zu vergessen. Es gibt einzelne Männer, denen sich die Verehrung ihrer Zeitgenossen nicht versagt, obwohl ihre Größe auf Eigenschaften und Leistungen ruht, die den Zielen und Idealen der Menge durchaus fremd sind. Man wird leicht annehmen wollen, daß es doch nur eine Minderzahl ist, welche diese großen Männer anerkennt, während die große Mehrheit nichts von ihnen wissen will. Aber es dürfte nicht so einfach zugehen, dank den Unstimmigkeiten zwischen dem Denken und dem Handeln der Menschen und der Vielstimmigkeit ihrer Wunschregungen.

Einer dieser ausgezeichneten Männer nennt sich in Briefen meinen Freund. Ich hatte ihm meine kleine Schrift zugeschickt, welche die Religion als Illusion behandelt, und er antwortete, er wäre mit meinem Urteil über die Religion ganz einverstanden, bedauerte aber, daß ich die eigentliche Quelle der Religiosität nicht gewürdigt hätte. Diese sei ein besonderes Gefühl, das ihn selbst nie zu verlassen pflege, das er von vielen anderen bestätigt gefunden und bei Millionen Menschen voraussetzen dürfe. Ein Gefühl, das er die Empfindung der »Ewigkeit« nennen möchte, ein Gefühl wie von etwas Unbegrenztem, Schrankenlosem, gleichsam »Ozeanischem«. Dies Gefühl sei eine rein subjektive Tatsache, kein Glaubenssatz; keine Zusicherung persönlicher Fortdauer knüpfe sich daran, aber es sei die Quelle der religiösen Energie, die von den verschiedenen Kirchen und Religionssystemen gefaßt, in bestimmte Kanäle geleitet und gewiß auch aufgezehrt werde. Nur auf Grund dieses ozeanischen Gefühls dürfe man sich religiös heißen, auch wenn man jeden Glauben und jede Illusion ablehne.

Diese Äußerung meines verehrten Freundes, der selbst einmal den Zauber der Illusion poetisch gewürdigt hat, brachte mir nicht geringe Schwierigkeiten.[1] Ich selbst kann dies »ozeanische« Gefühl nicht in mir entdecken. Es ist nicht bequem, Gefühle wissenschaftlich zu bearbeiten. Man kann versuchen, ihre physiologischen Anzeichen zu beschreiben. Wo dies nicht angeht – ich fürchte, auch das ozeanische Gefühl wird sich einer solchen Charakteristik entziehen –, bleibt doch nichts übrig, als sich an den Vorstellungsinhalt zu halten, der sich assoziativ am ehesten zum Gefühl gesellt. Habe ich meinen Freund richtig verstanden, so meint er dasselbe, was ein origineller und ziemlich absonderlicher Dichter seinem Helden als Trost vor dem freigewählten Tod mitgibt: »Aus dieser Welt können wir nicht fallen.«[2] Also ein Gefühl der unauflösbaren Verbundenheit, der Zusammengehörigkeit mit dem Ganzen der Außenwelt. Ich möchte sagen, für mich hat dies eher den Charakter einer intellektuellen Einsicht, gewiß nicht ohne begleitenden Gefühlston, wie er aber auch bei anderen Denkakten von ähnlicher Tragweite nicht fehlen wird. An meiner Person könnte ich mich von der primären Natur eines solchen Gefühls nicht überzeugen. Darum darf ich aber sein tatsächliches Vorkommen bei anderen nicht bestreiten. Es fragt sich nur, ob es richtig gedeutet wird und ob es als »*fons et origo*« aller religiösen Bedürfnisse anerkannt werden soll.

Ich habe nichts vorzubringen, was die Lösung dieses Problems entscheidend beeinflussen würde. Die Idee, daß der Mensch durch ein unmittelbares, von Anfang an hierauf gerichtetes Gefühl Kunde von seinem Zusammenhang mit der Umwelt erhalten sollte, klingt so fremdartig, fügt sich so übel in das Gewebe unserer Psychologie, daß eine psychoanalytische, d. i. genetische Ableitung eines solchen

---

1 [*Zusatz 1931*:] Liluli, 1923 [1919]. – Seit dem Erscheinen der beiden Bücher »La vie de Ramakrishna« [1929] und »La vie de Vivekananda« (1930) brauche ich nicht mehr zu verbergen, daß der im Text gemeinte Freund Romain Rolland ist.
2 D. Chr. Grabbe, Hannibal: »Ja, aus der Welt werden wir nicht fallen. Wir sind einmal darin.«

Gefühls versucht werden darf. Dann stellt sich uns folgender Gedankengang zur Verfügung: Normalerweise ist uns nichts gesicherter als das Gefühl unseres Selbst, unseres eigenen Ichs. Dies Ich erscheint uns selbständig, einheitlich, gegen alles andere gut abgesetzt. Daß dieser Anschein ein Trug ist, daß das Ich sich vielmehr nach innen ohne scharfe Grenze in ein unbewußt seelisches Wesen fortsetzt, das wir als Es bezeichnen, dem es gleichsam als Fassade dient, das hat uns erst die psychoanalytische Forschung gelehrt, die uns noch viele Auskünfte über das Verhältnis des Ichs zum Es schuldet. Aber nach außen wenigstens scheint das Ich klare und scharfe Grenzlinien zu behaupten. Nur in einem Zustand, einem außergewöhnlichen zwar, den man aber nicht als krankhaft verurteilen kann, wird es anders. Auf der Höhe der Verliebtheit droht die Grenze zwischen Ich und Objekt zu verschwimmen. Allen Zeugnissen der Sinne entgegen behauptet der Verliebte, daß Ich und Du eines seien, und ist bereit, sich, als ob es so wäre, zu benehmen. Was vorübergehend durch eine physiologische Funktion aufgehoben werden kann, muß natürlich auch durch krankhafte Vorgänge gestört werden können. Die Pathologie lehrt uns eine große Anzahl von Zuständen kennen, in denen die Abgrenzung des Ichs gegen die Außenwelt unsicher wird oder die Grenzen wirklich unrichtig gezogen werden; Fälle, in denen uns Teile des eigenen Körpers, ja Stücke des eigenen Seelenlebens, Wahrnehmungen, Gedanken, Gefühle wie fremd und dem Ich nicht zugehörig erscheinen, andere, in denen man der Außenwelt zuschiebt, was offenbar im Ich entstanden ist und von ihm anerkannt werden sollte. Also ist auch das Ichgefühl Störungen unterworfen, und die Ichgrenzen sind nicht beständig.

Eine weitere Überlegung sagt: Dies Ichgefühl des Erwachsenen kann nicht von Anfang an so gewesen sein. Es muß eine Entwicklung durchgemacht haben, die sich begreiflicherweise nicht nachweisen, aber mit ziemlicher Wahrscheinlichkeit konstruieren läßt.[1] Der Säugling sondert noch nicht sein Ich von einer Außenwelt als

---

1 S. die zahlreichen Arbeiten über Ichentwicklung und Ichgefühl von Ferenczi, Entwicklungsstufen des Wirklichkeitssinns (1913), bis zu den Beiträgen von P. Federn 1926, 1927 und später.

Quelle der auf ihn einströmenden Empfindungen. Er lernt es allmählich auf verschiedene Anregungen hin. Es muß ihm den stärksten Eindruck machen, daß manche der Erregungsquellen, in denen
er später seine Körperorgane erkennen wird, ihm jederzeit Empfindungen zusenden können, während andere sich ihm zeitweise entziehen – darunter das Begehrteste: die Mutterbrust – und erst durch
ein Hilfe heischendes Schreien herbeigeholt werden. Damit stellt
sich dem Ich zuerst ein »Objekt« entgegen, als etwas, was sich »außerhalb« befindet und erst durch eine besondere Aktion in die Erscheinung gedrängt wird. Einen weiteren Antrieb zur Loslösung
des Ichs von der Empfindungsmasse, also zur Anerkennung eines
»Draußen«, einer Außenwelt, geben die häufigen, vielfältigen, unvermeidlichen Schmerz- und Unlustempfindungen, die das unum-
schränkt herrschende Lustprinzip aufheben und vermeiden heißt.
Es entsteht die Tendenz, alles, was Quelle solcher Unlust werden
kann, vom Ich abzusondern, es nach außen zu werfen, ein reines
Lust-Ich zu bilden, dem ein fremdes, drohendes Draußen gegen-
übersteht. Die Grenzen dieses primitiven Lust-Ichs können der Be-
richtigung durch die Erfahrung nicht entgehen. Manches, was man
als lustspendend nicht aufgeben möchte, ist doch nicht Ich, ist Objekt, und manche Qual, die man hinausweisen will, erweist sich
doch als unabtrennbar vom Ich, als innerer Herkunft. Man lernt ein
Verfahren kennen, wie man durch absichtliche Lenkung der Sinnes-
tätigkeit und geeignete Muskelaktion Innerliches – dem Ich Ange-
höriges – und Äußerliches – einer Außenwelt Entstammendes – unterscheiden kann, und tut damit den ersten Schritt zur Einsetzung
des Realitätsprinzips, das die weitere Entwicklung beherrschen soll.
Diese Unterscheidung dient natürlich der praktischen Absicht, sich
der verspürten und der drohenden Unlustempfindungen zu erwehren. Daß das Ich zur Abwehr gewisser Unlusterregungen aus seinem Inneren keine anderen Methoden zur Anwendung bringt, als
deren es sich gegen Unlust von außen bedient, wird dann der Ausgangspunkt bedeutsamer krankhafter Störungen.
Auf solche Art löst sich also das Ich von der Außenwelt. Richtiger
gesagt: Ursprünglich enthält das Ich alles, später scheidet es eine
Außenwelt von sich ab. Unser heutiges Ichgefühl ist also nur ein
eingeschrumpfter Rest eines weit umfassenderen, ja – eines allum-

fassenden Gefühls, welches einer innigeren Verbundenheit des Ichs mit der Umwelt entsprach. Wenn wir annehmen dürfen, daß dieses primäre Ichgefühl sich im Seelenleben vieler Menschen – in größerem oder geringerem Ausmaße – erhalten hat, so würde es sich dem enger und schärfer umgrenzten Ichgefühl der Reifezeit wie eine Art Gegenstück an die Seite stellen, und die zu ihm passenden Vorstellungsinhalte wären gerade die der Unbegrenztheit und der Verbundenheit mit dem All, dieselben, mit denen mein Freund das »ozeanische« Gefühl erläutert. Haben wir aber ein Recht zur Annahme des Überlebens des Ursprünglichen neben dem Späteren, das aus ihm geworden ist?

Unzweifelhaft; ein solches Vorkommnis ist weder auf seelischem noch auf anderen Gebieten befremdend. Für die Tierreihe halten wir an der Annahme fest, daß die höchstentwickelten Arten aus den niedrigsten hervorgegangen sind. Doch finden wir alle einfachen Lebensformen noch heute unter den Lebenden. Das Geschlecht der großen Saurier ist ausgestorben und hat den Säugetieren Platz gemacht, aber ein richtiger Vertreter dieses Geschlechts, das Krokodil, lebt noch mit uns. Die Analogie mag zu entlegen sein, krankt auch an dem Umstand, daß die überlebenden niedrigen Arten zumeist nicht die richtigen Ahnen der heutigen, höher entwickelten sind. Die Zwischenglieder sind in der Regel ausgestorben und nur durch Rekonstruktion bekannt. Auf seelischem Gebiet hingegen ist die Erhaltung des Primitiven neben dem daraus entstandenen Umgewandelten so häufig, daß es sich erübrigt, es durch Beispiele zu beweisen. Meist ist dieses Vorkommen Folge einer Entwicklungsspaltung. Ein quantitativer Anteil einer Einstellung, einer Triebregung, ist unverändert erhalten geblieben, ein anderer hat die weitere Entwicklung erfahren.

Wir rühren hiermit an das allgemeinere Problem der Erhaltung im Psychischen, das kaum noch Bearbeitung gefunden hat, aber so reizvoll und bedeutsam ist, daß wir ihm auch bei unzureichendem Anlaß eine Weile Aufmerksamkeit schenken dürfen. Seitdem wir den Irrtum überwunden haben, daß das uns geläufige Vergessen eine Zerstörung der Gedächtnisspur, also eine Vernichtung bedeutet, neigen wir zu der entgegengesetzten Annahme, daß im Seelenleben nichts, was einmal gebildet wurde, untergehen kann, daß alles

irgendwie erhalten bleibt und unter geeigneten Umständen, z. B.
durch eine so weit reichende Regression, wieder zum Vorschein gebracht werden kann. Man versuche sich durch einen Vergleich aus
einem anderen Gebiet klarzumachen, was diese Annahme zum Inhalt hat. Wir greifen etwa die Entwicklung der Ewigen Stadt als
Beispiel auf.[1] Historiker belehren uns, das älteste Rom war die
Roma quadrata, eine umzäunte Ansiedlung auf dem Palatin. Dann
folgte die Phase des Septimontium, eine Vereinigung der Nieder-
lassungen auf den einzelnen Hügeln, darauf die Stadt, die durch die
Servianische Mauer begrenzt wurde, und noch später, nach all den
Umwandlungen der republikanischen und der früheren Kaiserzeit
die Stadt, die Kaiser Aurelianus durch seine Mauern umschloß.
Wir wollen die Wandlungen der Stadt nicht weiter verfolgen und
uns fragen, was ein Besucher, den wir mit den vollkommensten historischen und topographischen Kenntnissen ausgestattet denken,
im heutigen Rom von diesen frühen Stadien noch vorfinden mag.
Die Aurelianische Mauer wird er bis auf wenige Durchbrüche fast
unverändert sehen. An einzelnen Stellen kann er Strecken des Ser-
vianischen Walles durch Ausgrabung zutage gefördert finden.
Wenn er genug weiß – mehr als die heutige Archäologie –, kann er
vielleicht den ganzen Verlauf dieser Mauer und den Umriß der
Roma quadrata ins Stadtbild einzeichnen. Von den Gebäuden, die
einst diese alten Rahmen ausgefüllt haben, findet er nichts oder geringe Reste, denn sie bestehen nicht mehr. Das Äußerste, was ihm
die beste Kenntnis des Roms der Republik leisten kann, wäre, daß
er die Stellen anzugeben weiß, wo die Tempel und öffentlichen Gebäude dieser Zeit gestanden hatten. Was jetzt diese Stellen ein-
nimmt, sind Ruinen, aber nicht ihrer selbst, sondern ihrer Erneue-
rungen aus späteren Zeiten nach Bränden und Zerstörungen. Es
bedarf kaum noch einer besonderen Erwähnung, daß alle diese
Überreste des alten Roms als Einsprengungen in das Gewirre einer
Großstadt aus den letzten Jahrhunderten seit der Renaissance erscheinen. Manches Alte ist gewiß noch im Boden der Stadt oder
unter ihren modernen Bauwerken begraben. Dies ist die Art der

---

1 Nach The Cambridge Ancient History, T. VII. 1928. »The founding of
Rome« by Hugh Last.

Erhaltung des Vergangenen, die uns an historischen Stätten wie Rom entgegentritt.

Nun machen wir die phantastische Annahme, Rom sei nicht eine menschliche Wohnstätte, sondern ein psychisches Wesen von ähnlich langer und reichhaltiger Vergangenheit, in dem also nichts, was einmal zustande gekommen war, untergegangen ist, in dem neben der letzten Entwicklungsphase auch alle früheren noch fortbestehen. Das würde für Rom also bedeuten, daß auf dem Palatin die Kaiserpaläste und das Septizonium des Septimius Severus sich noch zur alten Höhe erheben, daß die Engelsburg noch auf ihren Zinnen die schönen Statuen trägt, mit denen sie bis zur Gotenbelagerung geschmückt war, usw. Aber noch mehr: an der Stelle des Palazzo Caffarelli stünde wieder, ohne daß man dieses Gebäude abzutragen brauchte, der Tempel des Kapitolinischen Jupiter, und zwar dieser nicht nur in seiner letzten Gestalt, wie ihn die Römer der Kaiserzeit sahen, sondern auch in seiner frühesten, als er noch etruskische Formen zeigte und mit tönernen Antifixen geziert war. Wo jetzt das Coliseo steht, könnten wir auch die verschwundene Domus aurea des Nero bewundern; auf dem Pantheonplatze fänden wir nicht nur das heutige Pantheon, wie es uns von Hadrian hinterlassen wurde, sondern auf demselben Grund auch den ursprünglichen Bau des M. Agrippa; ja, derselbe Boden trüge die Kirche Maria sopra Minerva und den alten Tempel, über dem sie gebaut ist. Und dabei brauchte es vielleicht nur eine Änderung der Blickrichtung oder des Standpunktes von seiten des Beobachters, um den einen oder den anderen Anblick hervorzurufen.

Es hat offenbar keinen Sinn, diese Phantasie weiter auszuspinnen, sie führt zu Unvorstellbarem, ja zu Absurdem. Wenn wir das historische Nacheinander räumlich darstellen wollen, kann es nur durch ein Nebeneinander im Raum geschehen; derselbe Raum verträgt nicht zweierlei Ausfüllung. Unser Versuch scheint eine müßige Spielerei zu sein; er hat nur eine Rechtfertigung: er zeigt uns, wie weit wir davon entfernt sind, die Eigentümlichkeiten des seelischen Lebens durch anschauliche Darstellung zu bewältigen.

Zu einem Einwand sollten wir noch Stellung nehmen. Er fragt uns, warum wir gerade die Vergangenheit einer Stadt ausgewählt haben, um sie mit der seelischen Vergangenheit zu vergleichen. Die Annahme der Erhaltung alles Vergangenen gilt auch für das Seelenleben nur unter der Bedingung, daß das Organ der Psyche intakt geblieben ist, daß sein Gewebe nicht durch Trauma oder Entzündung gelitten hat. Zerstörende Einwirkungen, die man diesen Krankheitsursachen gleichstellen könnte, werden aber in der Geschichte keiner Stadt vermißt, auch wenn sie eine minder bewegte Vergangenheit gehabt hat als Rom, auch wenn sie, wie London, kaum je von einem Feind heimgesucht wurde. Die friedlichste Entwicklung einer Stadt schließt Demolierungen und Ersetzungen von Bauwerken ein, und darum ist die Stadt von vorneherein für einen solchen Vergleich mit einem seelischen Organismus ungeeignet.

Wir weichen diesem Einwand, wenden uns unter Verzicht auf eine eindrucksvolle Kontrastwirkung zu einem immerhin verwandteren Vergleichsobjekt, wie es der tierische oder menschliche Leib ist. Aber auch hier finden wir das nämliche. Die früheren Phasen der Entwicklung sind in keinem Sinn mehr erhalten, sie sind in den späteren, zu denen sie den Stoff geliefert haben, aufgegangen. Der Embryo läßt sich im Erwachsenen nicht nachweisen, die Thymusdrüse, die das Kind besaß, ist nach der Pubertät durch Bindegewebe ersetzt, aber selbst nicht mehr vorhanden; in den Röhrenknochen des reifen Mannes kann ich zwar den Umriß des kindlichen Knochens einzeichnen, aber dieser selbst ist vergangen, indem er sich streckte und verdickte, bis er seine endgültige Form erhielt. Es bleibt dabei, daß eine solche Erhaltung aller Vorstufen neben der Endgestaltung nur im Seelischen möglich ist und daß wir nicht in der Lage sind, uns dies Vorkommen anschaulich zu machen.

Vielleicht gehen wir in dieser Annahme zu weit. Vielleicht sollten wir uns zu behaupten begnügen, daß das Vergangene im Seelenleben erhalten bleiben *kann*, nicht *notwendigerweise* zerstört werden muß. Es ist immerhin möglich, daß auch im Psychischen manches Alte – in der Norm oder ausnahmsweise – so weit verwischt oder aufgezehrt wird, daß es durch keinen Vorgang mehr wiederhergestellt und wiederbelebt werden kann, oder daß die Erhaltung allgemein an gewisse günstige Bedingungen geknüpft ist. Es ist möglich, aber wir wissen nichts darüber. Wir dürfen nur daran festhalten, daß die Erhaltung des Vergangenen im Seelenleben eher Regel als befremdliche Ausnahme ist.

Wenn wir so durchaus bereit sind anzuerkennen, es gebe bei vielen Menschen ein »ozeanisches« Gefühl, und geneigt, es auf eine frühe Phase des Ichgefühls zurückzuführen, erhebt sich die weitere Frage, welchen Anspruch hat dieses Gefühl, als die Quelle der religiösen Bedürfnisse angesehen zu werden.

Mir erscheint dieser Anspruch nicht zwingend. Ein Gefühl kann doch nur dann eine Energiequelle sein, wenn es selbst der Ausdruck eines starken Bedürfnisses ist. Für die religiösen Bedürfnisse scheint mir die Ableitung von der infantilen Hilflosigkeit und der durch sie geweckten Vatersehnsucht unabweisbar, zumal da sich dies Gefühl nicht einfach aus dem kindlichen Leben fortsetzt, sondern durch die Angst vor der Übermacht des Schicksals dauernd erhalten wird. Ein ähnlich starkes Bedürfnis aus der Kindheit wie das nach dem Vaterschutz wüßte ich nicht anzugeben. Damit ist die Rolle des ozeanischen Gefühls, das etwa die Wiederherstellung des uneingeschränkten Narzißmus anstreben könnte, vom Vordergrund abgedrängt. Bis zum Gefühl der kindlichen Hilflosigkeit kann man den Ursprung der religiösen Einstellung in klaren Umrissen verfolgen. Es mag noch anderes dahinterstecken, aber das verhüllt einstweilen der Nebel.

Ich kann mir vorstellen, daß das ozeanische Gefühl nachträglich in Beziehungen zur Religion geraten ist. Dies Eins-Sein mit dem All, was als Gedankeninhalt ihm zugehört, spricht uns ja an wie ein erster Versuch einer religiösen Tröstung, wie ein anderer Weg zur Ableugnung der Gefahr, die das Ich als von der Außenwelt drohend erkennt. Ich wiederhole das Bekenntnis, daß es mir sehr beschwerlich ist, mit diesen kaum faßbaren Größen zu arbeiten. Ein anderer meiner Freunde, den ein unstillbarer Wissensdrang zu den ungewöhnlichsten Experimenten getrieben und endlich zum Allwisser gemacht hat, versicherte mir, daß man in den Yogapraktiken durch Abwendung von der Außenwelt, durch Bindung der Aufmerksamkeit an körperliche Funktionen, durch besondere Weisen der Atmung tatsächlich neue Empfindungen und Allgemeingefühle in sich erwecken kann, die er als Regressionen zu uralten, längst überlagerten Zuständen des Seelenlebens auffassen will. Er sieht in ihnen eine sozusagen physiologische Begründung vieler Weisheiten der Mystik. Beziehungen zu manchen dunklen Modifikationen des Seelenlebens, wie Trance und Ekstase, lägen hier nahe. Allein mich drängt es, auch einmal mit den Worten des Schillerschen Tauchers auszurufen:

»Es freue sich, wer da atmet im rosigen Licht.«

II

In meiner Schrift »Die Zukunft einer Illusion« handelte es sich weit weniger um die tiefsten Quellen des religiösen Gefühls, als vielmehr um das, was der gemeine Mann unter seiner Religion versteht, um das System von Lehren und Verheißungen, das ihm einerseits die Rätsel dieser Welt mit beneidenswerter Vollständigkeit aufklärt, anderseits ihm zusichert, daß eine sorgsame Vorsehung über sein Leben wachen und etwaige Versagungen in einer jenseitigen Existenz gutmachen wird. Diese Vorsehung kann der gemeine Mann sich nicht anders als in der Person eines großartig erhöhten Vaters vorstellen. Nur ein solcher kann die Bedürfnisse des Menschenkindes kennen, durch seine Bitten erweicht, durch die Zeichen seiner Reue beschwichtigt werden. Das Ganze ist so offenkundig infantil, so wirklichkeitsfremd, daß es einer menschenfreundlichen Gesinnung schmerzlich wird zu denken, die große Mehrheit der Sterblichen werde sich niemals über diese Auffassung des Lebens erheben können. Noch beschämender wirkt es zu erfahren, ein wie großer Anteil der heute Lebenden, die es einsehen müssen, daß diese Religion nicht zu halten ist, doch Stück für Stück von ihr in kläglichen Rückzugsgefechten zu verteidigen sucht. Man möchte sich in die Reihen der Gläubigen mengen, um den Philosophen, die den Gott der Religion zu retten glauben, indem sie ihn durch ein unpersönliches, schattenhaft abstraktes Prinzip ersetzen, die Mahnung vorzuhalten: Du sollst den Namen des Herrn nicht zum Eitlen anrufen! Wenn einige der größten Geister vergangener Zeiten das gleiche getan haben, so darf man sich hierin nicht auf sie berufen. Man weiß, warum sie so mußten.

Wir kehren zum gemeinen Mann und zu seiner Religion zurück, der einzigen, die diesen Namen tragen sollte. Da tritt uns zunächst die bekannte Äußerung eines unserer großen Dichter und Weisen entgegen, die sich über das Verhältnis der Religion zur Kunst und Wissenschaft ausspricht. Sie lautet:

> »Wer Wissenschaft und Kunst besitzt,
> hat auch Religion;
> Wer jene beiden nicht besitzt,
> der habe Religion!«[1]

Dieser Spruch bringt einerseits die Religion in einen Gegensatz zu den beiden Höchstleistungen des Menschen, anderseits behauptet er, daß sie einander in ihrem Lebenswert vertreten oder ersetzen können. Wenn wir auch dem gemeinen Mann die Religion bestreiten wollen, haben wir offenbar die Autorität des Dichters nicht auf unserer Seite. Wir versuchen einen besonderen Weg, um uns der Würdigung seines Satzes zu nähern. Das Leben, wie es uns auferlegt ist, ist zu schwer für uns, es bringt uns zuviel Schmerzen, Enttäuschungen, unlösbare Aufgaben. Um es zu ertragen, können wir Linderungsmittel nicht entbehren. (Es geht nicht ohne Hilfskonstruktionen, hat uns Theodor Fontane gesagt.) Solcher Mittel gibt es vielleicht dreierlei: mächtige Ablenkungen, die uns unser Elend geringschätzen lassen, Ersatzbefriedigungen, die es verringern, Rauschstoffe, die uns für dasselbe unempfindlich machen. Irgend etwas dieser Art ist unerläßlich.[2] Auf die Ablenkungen zielt Voltaire, wenn er seinen »*Candide*« in den Rat ausklingen läßt, seinen Garten zu bearbeiten; solch eine Ablenkung ist auch die wissenschaftliche Tätigkeit. Die Ersatzbefriedigungen, wie die Kunst sie bietet, sind gegen die Realität Illusionen, darum nicht minder psychisch wirksam dank der Rolle, die die Phantasie im Seelenleben behauptet hat. Die Rauschmittel beeinflussen unser Körperliches, ändern seinen Chemismus. Es ist nicht einfach, die Stellung der Religion innerhalb dieser Reihe anzugeben. Wir werden weiter ausholen müssen.

Die Frage nach dem Zweck des menschlichen Lebens ist ungezählte Male gestellt worden; sie hat noch nie eine befriedigende Antwort

---

1 Goethe in den »Zahmen Xenien« IX (Gedichte aus dem Nachlaß).

2 Auf erniedrigtem Niveau sagt Wilhelm Busch in der »Frommen Helene« dasselbe: »Wer Sorgen hat, hat auch Likör.«

gefunden, läßt eine solche vielleicht überhaupt nicht zu. Manche Fragesteller haben hinzugefügt: wenn sich ergeben sollte, daß das Leben keinen Zweck hat, dann würde es jeden Wert für sie verlieren. Aber diese Drohung ändert nichts. Es scheint vielmehr, daß man ein Recht dazu hat, die Frage abzulehnen. Ihre Voraussetzung scheint jene menschliche Überhebung, von der wir soviel andere Äußerungen bereits kennen. Von einem Zweck des Lebens der Tiere wird nicht gesprochen, wenn deren Bestimmung nicht etwa darin besteht, dem Menschen zu dienen. Allein auch das ist nicht haltbar, denn mit vielen Tieren weiß der Mensch nichts anzufangen – außer daß er sie beschreibt, klassifiziert, studiert –, und ungezählte Tierarten haben sich auch dieser Verwendung entzogen, indem sie lebten und ausstarben, ehe der Mensch sie gesehen hatte. Es ist wiederum nur die Religion, die die Frage nach einem Zweck des Lebens zu beantworten weiß. Man wird kaum irren zu entscheiden, daß die Idee eines Lebenszweckes mit dem religiösen System steht und fällt.

Wir wenden uns darum der anspruchsloseren Frage zu, was die Menschen selbst durch ihr Verhalten als Zweck und Absicht ihres Lebens erkennen lassen, was sie vom Leben fordern, in ihm erreichen wollen. Die Antwort darauf ist kaum zu verfehlen; sie streben nach dem Glück, sie wollen glücklich werden und so bleiben. Dies Streben hat zwei Seiten, ein positives und ein negatives Ziel, es will einerseits die Abwesenheit von Schmerz und Unlust, anderseits das Erleben starker Lustgefühle. Im engeren Wortsinne wird »Glück« nur auf das letztere bezogen. Entsprechend dieser Zweiteilung der Ziele entfaltet sich die Tätigkeit der Menschen nach zwei Richtungen, je nachdem sie das eine oder das andere dieser Ziele – vorwiegend oder selbst ausschließlich – zu verwirklichen sucht.

Es ist, wie man merkt, einfach das Programm des Lustprinzips, das den Lebenszweck setzt. Dies Prinzip beherrscht die Leistung des seelischen Apparates vom Anfang an; an seiner Zweckdienlichkeit kann kein Zweifel sein, und doch ist sein Programm im Hader mit der ganzen Welt, mit dem Makrokosmos ebensowohl wie mit dem Mikrokosmos. Es ist überhaupt nicht durchführbar, alle Einrichtungen des Alls widerstreben ihm; man möchte sagen, die Absicht, daß der Mensch »glücklich« sei, ist im Plan der »Schöpfung« nicht enthalten. Was man im strengsten Sinne Glück heißt, entspringt der eher plötzlichen Befriedigung hoch aufgestauter Bedürfnisse und ist seiner Natur nach nur als episodisches Phänomen möglich. Jede Fortdauer einer vom Lustprinzip ersehnten Situation ergibt nur ein Gefühl von lauem Behagen; wir sind so eingerichtet, daß wir nur den Kontrast intensiv genießen können, den Zustand nur sehr wenig.[1] Somit sind unsere Glücksmöglichkeiten schon durch unsere Konstitution beschränkt. Weit weniger Schwierigkeiten hat es, Unglück zu erfahren. Von drei Seiten droht das Leiden, vom eigenen Körper her, der, zu Verfall und Auflösung bestimmt, sogar Schmerz und Angst als Warnungssignale nicht entbehren kann, von der Außenwelt, die mit übermächtigen, unerbittlichen, zerstörenden Kräften gegen uns wüten kann, und endlich aus den Beziehungen zu anderen Menschen. Das Leiden, das aus dieser Quelle stammt, empfinden wir vielleicht schmerzlicher als jedes andere; wir sind geneigt, es als eine gewissermaßen überflüssige Zutat anzusehen, obwohl es nicht weniger schicksalsmäßig unabwendbar sein dürfte als das Leiden anderer Herkunft.

Kein Wunder, wenn unter dem Druck dieser Leidensmöglichkeiten die Menschen ihren Glücksanspruch zu ermäßigen pflegen, wie ja auch das Lustprinzip selbst sich unter dem Einfluß der Außenwelt zum bescheideneren Realitätsprinzip umbildete, wenn man sich bereits glücklich preist, dem Unglück entgangen zu sein, das Leiden überstanden zu haben, wenn ganz allgemein die Aufgabe der Leidvermeidung die der Lustgewinnung in den Hintergrund drängt. Die Überlegung lehrt, daß man die Lösung dieser Aufgabe auf sehr verschiedenen Wegen versuchen kann; alle diese Wege sind von den einzelnen Schulen der Lebensweisheit empfohlen und von den Menschen begangen worden. Uneingeschränkte Befriedigung aller Bedürfnisse drängt sich als die verlockendste Art der Lebensführung vor, aber das heißt den Genuß vor die Vorsicht setzen und straft sich nach kurzem Betrieb. Die anderen Methoden, bei denen die Vermeidung von Unlust die vorwiegende Absicht ist, scheiden sich je nach der Unlustquelle, der sie die größere Aufmerksamkeit

---

1 Goethe mahnt sogar: »Nichts ist schwerer zu ertragen als eine Reihe von schönen Tagen.« Das mag immerhin eine Übertreibung sein.

zuwenden. Es gibt da extreme und gemäßigte Verfahren, einseitige und solche, die zugleich an mehreren Stellen angreifen. Gewollte Vereinsamung, Fernhaltung von den anderen ist der nächstliegende Schutz gegen das Leid, das einem aus menschlichen Beziehungen erwachsen kann. Man versteht: das Glück, das man auf diesem Weg erreichen kann, ist das der Ruhe. Gegen die gefürchtete Außenwelt kann man sich nicht anders als durch irgendeine Art der Abwendung verteidigen, wenn man diese Aufgabe für sich allein lösen will. Es gibt freilich einen anderen und besseren Weg, indem man als ein Mitglied der menschlichen Gemeinschaft mit Hilfe der von der Wissenschaft geleiteten Technik zum Angriff auf die Natur übergeht und sie menschlichem Willen unterwirft. Man arbeitet dann mit allen am Glück aller. Die interessantesten Methoden zur Leidverhütung sind aber die, die den eigenen Organismus zu beeinflussen versuchen. Endlich ist alles Leid nur Empfindung, es besteht nur, insofern wir es verspüren, und wir verspüren es nur infolge gewisser Einrichtungen unseres Organismus.

Die roheste, aber auch wirksamste Methode solcher Beeinflussung ist die chemische, die Intoxikation. Ich glaube nicht, daß irgendwer ihren Mechanismus durchschaut, aber es ist Tatsache, daß es körperfremde Stoffe gibt, deren Anwesenheit in Blut und Geweben uns unmittelbare Lustempfindungen verschafft, aber auch die Bedingungen unseres Empfindungslebens so verändert, daß wir zur Aufnahme von Unlustregungen untauglich werden. Beide Wirkungen erfolgen nicht nur gleichzeitig, sie scheinen auch innig miteinander verknüpft. Es muß aber auch in unserem eigenen Chemismus Stoffe geben, die ähnliches leisten, denn wir kennen wenigstens einen krankhaften Zustand, die Manie, in dem dies rauschähnliche Verhalten zustande kommt, ohne daß ein Rauschgift eingeführt worden wäre. Überdies zeigt unser normales Seelenleben Schwankungen von erleichterter oder erschwerter Lustentbindung, mit denen eine verringerte oder vergrößerte Empfänglichkeit für Unlust parallel geht. Es ist sehr zu bedauern, daß diese toxische Seite der seelischen Vorgänge sich der wissenschaftlichen Erforschung bisher entzogen hat. Die Leistung der Rauschmittel im Kampf um das Glück und zur Fernhaltung des Elends wird so sehr als Wohltat geschätzt, daß Individuen wie Völker ihnen eine feste Stellung in ihrer Libidoökonomie eingeräumt haben. Man dankt ihnen nicht nur den unmittelbaren Lustgewinn, sondern auch ein heiß ersehntes Stück Unabhängigkeit von der Außenwelt. Man weiß doch, daß man mit Hilfe des »Sorgenbrechers« sich jederzeit dem Druck der Realität entziehen und in einer eigenen Welt mit besseren Empfindungsbedingungen Zuflucht finden kann. Es ist bekannt, daß gerade diese Eigenschaft der Rauschmittel auch ihre Gefahr und Schädlichkeit bedingt. Sie tragen unter Umständen die Schuld daran, daß große Energiebeträge, die zur Verbesserung des menschlichen Loses verwendet werden könnten, nutzlos verlorengehen.

Der komplizierte Bau unseres seelischen Apparats gestattet aber auch eine ganze Reihe anderer Beeinflussungen. Wie Triebbefriedigung Glück ist, so wird es Ursache schweren Leidens, wenn die Außenwelt uns darben läßt, die Sättigung unserer Bedürfnisse verweigert. Man kann also hoffen, durch Einwirkung auf diese Triebregungen von einem Teil des Leidens frei zu werden. Diese Art der Leidabwehr greift nicht mehr am Empfindungsapparat an, sie sucht der inneren Quellen der Bedürfnisse Herr zu werden. In extremer Weise geschieht dies, indem man die Triebe ertötet, wie die orientalische Lebensweisheit lehrt und die Yogapraxis ausführt. Gelingt es, so hat man damit freilich auch alle andere Tätigkeit aufgegeben (das Leben geopfert), auf anderem Wege wieder nur das Glück der Ruhe erworben. Den gleichen Weg verfolgt man bei ermäßigten Zielen, wenn man nur die Beherrschung des Trieblebens anstrebt. Das Herrschende sind dann die höheren psychischen Instanzen, die sich dem Realitätsprinzip unterworfen haben. Hierbei wird die Absicht der Befriedigung keineswegs aufgegeben; ein gewisser Schutz gegen Leiden wird dadurch erreicht, daß die Unbefriedigung der in Abhängigkeit gehaltenen Triebe nicht so schmerzlich empfunden wird wie die der ungehemmten. Dagegen steht aber eine unleugbare Herabsetzung der Genußmöglichkeiten. Das Glücksgefühl bei Befriedigung einer wilden, vom Ich ungebändigten Triebregung ist unvergleichlich intensiver als das bei Sättigung eines gezähmten Triebes. Die Unwiderstehlichkeit perverser Impulse, vielleicht der Anreiz des Verbotenen überhaupt, findet hierin eine ökonomische Erklärung.

Eine andere Technik der Leidabwehr bedient sich der Libidover-

schiebungen, welche unser seelischer Apparat gestattet, durch die
seine Funktion so viel an Geschmeidigkeit gewinnt. Die zu lösende
Aufgabe ist, die Triebziele solcherart zu verlegen, daß sie von der
Versagung der Außenwelt nicht getroffen werden können. Die Sublimierung der Triebe leiht dazu ihre Hilfe. Am meisten erreicht man,
wenn man den Lustgewinn aus den Quellen psychischer und intellektueller Arbeit genügend zu erhöhen versteht. Das Schicksal kann
einem dann wenig anhaben. Die Befriedigung solcher Art, wie die
Freude des Künstlers am Schaffen, an der Verkörperung seiner
Phantasiegebilde, die des Forschers an der Lösung von Problemen
und am Erkennen der Wahrheit, haben eine besondere Qualität, die
wir gewiß eines Tages werden metapsychologisch charakterisieren
können. Derzeit können wir nur bildweise sagen, sie erscheinen uns
»feiner und höher«, aber ihre Intensität ist im Vergleich mit der aus
der Sättigung grober, primärer Triebregungen gedämpft; sie erschüttern nicht unsere Leiblichkeit. Die Schwäche dieser Methode
liegt aber darin, daß sie nicht allgemein verwendbar, nur wenigen
Menschen zugänglich ist. Sie setzt besondere, im wirksamen Ausmaß nicht gerade häufige Anlagen und Begabungen voraus. Auch
diesen wenigen kann sie nicht vollkommenen Leidensschutz gewähren, sie schafft ihnen keinen für die Pfeile des Schicksals un-
durchdringlichen Panzer, und sie pflegt zu versagen, wenn der eigene Leib die Quelle des Leidens wird.[1]

---

1 Wenn nicht besondere Veranlagung den Lebensinteressen gebieterisch die
Richtung vorschreibt, kann die gemeine, jedermann zugängliche Berufsarbeit
an die Stelle rücken, die ihr von dem weisen Ratschlag Voltaires angewiesen
wird. Es ist nicht möglich, die Bedeutung der Arbeit für die Libidoökonomie
im Rahmen einer knappen Übersicht ausreichend zu würdigen. Keine andere
Technik der Lebensführung bindet den einzelnen so fest an die Realität als die
Betonung der Arbeit, die ihn wenigstens in ein Stück der Realität, in die
menschliche Gemeinschaft sicher einfügt. Die Möglichkeit, ein starkes Ausmaß libidinöser Komponenten, narzißtische, aggressive und selbst erotische,
auf die Berufsarbeit und auf die mit ihr verknüpften menschlichen Beziehungen zu verschieben, leiht ihr einen Wert, der hinter ihrer Unerläßlichkeit zur
Behauptung und Rechtfertigung der Existenz in der Gesellschaft nicht zu-
rücksteht. Besondere Befriedigung vermittelt die Berufstätigkeit, wenn sie
eine frei gewählte ist, also bestehende Neigungen, fortgeführte oder konstitutionell verstärkte Triebregungen durch Sublimierung nutzbar zu machen ge-

Wenn schon bei diesem Verfahren die Absicht deutlich wird, sich von der Außenwelt unabhängig zu machen, indem man seine Befriedigungen in inneren, psychischen Vorgängen sucht, so treten die gleichen Züge noch stärker bei dem nächsten hervor. Hier wird der Zusammenhang mit der Realität noch mehr gelockert, die Befriedigung wird aus Illusionen gewonnen, die man als solche erkennt, ohne sich durch deren Abweichung von der Wirklichkeit im Genuß stören zu lassen. Das Gebiet, aus dem diese Illusionen stammen, ist das des Phantasielebens; es wurde seinerzeit, als sich die Entwicklung des Realitätssinnes vollzog, ausdrücklich den Ansprüchen der Realitätsprüfung entzogen und blieb für die Erfüllung schwer durchsetzbarer Wünsche bestimmt. Obenan unter diesen Phantasiebefriedigungen steht der Genuß an Werken der Kunst, der auch dem nicht selbst Schöpferischen durch die Vermittlung des Künstlers zugänglich gemacht wird.[1] Wer für den Einfluß der Kunst empfänglich ist, weiß ihn als Lustquelle und Lebenströstung nicht hoch genug einzuschätzen. Doch vermag die milde Narkose, in die uns die Kunst versetzt, nicht mehr als eine flüchtige Entrückung aus den Nöten des Lebens herbeizuführen und ist nicht stark genug, um reales Elend vergessen zu machen.

Energischer und gründlicher geht ein anderes Verfahren vor, das den einzigen Feind in der Realität erblickt, die die Quelle alles Leids ist, mit der sich nicht leben läßt, mit der man darum alle Beziehungen abbrechen muß, wenn man in irgendeinem Sinne glücklich sein will. Der Eremit kehrt dieser Welt den Rücken, er will nichts mit ihr zu schaffen haben. Aber man kann mehr tun, man kann sie umschaffen wollen, anstatt ihrer eine andere aufbauen, in der die unerträglichsten Züge ausgetilgt und durch andere im Sinne der eigenen Wünsche ersetzt sind. Wer in verzweifelter Empörung diesen Weg

stattet. Und dennoch wird Arbeit als Weg zum Glück von den Menschen wenig geschätzt. Man drängt sich nicht zu ihr wie zu anderen Möglichkeiten der Befriedigung. Die große Mehrzahl der Menschen arbeitet nur notgedrungen, und aus dieser natürlichen Arbeitsscheu der Menschen leiten sich die schwierigsten sozialen Probleme ab.

1 Vgl. »Formulierungen über die zwei Prinzipien des psychischen Geschehens«, 1911 (Ges. Werke, Bd. VIII), und »Vorlesungen zur Einführung in die Psychoanalyse«, XXIII (Ges. Werke, Bd. XI).

zum Glück einschlägt, wird in der Regel nichts erreichen; die Wirklichkeit ist zu stark für ihn. Er wird ein Wahnsinniger, der in der Durchsetzung seines Wahns meist keine Helfer findet. Es wird aber behauptet, daß jeder von uns sich in irgendeinem Punkte ähnlich wie der Paranoiker benimmt, eine ihm unleidliche Seite der Welt durch eine Wunschbildung korrigiert und diesen Wahn in die Realität einträgt. Eine besondere Bedeutung beansprucht der Fall, daß eine größere Anzahl von Menschen gemeinsam den Versuch unternimmt, sich Glücksversicherung und Leidensschutz durch wahnhafte Umbildung der Wirklichkeit zu schaffen. Als solchen Massenwahn müssen wir auch die Religionen der Menschheit kennzeichnen. Den Wahn erkennt natürlich niemals, wer ihn selbst noch teilt.

Ich glaube nicht, daß diese Aufzählung der Methoden, wie die Menschen das Glück zu gewinnen und das Leiden fernzuhalten bemüht sind, vollständig ist, weiß auch, daß der Stoff andere Anordnungen zuläßt. Eines dieser Verfahren habe ich noch nicht angeführt; nicht daß ich daran vergessen hätte, sondern weil es uns noch in anderem Zusammenhange beschäftigen wird. Wie wäre es auch möglich, gerade an diese Technik der Lebenskunst zu vergessen! Sie zeichnet sich durch die merkwürdigste Vereinigung von charakteristischen Zügen aus. Sie strebt natürlich auch die Unabhängigkeit vom Schicksal – so nennen wir es am besten – an und verlegt in dieser Absicht die Befriedigung in innere seelische Vorgänge, bedient sich dabei der vorhin erwähnten Verschiebbarkeit der Libido, aber sie wendet sich nicht von der Außenwelt ab, klammert sich im Gegenteil an deren Objekte und gewinnt das Glück aus einer Gefühlsbeziehung zu ihnen. Sie gibt sich dabei auch nicht mit dem gleichsam müde resignierenden Ziel der Unlustvermeidung zufrieden, eher geht sie achtlos an diesem vorbei und hält am ursprünglichen, leidenschaftlichen Streben nach positiver Glückserfüllung fest. Vielleicht kommt sie diesem Ziele wirklich näher als jede andere Methode. Ich meine natürlich jene Richtung des Lebens, welche die Liebe zum Mittelpunkt nimmt, alle Befriedigung aus dem Lieben und Geliebtwerden erwartet. Eine solche psychische Einstellung liegt uns allen nahe genug; eine der Erscheinungsformen der Liebe, die geschlechtliche Liebe, hat uns die stärkste Erfahrung einer überwältigenden Lustempfindung vermittelt und so das Vorbild für unser Glücksstreben gegeben. Was ist natürlicher, als daß wir dabei beharren, das Glück auf demselben Wege zu suchen, auf dem wir es zuerst begegnet haben. Die schwache Seite dieser Lebenstechnik liegt klar zutage; sonst wäre es auch keinem Menschen eingefallen, diesen Weg zum Glück für einen anderen zu verlassen. Niemals sind wir ungeschützter gegen das Leiden, als wenn wir lieben, niemals hilfloser unglücklich, als wenn wir das geliebte Objekt oder seine Liebe verloren haben. Aber die auf den Glückswert der Liebe gegründete Lebenstechnik ist damit nicht erledigt, es ist viel mehr darüber zu sagen.

Hier kann man den interessanten Fall anschließen, daß das Lebensglück vorwiegend im Genusse der Schönheit gesucht wird, wo immer sie sich unseren Sinnen und unserem Urteil zeigt, der Schönheit menschlicher Formen und Gesten, von Naturobjekten und Landschaften, künstlerischen und selbst wissenschaftlichen Schöpfungen. Diese ästhetische Einstellung zum Lebensziel bietet wenig Schutz gegen drohende Leiden, vermag aber für vieles zu entschädigen. Der Genuß an der Schönheit hat einen besonderen, milde berauschenden Empfindungscharakter. Ein Nutzen der Schönheit liegt nicht klar zutage, ihre kulturelle Notwendigkeit ist nicht einzusehen, und doch könnte man sie in der Kultur nicht vermissen. Die Wissenschaft der Ästhetik untersucht die Bedingungen, unter denen das Schöne empfunden wird; über Natur und Herkunft der Schönheit hat sie keine Aufklärung geben können; wie gebräuchlich, wird die Ergebnislosigkeit durch einen Aufwand an volltönenden, inhaltsarmen Worten verhüllt. Leider weiß auch die Psychoanalyse über die Schönheit am wenigsten zu sagen. Einzig die Ableitung aus dem Gebiet des Sexualempfindens scheint gesichert; es wäre ein vorbildliches Beispiel einer zielgehemmten Regung. Die »Schönheit« und der »Reiz« sind ursprünglich Eigenschaften des Sexualobjekts. Es ist bemerkenswert, daß die Genitalien selbst, deren Anblick immer erregend wirkt, doch fast nie als schön beurteilt werden, dagegen scheint der Charakter der Schönheit an gewissen sekundären Geschlechtsmerkmalen zu haften.

Trotz dieser Unvollständigkeit getraue ich mich bereits einiger unsere Untersuchung abschließenden Bemerkungen. Das Programm, welches uns das Lustprinzip aufdrängt, glücklich zu werden, ist nicht zu erfüllen, doch darf man – nein, kann man – die Bemühungen, es irgendwie der Erfüllung näherzubringen, nicht aufgeben. Man kann sehr verschiedene Wege dahin einschlagen, entweder den positiven Inhalt des Ziels, den Lustgewinn, oder den negativen, die Unlustvermeidung, voranstellen. Auf keinem dieser Wege können wir alles, was wir begehren, erreichen. Das Glück in jenem ermäßigten Sinn, in dem es als möglich erkannt wird, ist ein Problem der individuellen Libidoökonomie. Es gibt hier keinen Rat, der für alle taugt; ein jeder muß selbst versuchen, auf welche besondere Fasson er selig werden kann. Die mannigfachsten Faktoren werden sich geltend machen, um seiner Wahl die Wege zu weisen. Es kommt darauf an, wieviel reale Befriedigung er von der Außenwelt zu erwarten hat und inwieweit er veranlaßt ist, sich von ihr unabhängig zu machen; zuletzt auch, wieviel Kraft er sich zutraut, diese nach seinen Wünschen abzuändern. Schon dabei wird außer den äußeren Verhältnissen die psychische Konstitution des Individuums entscheidend werden. Der vorwiegend erotische Mensch wird die Gefühlsbeziehungen zu anderen Personen voranstellen, der eher selbstgenügsame Narzißtische die wesentlichen Befriedigungen in seinen inneren seelischen Vorgängen suchen, der Tatenmensch von der Außenwelt nicht ablassen, an der er seine Kraft erproben kann. Für den mittleren dieser Typen wird die Art seiner Begabung und das Ausmaß der ihm möglichen Triebsublimierung dafür bestimmend werden, wohin er seine Interessen verlegen soll. Jede extreme Entscheidung wird sich dadurch strafen, daß sie das Individuum den Gefahren aussetzt, die die Unzulänglichkeit der ausschließend gewählten Lebenstechnik mit sich bringt. Wie der vorsichtige Kaufmann es vermeidet, sein ganzes Kapital an einer Stelle festzulegen, so wird vielleicht auch die Lebensweisheit raten, nicht alle Befriedigung von einer einzigen Strebung zu erwarten. Der Erfolg ist niemals sicher, er hängt vom Zusammentreffen vieler Momente ab, von keinem vielleicht mehr als von der Fähigkeit der psychischen Konstitution, ihre Funktion der Umwelt anzupassen und diese für Lustgewinn auszunützen. Wer eine besonders ungünstige Triebkonstitution mitgebracht und die zur späteren Leistung unerläßliche Umbildung und Neuordnung seiner Libidokomponenten nicht regelrecht durchgemacht hat, wird es schwer haben, aus seiner äußeren Situation Glück zu gewinnen, zumal wenn er vor schwierigere Aufgaben gestellt wird. Als letzte Lebenstechnik, die ihm wenigstens Ersatzbefriedigungen verspricht, bietet sich ihm die Flucht in die neurotische Krankheit, die er meist schon in jungen Jahren vollzieht. Wer dann in späterer Lebenszeit seine Bemühungen um das Glück vereitelt sieht, findet noch Trost im Lustgewinn der chronischen Intoxikation, oder er unternimmt den verzweifelten Auflehnungsversuch der Psychose.[1]

Die Religion beeinträchtigt dieses Spiel der Auswahl und Anpassung, indem sie ihren Weg zum Glückserwerb und Leidensschutz allen in gleicher Weise aufdrängt. Ihre Technik besteht darin, den Wert des Lebens herabzudrücken und das Bild der realen Welt wahnhaft zu entstellen, was die Einschüchterung der Intelligenz zur Voraussetzung hat. Um diesen Preis, durch gewaltsame Fixierung eines psychischen Infantilismus und Einbeziehung in einen Massenwahn gelingt es der Religion, vielen Menschen die individuelle Neurose zu ersparen. Aber kaum mehr; es gibt, wie wir gesagt haben, viele Wege, die zu dem Glück führen können, wie es dem Menschen erreichbar ist, keinen, der sicher dahin leitet. Auch die Religion kann ihr Versprechen nicht halten. Wenn der Gläubige sich endlich genötigt findet, von Gottes »unerforschlichem Ratschluß« zu reden, so gesteht er damit ein, daß ihm als letzte Trostmöglichkeit und Lustquelle im Leiden nur die bedingungslose Unterwerfung übriggeblieben ist. Und wenn er zu dieser bereit ist, hätte er sich wahrscheinlich den Umweg ersparen können.

---

1 [*Zusatz 1931*:] Es drängt mich, wenigstens auf eine der Lücken hinzuweisen, die in obiger Darstellung geblieben sind. Eine Betrachtung der menschlichen Glücksmöglichkeiten sollte es nicht unterlassen, das relative Verhältnis des Narzißmus zur Objektlibido in Rechnung zu bringen. Man verlangt zu wissen, was es für die Libidoökonomie bedeutet, im wesentlichen auf sich selbst gestellt zu sein.

III

Unsere Untersuchung über das Glück hat uns bisher nicht viel gelehrt, was nicht allgemein bekannt ist. Auch wenn wir sie mit der Frage fortsetzen, warum es für die Menschen so schwer ist, glücklich zu werden, scheint die Aussicht, Neues zu erfahren, nicht viel größer. Wir haben die Antwort bereits gegeben, indem wir auf die drei Quellen hinwiesen, aus denen unser Leiden kommt: die Übermacht der Natur, die Hinfälligkeit unseres eigenen Körpers und die Unzulänglichkeit der Einrichtungen, welche die Beziehungen der Menschen zueinander in Familie, Staat und Gesellschaft regeln. In betreff der beiden ersten kann unser Urteil nicht lange schwanken; es zwingt uns zur Anerkennung dieser Leidensquellen und zur Ergebung ins Unvermeidliche. Wir werden die Natur nie vollkommen beherrschen, unser Organismus, selbst ein Stück dieser Natur, wird immer ein vergängliches, in Anpassung und Leistung beschränktes Gebilde bleiben. Von dieser Erkenntnis geht keine lähmende Wirkung aus; im Gegenteil, sie weist unserer Tätigkeit die Richtung. Können wir nicht alles Leiden aufheben, so doch manches, und anderes lindern, mehrtausendjährige Erfahrung hat uns davon überzeugt. Anders verhalten wir uns zur dritten, zur sozialen Leidensquelle. Diese wollen wir überhaupt nicht gelten lassen, können nicht einsehen, warum die von uns selbst geschaffenen Einrichtungen nicht vielmehr Schutz und Wohltat für uns alle sein sollten. Allerdings, wenn wir bedenken, wie schlecht uns gerade dieses Stück der Leidverhütung gelungen ist, erwacht der Verdacht, es könnte auch hier ein Stück der unbesiegbaren Natur dahinterstecken, diesmal unserer eigenen psychischen Beschaffenheit.

Auf dem Wege, uns mit dieser Möglichkeit zu beschäftigen, treffen wir auf eine Behauptung, die so erstaunlich ist, daß wir bei ihr verweilen wollen. Sie lautet, einen großen Teil der Schuld an unserem Elend trage unsere sogenannte Kultur; wir wären viel glücklicher, wenn wir sie aufgeben und in primitive Verhältnisse zurückfinden würden. Ich heiße sie erstaunlich, weil – wie immer man den Begriff Kultur bestimmen mag – es doch feststeht, daß alles, womit wir uns gegen die Bedrohung aus den Quellen des Leidens zu schützen versuchen, eben der nämlichen Kultur zugehört.

Auf welchem Weg sind wohl so viele Menschen zu diesem Standpunkt befremdlicher Kulturfeindlichkeit gekommen? Ich meine, eine tiefe, lang bestehende Unzufriedenheit mit dem jeweiligen Kulturzustand stellte den Boden her, auf dem sich dann bei bestimmten historischen Anlässen eine Verurteilung erhob. Den letzten und den vorletzten dieser Anlässe glaube ich zu erkennen; ich bin nicht gelehrt genug, um die Kette derselben weit genug in die Geschichte der menschlichen Art zurückzuverfolgen. Schon beim Sieg des Christentums über die heidnischen Religionen muß ein solcher kulturfeindlicher Faktor beteiligt gewesen sein. Der durch die christliche Lehre vollzogenen Entwertung des irdischen Lebens stand er ja sehr nahe. Die vorletzte Veranlassung ergab sich, als man im Fortschritt der Entdeckungsreisen in Berührung mit primitiven Völkern und Stämmen kam. Bei ungenügender Beobachtung und mißverständlicher Auffassung ihrer Sitten und Gebräuche schienen sie den Europäern ein einfaches, bedürfnisarmes, glückliches Leben zu führen, wie es den kulturell überlegenen Besuchern unerreichbar war. Die spätere Erfahrung hat manches Urteil dieser Art berichtigt; in vielen Fällen hatte man irrtümlich ein Maß von Lebenserleichterung, das der Großmut der Natur und der Bequemlichkeit in der Befriedigung der großen Bedürfnisse zu danken war, der Abwesenheit von verwickelten kulturellen Anforderungen zugeschrieben. Die letzte Veranlassung ist uns besonders vertraut; sie trat auf, als man den Mechanismus der Neurosen kennenlernte, die das bißchen Glück des Kulturmenschen zu untergraben drohen. Man fand, daß der Mensch neurotisch wird, weil er das Maß von Versagung nicht ertragen kann, das ihm die Gesellschaft im Dienste ihrer kulturellen Ideale auferlegt, und man schloß daraus, daß es eine Rückkehr zu Glücksmöglichkeiten bedeutete, wenn diese Anforderungen aufgehoben oder sehr herabgesetzt würden.

Es kommt noch ein Moment der Enttäuschung dazu. In den letzten Generationen haben die Menschen außerordentliche Fortschritte in den Naturwissenschaften und in ihrer technischen Anwendung gemacht, ihre Herrschaft über die Natur in einer früher unvorstellbaren Weise befestigt. Die Einzelheiten dieser Fortschritte sind allgemein bekannt, es erübrigt sich, sie aufzuzählen. Die Menschen sind stolz auf diese Errungenschaften und haben ein Recht dazu. Aber sie glauben bemerkt zu haben, daß diese neu gewonnene Verfügung über Raum und Zeit, diese Unterwerfung der Naturkräfte, die Erfüllung jahrtausendealter Sehnsucht, das Maß von Lustbefriedigung, das sie vom Leben erwarten, nicht erhöht, sie nach ihren Empfindungen nicht glücklicher gemacht hat. Man sollte sich begnügen, aus dieser Feststellung den Schluß zu ziehen, die Macht über die Natur sei nicht die einzige Bedingung des Menschenglücks, wie sie ja auch nicht das einzige Ziel der Kulturbestrebungen ist, und nicht die Wertlosigkeit der technischen Fortschritte für unsere Glücksökonomie daraus ableiten. Man möchte einwenden, ist es denn nicht ein positiver Lustgewinn, ein unzweideutiger Zuwachs an Glücksgefühl, wenn ich beliebig oft die Stimme des Kindes hören kann, das Hunderte von Kilometern entfernt von mir lebt, wenn ich die kürzeste Zeit nach der Landung des Freundes erfahren kann, daß er die lange, beschwerliche Reise gut bestanden hat? Bedeutet es nichts, daß es der Medizin gelungen ist, die Sterblichkeit der kleinen Kinder, die Infektionsgefahr der gebärenden Frauen so außerordentlich herabzusetzen, ja die mittlere Lebensdauer des Kulturmenschen um eine beträchtliche Anzahl von Jahren zu verlängern? Und solcher Wohltaten, die wir dem vielgeschmähten Zeitalter der wissenschaftlichen und technischen Fortschritte verdanken, können wir noch eine große Reihe anführen; – aber da läßt sich die Stimme der pessimistischen Kritik vernehmen und mahnt, die meisten dieser Befriedigungen folgten dem Muster jenes »billigen Vergnügens«, das in einer gewissen Anekdote angepriesen wird. Man verschafft sich diesen Genuß, indem man in kalter Winternacht ein Bein nackt aus der Decke herausstreckt und es dann wieder einzieht. Gäbe es keine Eisenbahn, die die Entfernungen überwindet, so hätte das Kind die Vaterstadt nie verlassen, man brauchte kein Telephon, um seine Stimme zu hören. Wäre nicht die Schiffahrt über den Ozean eingerichtet, so hätte der Freund nicht die Seereise unternommen, ich brauchte den Telegraphen nicht, um meine Sorge um ihn zu beschwichtigen. Was nützt uns die Einschränkung der Kindersterblichkeit, wenn gerade sie uns die äußerste Zurückhaltung in der Kinderzeugung aufnötigt, so daß wir im ganzen doch nicht mehr Kinder aufziehen als in den Zeiten vor der Herrschaft der Hygiene, dabei aber unser Sexualleben in der Ehe unter schwierige Bedingungen gebracht und wahrscheinlich der wohltätigen, natürlichen Auslese entgegengearbeitet haben? Und was soll uns endlich ein langes Leben, wenn es beschwerlich, arm an Freuden und so leidvoll ist, daß wir den Tod nur als Erlöser bewillkommnen können?

Es scheint festzustehen, daß wir uns in unserer heutigen Kultur nicht wohl fühlen, aber es ist sehr schwer, sich ein Urteil darüber zu bilden, ob und inwieweit die Menschen früherer Zeiten sich glücklicher gefühlt haben und welchen Anteil ihre Kulturbedingungen daran hatten. Wir werden immer die Neigung haben, das Elend objektiv zu erfassen, d. h. uns mit unseren Ansprüchen und Empfänglichkeiten in jene Bedingungen zu versetzen, um dann zu prüfen, welche Anlässe zu Glücks- und Unglücksempfindungen wir in ihnen fänden. Diese Art der Betrachtung, die objektiv erscheint, weil sie von den Variationen der subjektiven Empfindlichkeit absieht, ist natürlich die subjektivste, die möglich ist, indem sie an die Stelle aller anderen unbekannten seelischen Verfassungen die eigene einsetzt. Das Glück ist aber etwas durchaus Subjektives. Wir mögen noch so sehr vor gewissen Situationen zurückschrecken, der des antiken Galeerensklaven, des Bauern im 30jährigen Krieg, des Opfers der heiligen Inquisition, des Juden, der den Pogrom erwartet, es ist uns doch unmöglich, uns in diese Personen einzufühlen, die Veränderungen zu erraten, die ursprüngliche Stumpfheit, allmähliche Abstumpfung, Einstellung der Erwartungen, gröbere und feinere Weisen der Narkotisierung in der Empfänglichkeit für Lust- und Unlustempfindungen herbeigeführt haben. Im Falle äußerster Leidmöglichkeit werden auch bestimmte seelische Schutzvorrichtungen in Tätigkeit versetzt. Es scheint mir unfruchtbar, diese Seite des Problems weiter zu verfolgen.

Es ist Zeit, daß wir uns um das Wesen dieser Kultur kümmern, deren Glückswert in Zweifel gezogen wird. Wir werden keine Formel fordern, die dieses Wesen in wenigen Worten ausdrückt, noch ehe wir etwas aus der Untersuchung erfahren haben. Es genügt uns also zu wiederholen[1], daß das Wort »Kultur« die ganze Summe der Leistungen und Einrichtungen bezeichnet, in denen sich unser Leben von dem unserer tierischen Ahnen entfernt und die zwei Zwecken

---

1 Siehe: Die Zukunft einer Illusion, 1927. (Ges. Werke, Bd. XIV.)

dienen: dem Schutz des Menschen gegen die Natur und der Regelung der Beziehungen der Menschen untereinander. Um mehr zu verstehen, werden wir die Züge der Kultur im einzelnen zusammensuchen, wie sie sich in menschlichen Gemeinschaften zeigen. Wir lassen uns dabei ohne Bedenken vom Sprachgebrauch, oder wie man auch sagt: Sprachgefühl, leiten im Vertrauen darauf, daß wir so inneren Einsichten gerecht werden, die sich dem Ausdruck in abstrakten Worten noch widersetzen.

Der Eingang ist leicht: Als kulturell anerkennen wir alle Tätigkeiten und Werte, die dem Menschen nützen, indem sie ihm die Erde dienstbar machen, ihn gegen die Gewalt der Naturkräfte schützen u. dgl. Über diese Seite des Kulturellen besteht ja am wenigsten Zweifel. Um weit genug zurückzugehen, die ersten kulturellen Taten waren der Gebrauch von Werkzeugen, die Zähmung des Feuers, der Bau von Wohnstätten. Unter ihnen ragt die Zähmung des Feuers als eine ganz außerordentliche, vorbildlose Leistung hervor[1], mit den anderen schlug der Mensch Wege ein, die er seither immer weiter verfolgt hat, zu denen die Anregung leicht zu erraten ist. Mit all seinen Werkzeugen vervollkommnet der Mensch seine Organe – die

---

1 Psychoanalytisches Material, unvollständig, nicht sicher deutbar, läßt doch wenigstens eine – phantastisch klingende – Vermutung über den Ursprung dieser menschlichen Großtat zu. Als wäre der Urmensch gewohnt gewesen, wenn er dem Feuer begegnete, eine infantile Lust an ihm zu befriedigen, indem er es durch seinen Harnstrahl auslöschte. An der ursprünglichen phallischen Auffassung der züngelnden, sich in die Höhe reckenden Flamme kann nach vorhandenen Sagen kein Zweifel sein. Das Feuerlöschen durch Urinieren – auf das noch die späten Riesenkinder Gulliver in Liliput und Rabelais' Gargantua zurückgreifen – war also wie ein sexueller Akt mit einem Mann, ein Genuß der männlichen Potenz im homosexuellen Wettkampf. Wer zuerst auf diese Lust verzichtete, das Feuer verschonte, konnte es mit sich forttragen und in seinen Dienst zwingen. Dadurch daß er das Feuer seiner eigenen sexuellen Erregung dämpfte, hatte er die Naturkraft des Feuers gezähmt. Diese große kulturelle Eroberung wäre also der Lohn für einen Triebverzicht. Und weiter, als hätte man das Weib zur Hüterin des auf dem häuslichen Herd gefangengehaltenen Feuers bestellt, weil ihr anatomischer Bau es ihr verbietet, einer solchen Lustversuchung nachzugeben. Es ist auch bemerkenswert, wie regelmäßig die analytischen Erfahrungen den Zusammenhang von Ehrgeiz, Feuer und Harnerotik bezeugen.

motorischen wie die sensorischen – oder räumt die Schranken für
ihre Leistung weg. Die Motoren stellen ihm riesige Kräfte zur Verfügung, die er wie seine Muskeln in beliebige Richtungen schicken
kann, das Schiff und das Flugzeug machen, daß weder Wasser noch
Luft seine Fortbewegung hindern können. Mit der Brille korrigiert
er die Mängel der Linse in seinem Auge, mit dem Fernrohr schaut er
in entfernte Weiten, mit dem Mikroskop überwindet er die Grenzen
der Sichtbarkeit, die durch den Bau seiner Netzhaut abgesteckt werden. In der photographischen Kamera hat er ein Instrument geschaffen, das die flüchtigen Seheindrücke festhält, was ihm die
Grammophonplatte für die ebenso vergänglichen Schalleindrücke
leisten muß, beides im Grunde Materialisationen des ihm gegebenen
Vermögens der Erinnerung, seines Gedächtnisses. Mit Hilfe des Telephons hört er aus Entfernungen, die selbst das Märchen als unerreichbar respektieren würde; die Schrift ist ursprünglich die Sprache
des Abwesenden, das Wohnhaus ein Ersatz für den Mutterleib, die
erste, wahrscheinlich noch immer ersehnte Behausung, in der man
sicher war und sich so wohl fühlte.

Es klingt nicht nur wie ein Märchen, es ist direkt die Erfüllung aller –
nein, der meisten – Märchenwünsche, was der Mensch durch seine
Wissenschaft und Technik auf dieser Erde hergestellt hat, in der er
zuerst als ein schwaches Tierwesen auftrat und in die jedes Individuum seiner Art wiederum als hilfloser Säugling – *oh inch of nature!*
– eintreten muß. All diesen Besitz darf er als Kulturerwerb anspre-
chen. Er hatte sich seit langen Zeiten eine Idealvorstellung von Allmacht und Allwissenheit gebildet, die er in seinen Göttern verkör-
perte. Ihnen schrieb er alles zu, was seinen Wünschen unerreichbar
schien – oder ihm verboten war. Man darf also sagen, diese Götter
waren Kulturideale. Nun hat er sich der Erreichung dieses Ideals
sehr angenähert, ist beinahe selbst ein Gott geworden. Freilich nur
so, wie man nach allgemein menschlichem Urteil Ideale zu erreichen
pflegt. Nicht vollkommen, in einigen Stücken gar nicht, in anderen
nur so halbwegs. Der Mensch ist sozusagen eine Art Prothesengott
geworden, recht großartig, wenn er alle seine Hilfsorgane anlegt,
aber sie sind nicht mit ihm verwachsen und machen ihm gelegentlich
noch viel zu schaffen. Er hat übrigens ein Recht, sich damit zu trösten, daß diese Entwicklung nicht gerade mit dem Jahr 1930 A.D.

abgeschlossen sein wird. Ferne Zeiten werden neue, wahrscheinlich unvorstellbar große Fortschritte auf diesem Gebiete der Kultur mit sich bringen, die Gottähnlichkeit noch weiter steigern. Im Interesse unserer Untersuchung wollen wir aber auch nicht daran vergessen, daß der heutige Mensch sich in seiner Gottähnlichkeit nicht glücklich fühlt.

Wir anerkennen also die Kulturhöhe eines Landes, wenn wir finden, daß alles in ihm gepflegt und zweckmäßig besorgt wird, was der Ausnützung der Erde durch den Menschen und dem Schutz desselben vor den Naturkräften dienlich, also kurz zusammengefaßt: ihm nützlich ist. In einem solchen Land seien Flüsse, die mit Überschwemmungen drohen, in ihrem Lauf reguliert, ihr Wasser durch Kanäle hingeleitet, wo es entbehrt wird. Der Erdboden werde sorgfältig bearbeitet und mit den Gewächsen beschickt, die er zu tragen geeignet ist, die mineralischen Schätze der Tiefe emsig zutage gefördert und zu den verlangten Werkzeugen und Geräten verarbeitet. Die Verkehrsmittel seien reichlich, rasch und zuverlässig, die wilden und gefährlichen Tiere seien ausgerottet, die Zucht der zu Haustieren gezähmten sei in Blüte. Wir haben aber an die Kultur noch andere Anforderungen zu stellen und hoffen bemerkenswerterweise sie in denselben Ländern verwirklicht zu finden. Als wollten wir unseren zuerst erhobenen Anspruch verleugnen, begrüßen wir es auch als kulturell, wenn wir sehen, daß sich die Sorgfalt der Menschen auch Dingen zuwendet, die ganz und gar nicht nützlich sind, eher unnütz erscheinen, z. B. wenn die in einer Stadt als Spielplätze und Luftreservoirs notwendigen Gartenflächen auch Blumenbeete tragen oder wenn die Fenster der Wohnungen mit Blumentöpfen geschmückt sind. Wir merken bald, das Unnütze, dessen Schätzung wir von der Kultur erwarten, ist die Schönheit; wir fordern, daß der Kulturmensch die Schönheit verehre, wo sie ihm in der Natur begegnet, und sie herstelle an Gegenständen, soweit seiner Hände Arbeit es vermag. Weit entfernt, daß unsere Ansprüche an die Kultur damit erschöpft wären. Wir verlangen noch die Zeichen von Reinlichkeit und Ordnung zu sehen. Wir denken nicht hoch von der Kultur einer englischen Landstadt zur Zeit Shakespeares, wenn wir lesen, daß ein hoher Misthaufen vor der Türe seines väterlichen Hauses in Stratford lagerte; wir sind ungehalten und schelten es

»barbarisch«, was der Gegensatz zu kulturell ist, wenn wir die Wege des Wiener Waldes mit weggeworfenen Papieren bestreut finden. Unsauberkeit jeder Art scheint uns mit Kultur unvereinbar; auch auf den menschlichen Körper dehnen wir die Forderung der Reinlichkeit aus, hören mit Erstaunen, welch üblen Geruch die Person des Roi Soleil zu verbreiten pflegte, und schütteln den Kopf, wenn uns auf Isola Bella die winzige Waschschüssel gezeigt wird, deren sich Napoleon bei seiner Morgentoilette bediente. Ja, wir sind nicht überrascht, wenn jemand den Gebrauch von Seife direkt als Kulturmesser aufstellt. Ähnlich ist es mit der Ordnung, die ebenso wie die Reinlichkeit sich ganz auf Menschenwerk bezieht. Aber während wir Reinlichkeit in der Natur nicht erwarten dürfen, ist die Ordnung vielmehr der Natur abgelauscht; die Beobachtung der großen astronomischen Regelmäßigkeiten hat dem Menschen nicht nur das Vorbild, sondern die ersten Anhaltspunkte für die Einführung der Ordnung in sein Leben gegeben. Die Ordnung ist eine Art Wiederholungszwang, die durch einmalige Einrichtung entscheidet, wann, wo und wie etwas getan werden soll, so daß man in jedem gleichen Falle Zögern und Schwanken erspart. Die Wohltat der Ordnung ist ganz unleugbar, sie ermöglicht dem Menschen die beste Ausnützung von Raum und Zeit, während sie seine psychischen Kräfte schont. Man hätte ein Recht zu erwarten, daß sie sich von Anfang an und zwanglos im menschlichen Tun durchsetzt, und darf erstaunen, daß dies nicht der Fall ist, daß der Mensch vielmehr einen natürlichen Hang zur Nachlässigkeit, Unregelmäßigkeit und Unzuverlässigkeit in seiner Arbeit an den Tag legt und erst mühselig zur Nachahmung der himmlischen Vorbilder erzogen werden muß.

Schönheit, Reinlichkeit und Ordnung nehmen offenbar eine besondere Stellung unter den Kulturanforderungen ein. Niemand wird behaupten, daß sie ebenso lebenswichtig seien wie die Beherrschung der Naturkräfte und andere Momente, die wir noch kennenlernen sollen, und doch wird niemand gern sie als Nebensächlichkeiten zurückstellen wollen. Daß die Kultur nicht allein auf Nutzen bedacht ist, zeigt schon das Beispiel der Schönheit, die wir unter den Interessen der Kultur nicht vermissen wollen. Der Nutzen der Ordnung ist ganz offenbar; bei der Reinlichkeit haben wir zu bedenken, daß sie auch von der Hygiene gefordert wird, und können vermuten, daß dieser Zusammenhang den Menschen auch vor der Zeit einer wissenschaftlichen Krankheitsverhütung nicht ganz fremd war. Aber der Nutzen erklärt uns das Streben nicht ganz; es muß noch etwas anderes im Spiele sein.

Durch keinen anderen Zug vermeinen wir aber die Kultur besser zu kennzeichnen als durch die Schätzung und Pflege der höheren psychischen Tätigkeiten, der intellektuellen, wissenschaftlichen und künstlerischen Leistungen, der führenden Rolle, welche den Ideen im Leben der Menschen eingeräumt wird. Unter diesen Ideen stehen obenan die religiösen Systeme, auf deren verwickelten Aufbau ich an anderer Stelle Licht zu werfen versuchte; neben ihnen die philosophischen Spekulationen und endlich, was man die Idealbildungen der Menschen heißen kann, ihre Vorstellungen von einer möglichen Vollkommenheit der einzelnen Person, des Volkes, der ganzen Menschheit und die Anforderungen, die sie auf Grund solcher Vorstellungen erheben. Daß diese Schöpfungen nicht unabhängig voneinander sind, vielmehr innig untereinander verwoben, erschwert sowohl ihre Darstellung wie ihre psychologische Ableitung. Wenn wir ganz allgemein annehmen, die Triebfeder aller menschlichen Tätigkeiten sei das Streben nach den beiden zusammenfließenden Zielen, Nutzen und Lustgewinn, so müssen wir dasselbe auch für die hier angeführten kulturellen Äußerungen gelten lassen, obwohl es nur für die wissenschaftliche und künstlerische Tätigkeit leicht ersichtlich ist. Man kann aber nicht bezweifeln, daß auch die anderen starken Bedürfnissen der Menschen entsprechen, vielleicht solchen, die nur bei einer Minderzahl entwickelt sind. Auch darf man sich nicht durch Werturteile über einzelne dieser religiösen, philosophischen Systeme und dieser Ideale beirren lassen; ob man die höchste Leistung des Menschengeistes in ihnen sucht oder ob man sie als Verirrungen beklagt, man muß anerkennen, daß ihr Vorhandensein, besonders ihre Vorherrschaft, einen Hochstand der Kultur bedeutet.

Als letzten, gewiß nicht unwichtigsten Charakterzug einer Kultur haben wir zu würdigen, in welcher Weise die Beziehungen der Menschen zueinander, die sozialen Beziehungen, geregelt sind, die den Menschen als Nachbarn, als Hilfskraft, als Sexualobjekt eines anderen, als Mitglied einer Familie, eines Staates betreffen. Es wird hier

besonders schwer, sich von bestimmten Idealforderungen frei zu halten und das, was überhaupt kulturell ist, zu erfassen. Vielleicht beginnt man mit der Erklärung, das kulturelle Element sei mit dem ersten Versuch, diese sozialen Beziehungen zu regeln, gegeben. Unterbliebe ein solcher Versuch, so wären diese Beziehungen der Willkür des einzelnen unterworfen, d. h. der physisch Stärkere würde sie im Sinne seiner Interessen und Triebregungen entscheiden. Daran änderte sich nichts, wenn dieser Stärkere seinerseits einen einzelnen noch Stärkeren fände. Das menschliche Zusammenleben wird erst ermöglicht, wenn sich eine Mehrheit zusammenfindet, die stärker ist als jeder einzelne und gegen jeden einzelnen zusammenhält. Die Macht dieser Gemeinschaft stellt sich nun als »Recht« der Macht des einzelnen, die als »rohe Gewalt« verurteilt wird, entgegen. Diese Ersetzung der Macht des einzelnen durch die der Gemeinschaft ist der entscheidende kulturelle Schritt. Ihr Wesen besteht darin, daß sich die Mitglieder der Gemeinschaft in ihren Befriedigungsmöglichkeiten beschränken, während der einzelne keine solche Schranke kannte. Die nächste kulturelle Anforderung ist also die der Gerechtigkeit, d. h. die Versicherung, daß die einmal gegebene Rechtsordnung nicht wieder zu Gunsten eines einzelnen durchbrochen werde. Über den ethischen Wert eines solchen Rechts wird hiermit nicht entschieden. Der weitere Weg der kulturellen Entwicklung scheint dahin zu streben, daß dieses Recht nicht mehr der Willensausdruck einer kleinen Gemeinschaft – Kaste, Bevölkerungsschichte, Volksstammes – sei, welche sich zu anderen und vielleicht umfassenderen solchen Massen wieder wie ein gewalttätiges Individuum verhält. Das Endergebnis soll ein Recht sein, zu dem alle – wenigstens alle Gemeinschaftsfähigen – durch ihre Triebopfer beigetragen haben und das keinen – wiederum mit der gleichen Ausnahme – zum Opfer der rohen Gewalt werden läßt.
Die individuelle Freiheit ist kein Kulturgut. Sie war am größten vor jeder Kultur, allerdings damals meist ohne Wert, weil das Individuum kaum imstande war, sie zu verteidigen. Durch die Kulturentwicklung erfährt sie Einschränkungen, und die Gerechtigkeit fordert, daß keinem diese Einschränkungen erspart werden. Was sich in einer menschlichen Gemeinschaft als Freiheitsdrang rührt, kann Auflehnung gegen eine bestehende Ungerechtigkeit sein und so

einer weiteren Entwicklung der Kultur günstig werden, mit der Kultur verträglich bleiben. Es kann aber auch dem Rest der ursprünglichen, von der Kultur ungebändigten Persönlichkeit entstammen und so Grundlage der Kulturfeindseligkeit werden. Der Freiheitsdrang richtet sich also gegen bestimmte Formen und Ansprüche der Kultur oder gegen Kultur überhaupt. Es scheint nicht, daß man den Menschen durch irgendwelche Beeinflussung dazu bringen kann, seine Natur in die eines Termiten umzuwandeln, er wird wohl immer seinen Anspruch auf individuelle Freiheit gegen den Willen der Masse verteidigen. Ein gut Teil des Ringens der Menschheit staut sich um die eine Aufgabe, einen zweckmäßigen, d. h. beglückenden Ausgleich zwischen diesen individuellen und den kulturellen Massenansprüchen zu finden, es ist eines ihrer Schicksalsprobleme, ob dieser Ausgleich durch eine bestimmte Gestaltung der Kultur erreichbar oder ob der Konflikt unversöhnlich ist.

Indem wir uns vom gemeinen Empfinden sagen ließen, welche Züge im Leben der Menschen kulturell zu nennen sind, haben wir einen deutlichen Eindruck vom Gesamtbild der Kultur bekommen, freilich zunächst nichts erfahren, was nicht allgemein bekannt ist. Dabei haben wir uns gehütet, dem Vorurteil beizustimmen, Kultur sei gleichbedeutend mit Vervollkommnung, sei der Weg zur Vollkommenheit, die dem Menschen vorgezeichnet ist. Nun aber drängt sich uns eine Auffassung auf, die vielleicht anderswohin führt. Die Kulturentwicklung erscheint uns als ein eigenartiger Prozeß, der über die Menschheit abläuft, an dem uns manches wie vertraut anmutet. Diesen Prozeß können wir durch die Veränderungen charakterisieren, die er mit den bekannten menschlichen Triebanlagen vornimmt, deren Befriedigung doch die ökonomische Aufgabe unseres Lebens ist. Einige dieser Triebe werden in solcher Weise aufgezehrt, daß an ihrer Stelle etwas auftritt, was wir beim Einzelindividuum als Charaktereigenschaft beschreiben. Das merkwürdigste Beispiel dieses Vorganges haben wir an der Analerotik des jugendlichen Menschen gefunden. Sein ursprüngliches Interesse an der Exkretionsfunktion, ihren Organen und Produkten wandelt sich im Lauf des Wachstums in die Gruppe von Eigenschaften um, die uns als Sparsamkeit, Sinn für Ordnung und Reinlichkeit bekannt sind, die, an und für sich wertvoll und willkommen, sich zu auffälliger Vorherrschaft steigern können und dann das ergeben, was man den Analcharakter heißt. Wie das zugeht, wissen wir nicht, an der Richtigkeit dieser Auffassung ist kein Zweifel.[1] Nun haben wir gefunden, daß Ordnung und Reinlichkeit wesentliche Kulturansprüche sind, obgleich ihre Lebensnotwendigkeit nicht gerade einleuchtet, ebensowenig wie ihre Eignung als Genußquellen. An dieser Stelle mußte sich uns die Ähnlichkeit des Kulturprozesses mit der Libidoentwicklung des einzelnen zuerst aufdrängen. Andere Triebe werden dazu veranlaßt, die Bedingungen ihrer Befriedigung zu verschieben, auf andere Wege zu verlegen, was in den meisten Fällen mit der uns wohlbekannten *Sublimierung* (der Triebziele) zusammenfällt, in anderen sich noch von ihr sondern läßt. Die Triebsublimierung ist ein besonders hervorstechender Zug der Kulturentwicklung, sie macht es möglich, daß höhere psychische Tätigkeiten, wissenschaftliche, künstlerische, ideologische, eine so bedeutsame Rolle im Kulturleben spielen. Wenn man dem ersten Eindruck nachgibt, ist man versucht zu sagen, die Sublimierung sei überhaupt ein von der Kultur erzwungenes Triebschicksal. Aber man tut besser, sich das noch länger zu überlegen. Drittens endlich, und das scheint das Wichtigste, ist es unmöglich zu übersehen, in welchem Ausmaß die Kultur auf Triebverzicht aufgebaut ist, wie sehr sie gerade die Nichtbefriedigung (Unterdrückung, Verdrängung oder sonst etwas?) von mächtigen Trieben zur Voraussetzung hat. Diese »Kulturversagung« beherrscht das große Gebiet der sozialen Beziehungen der Menschen; wir wissen bereits, sie ist die Ursache der Feindseligkeit, gegen die alle Kulturen zu kämpfen haben. Sie wird auch an unsere wissenschaftliche Arbeit schwere Anforderungen stellen, wir haben da viel Aufklärung zu geben. Es ist nicht leicht zu verstehen, wie man es möglich macht, einem Trieb die Befriedigung zu entziehen. Es ist gar nicht so ungefährlich; wenn man es nicht ökonomisch kompensiert, kann man sich auf ernste Störungen gefaßt machen. Wenn wir aber wissen wollen, welchen Wert unsere Auffassung der Kulturentwicklung als eines besonderen Prozesses, vergleichbar der

---

1 S. Charakter und Analerotik, 1908 (Ges. Werke, Bd. VII), und zahlreiche weitere Beiträge von E. Jones u. a.

normalen Reifung des Individuums, beanspruchen kann, müssen wir offenbar ein anderes Problem in Angriff nehmen, uns die Frage stellen, welchen Einflüssen die Kulturentwicklung ihren Ursprung dankt, wie sie entstanden ist und wodurch ihr Lauf bestimmt wurde.

IV

Diese Aufgabe scheint übergroß, man darf seine Verzagtheit eingestehen. Hier das wenige, was ich erraten konnte.

Nachdem der Urmensch entdeckt hatte, daß es – wörtlich so verstanden – in seiner Hand lag, sein Los auf der Erde durch Arbeit zu verbessern, konnte es ihm nicht gleichgültig sein, ob ein anderer mit oder gegen ihn arbeitete. Der andere gewann für ihn den Wert des Mitarbeiters, mit dem zusammen zu leben nützlich war. Noch vorher, in seiner affenähnlichen Vorzeit, hatte er die Gewohnheit angenommen, Familien zu bilden; die Mitglieder der Familie waren wahrscheinlich seine ersten Helfer. Vermutlich hing die Gründung der Familie damit zusammen, daß das Bedürfnis genitaler Befriedigung nicht mehr wie ein Gast auftrat, der plötzlich bei einem erscheint und nach seiner Abreise lange nichts mehr von sich hören läßt, sondern sich als Dauermieter beim einzelnen niederließ. Damit bekam das Männchen ein Motiv, das Weib oder allgemeiner: die Sexualobjekte bei sich zu behalten; die Weibchen, die sich von ihren hilflosen Jungen nicht trennen wollten, mußten auch in deren Interesse beim stärkeren Männchen bleiben.[1] In dieser primitiven Familie

---

1 Die organische Periodizität des Sexualvorgangs ist zwar erhalten gelieben, aber ihr Einfluß auf die psychische Sexualerregung hat sich eher ins Gegenteil verkehrt. Diese Veränderung hängt am ehesten zusammen mit dem Zurücktreten der Geruchsreize, durch welche der Menstruationsvorgang auf die männliche Psyche einwirkte. Deren Rolle wurde von Gesichtserregungen übernommen, die im Gegensatz zu den intermittierenden Geruchsreizen eine permanente Wirkung unterhalten konnten. Das Tabu der Menstruation entstammt dieser »organischen Verdrängung« als Abwehr einer überwundenen Entwicklungsphase; alle anderen Motivierungen sind wahrscheinlich sekundärer Natur. (Vgl. C. D. Daly, Hindumythologie und Kastrationskomplex, Imago XIII, 1927.) Dieser Vorgang wiederholt sich auf anderem Niveau,

vermissen wir noch einen wesentlichen Zug der Kultur; die Willkür des Oberhauptes und Vaters war unbeschränkt. In »Totem und Tabu« habe ich versucht, den Weg aufzuzeigen, der von dieser Familie zur nächsten Stufe des Zusammenlebens in Form der Brüder-

---

wenn die Götter einer überholten Kulturperiode zu Dämonen werden. Das Zurücktreten der Geruchsreize scheint aber selbst Folge der Abwendung des Menschen von der Erde, des Entschlusses zum aufrechten Gang, der nun die bisher gedeckten Genitalien sichtbar und schutzbedürftig macht und so das Schämen hervorruft. Am Beginne des verhängnisvollen Kulturprozesses stünde also die Aufrichtung des Menschen. Die Verkettung läuft von hier aus über die Entwertung der Geruchsreize und die Isolierung der Periode zum Übergewicht der Gesichtsreize, Sichtbarwerden der Genitalien, weiter zur Kontinuität der Sexualerregung, Gründung der Familie und damit zur Schwelle der menschlichen Kultur. Dies ist nur eine theoretische Spekulation, aber wichtig genug, um eine exakte Nachprüfung an den Lebensverhältnissen der dem Menschen nahestehenden Tiere zu verdienen.

Auch in dem Kulturstreben nach Reinlichkeit, das in hygienischen Rücksichten eine nachträgliche Rechtfertigung findet, aber sich bereits vor dieser Einsicht geäußert hat, ist ein soziales Moment unverkennbar. Der Antrieb zur Reinlichkeit entspringt dem Drang nach Beseitigung der Exkremente, die der Sinneswahrnehmung unangenehm geworden sind. Wir wissen, daß es in der Kinderstube anders ist. Die Exkremente erregen beim Kinde keinen Abscheu, erscheinen ihm als losgelöster Teil seines Körpers wertvoll. Die Erziehung dringt hier besonders energisch auf die Beschleunigung des bevorstehenden Entwicklungsganges, der die Exkremente wertlos, ekelhaft, abscheulich und verwerflich machen soll. Eine solche Umwertung wäre kaum möglich, wenn diese dem Körper entzogenen Stoffe nicht durch ihre starken Gerüche verurteilt wären, an dem Schicksal teilzunehmen, das nach der Aufrichtung des Menschen vom Boden den Geruchsreizen vorbehalten ist. Die Analerotik erliegt also zunächst der »organischen Verdrängung«, die den Weg zur Kultur gebahnt hat. Der soziale Faktor, der die weitere Umwandlung der Analerotik besorgt, bezeugt sich durch die Tatsache, daß trotz aller Entwicklungsfortschritte dem Menschen der Geruch der eigenen Exkremente kaum anstößig ist, immer nur der der Ausscheidungen des anderen. Der Unreinliche, d. h. der, der seine Exkremente nicht verbirgt, beleidigt also den anderen, zeigt keine Rücksicht für ihn, und dasselbe besagen ja auch die kräftigsten, gebräuchlichsten Beschimpfungen. Es wäre auch unverständlich, daß der Mensch den Namen seines treuesten Freundes in der Tierwelt als Schimpfwort verwendet, wenn der Hund nicht durch zwei Eigenschaften die Verachtung des Menschen auf sich zöge, daß er ein Geruchstier ist, das sich vor Exkrementen nicht scheut, und daß er sich seiner sexuellen Funktionen nicht schämt.

bünde führte. Bei der Überwältigung des Vaters hatten die Söhne die Erfahrung gemacht, daß eine Vereinigung stärker sein kann als der einzelne. Die totemistische Kultur ruht auf den Einschränkungen, die sie zur Aufrechthaltung des neuen Zustandes einander auferlegen mußten. Die Tabuvorschriften waren das erste »Recht«. Das Zusammenleben der Menschen war also zweifach begründet durch den Zwang zur Arbeit, den die äußere Not schuf, und durch die Macht der Liebe, die von seiten des Mannes das Sexualobjekt im Weibe, von seiten des Weibes das von ihr abgelöste Teilstück des Kindes nicht entbehren wollte. Eros und Ananke sind auch die Eltern der menschlichen Kultur geworden. Der erste Kulturerfolg war, daß nun auch eine größere Anzahl von Menschen in Gemeinschaft bleiben konnten. Und da beide großen Mächte dabei zusammenwirkten, könnte man erwarten, daß sich die weitere Entwicklung glatt vollziehen würde, zu immer besserer Beherrschung der Außenwelt wie zur weiteren Ausdehnung der von der Gemeinschaft umfaßten Menschenzahl. Man versteht auch nicht leicht, wie diese Kultur auf ihre Teilnehmer anders als beglückend wirken kann.

Ehe wir noch untersuchen, woher eine Störung kommen kann, lassen wir uns durch die Anerkennung der Liebe als einer Grundlage der Kultur ablenken, um eine Lücke in einer früheren Erörterung auszufüllen. Wir sagten, die Erfahrung, daß die geschlechtliche (genitale) Liebe dem Menschen die stärksten Befriedigungserlebnisse gewähre, ihm eigentlich das Vorbild für alles Glück gebe, müßte es nahegelegt haben, die Glücksbefriedigung im Leben auch weiterhin auf dem Gebiet der geschlechtlichen Beziehungen zu suchen, die genitale Erotik in den Mittelpunkt des Lebens zu stellen. Wir setzten fort, daß man sich auf diesem Wege in bedenklichster Weise von einem Stück der Außenwelt, nämlich vom gewählten Liebesobjekt, abhängig mache und dem stärksten Leiden aussetze, wenn man von diesem verschmäht werde oder es durch Untreue oder Tod verliere. Die Weisen aller Zeiten haben darum nachdrücklichst von diesem Lebensweg abgeraten; er hat dennoch für eine große Anzahl von Menschenkindern seine Anziehung nicht verloren.

Einer geringen Minderzahl wird es durch ihre Konstitution ermöglicht, das Glück doch auf dem Wege der Liebe zu finden, wobei aber weitgehende seelische Abänderungen der Liebesfunktion unerläßlich sind. Diese Personen machen sich von der Zustimmung des Objekts unabhängig, indem sie den Hauptwert vom Geliebtwerden auf das eigene Lieben verschieben, sie schützen sich gegen dessen Verlust, indem sie ihre Liebe nicht auf einzelne Objekte, sondern in gleichem Maße auf alle Menschen richten, und sie vermeiden die Schwankungen und Enttäuschungen der genitalen Liebe dadurch, daß sie von deren Sexualziel ablenken, den Trieb in eine *zielgehemmte* Regung verwandeln. Was sie auf diese Art bei sich zustande bringen, der Zustand eines gleichschwebenden, unbeirrbaren, zärtlichen Empfindens, hat mit dem stürmisch bewegten, genitalen Liebesleben, von dem es doch abgeleitet ist, nicht mehr viel äußere Ähnlichkeit. Der heilige Franciscus von Assisi mag es in dieser Ausnützung der Liebe für das innere Glücksgefühl am weitesten gebracht haben; was wir als eine der Techniken der Erfüllung des Lustprinzips erkennen, ist auch vielfach in Beziehung zur Religion gebracht worden, mit der es in jenen entlegenen Regionen zusammenhängen mag, wo die Unterscheidung des Ichs von den Objekten und dieser voneinander vernachlässigt wird. Eine ethische Betrachtung, deren tiefere Motivierung uns noch offenbar werden wird, will in dieser Bereitschaft zur allgemeinen Menschen- und Weltliebe die höchste Einstellung sehen, zu der sich der Mensch erheben kann. Wir möchten schon hier unsere zwei hauptsächlichen Bedenken nicht zurückhalten. Eine Liebe, die nicht auswählt, scheint uns einen Teil ihres eigenen Werts einzubüßen, indem sie an dem Objekt ein Unrecht tut. Und weiter: Es sind nicht alle Menschen liebenswert.

Jene Liebe, welche die Familie gründete, bleibt in ihrer ursprünglichen Ausprägung, in der sie auf direkte sexuelle Befriedigung nicht verzichtet, sowie in ihrer Modifikation als zielgehemmte Zärtlichkeit in der Kultur weiter wirksam. In beiden Formen setzt sie ihre Funktion fort, eine größere Anzahl von Menschen aneinander zu binden und in intensiverer Art, als es dem Interesse der Arbeitsgemeinschaft gelingt. Die Nachlässigkeit der Sprache in der Anwendung des Wortes »Liebe« findet eine genetische Rechtfertigung. Liebe nennt man die Beziehung zwischen Mann und Weib, die auf Grund ihrer genitalen Bedürfnisse eine Familie gegründet haben,

Liebe aber auch die positiven Gefühle zwischen Eltern und Kindern, zwischen den Geschwistern in der Familie, obwohl wir diese Beziehung als zielgehemmte Liebe, als Zärtlichkeit, beschreiben müssen. Die zielgehemmte Liebe war eben ursprünglich vollsinnliche Liebe und ist es im Unbewußten des Menschen noch immer. Beide, vollsinnliche und zielgehemmte Liebe, greifen über die Familie hinaus und stellen neue Bindungen an bisher Fremde her. Die genitale Liebe führt zu neuen Familienbildungen, die zielgehemmte zu »Freundschaften«, welche kulturell wichtig werden, weil sie manchen Beschränkungen der genitalen Liebe, z. B. deren Ausschließlichkeit, entgehen. Aber das Verhältnis der Liebe zur Kultur verliert im Verlaufe der Entwicklung seine Eindeutigkeit. Einerseits widersetzt sich die Liebe den Interessen der Kultur, anderseits bedroht die Kultur die Liebe mit empfindlichen Einschränkungen.

Diese Entzweiung scheint unvermeidlich; ihr Grund ist nicht sofort zu erkennen. Sie äußert sich zunächst als ein Konflikt zwischen der Familie und der größeren Gemeinschaft, der der einzelne angehört. Wir haben bereits erraten, daß es eine der Hauptbestrebungen der Kultur ist, die Menschen zu großen Einheiten zusammenzuballen. Die Familie will aber das Individuum nicht freigeben. Je inniger der Zusammenhalt der Familienmitglieder ist, desto mehr sind sie oft geneigt, sich von anderen abzuschließen, desto schwieriger wird ihnen der Eintritt in den größeren Lebenskreis. Die phylogenetisch ältere, in der Kindheit allein bestehende Weise des Zusammenlebens wehrt sich, von der später erworbenen, kulturellen abgelöst zu werden. Die Ablösung von der Familie wird für jeden Jugendlichen zu einer Aufgabe, bei deren Lösung ihn die Gesellschaft oft durch Pubertäts- und Aufnahmsriten unterstützt. Man gewinnt den Eindruck, dies seien Schwierigkeiten, die jeder psychischen, ja im Grunde auch jeder organischen Entwicklung anhängen.

Ferner treten bald die Frauen in einen Gegensatz zur Kulturströmung und entfalten ihren verzögernden und zurückhaltenden Einfluß, dieselben, die anfangs durch die Forderungen ihrer Liebe das Fundament der Kultur gelegt haben. Die Frauen vertreten die Interessen der Familie und des Sexuallebens; die Kulturarbeit ist immer mehr Sache der Männer geworden, stellt ihnen immer schwierigere Aufgaben, nötigt sie zu Triebsublimierungen, denen die Frauen wenig gewachsen sind. Da der Mensch nicht über unbegrenzte Quantitäten psychischer Energie verfügt, muß er seine Aufgaben durch zweckmäßige Verteilung der Libido erledigen. Was er für kulturelle Zwecke verbraucht, entzieht er großenteils den Frauen und dem Sexualleben: das beständige Zusammensein mit Männern, seine Abhängigkeit von den Beziehungen zu ihnen entfremden ihn sogar seinen Aufgaben als Ehemann und Vater. So sieht sich die Frau durch die Ansprüche der Kultur in den Hintergrund gedrängt und tritt zu ihr in ein feindliches Verhältnis.

Von seiten der Kultur ist die Tendenz zur Einschränkung des Sexuallebens nicht minder deutlich als die andere zur Ausdehnung des Kulturkreises. Schon die erste Kulturphase, die des Totemismus, bringt das Verbot der inzestuösen Objektwahl mit sich, vielleicht die einschneidendste Verstümmelung, die das menschliche Liebesleben im Laufe der Zeiten erfahren hat. Durch Tabu, Gesetz und Sitte werden weitere Einschränkungen hergestellt, die sowohl die Männer als die Frauen betreffen. Nicht alle Kulturen gehen darin gleich weit; die wirtschaftliche Struktur der Gesellschaft beeinflußt auch das Maß der restlichen Sexualfreiheit. Wir wissen schon, daß die Kultur dabei dem Zwang der ökonomischen Notwendigkeit folgt, da sie der Sexualität einen großen Betrag der psychischen Energie entziehen muß, die sie selbst verbraucht. Dabei benimmt sich die Kultur gegen die Sexualität wie ein Volksstamm oder eine Schichte der Bevölkerung, die eine andere ihrer Ausbeutung unterworfen hat. Die Angst vor dem Aufstand der Unterdrückten treibt zu strengen Vorsichtsmaßregeln. Einen Höhepunkt solcher Entwicklung zeigt unsere westeuropäische Kultur. Es ist psychologisch durchaus berechtigt, daß sie damit einsetzt, die Äußerungen des kindlichen Sexuallebens zu verpönen, denn die Eindämmung der sexuellen Gelüste der Erwachsenen hat keine Aussicht, wenn ihr nicht in der Kindheit vorgearbeitet wurde. Nur läßt es sich auf keine Art rechtfertigen, daß die Kulturgesellschaft so weit gegangen ist, diese leicht nachweisbaren, ja auffälligen Phänomene auch zu leugnen. Die Objektwahl des geschlechtsreifen Individuums wird auf das gegenteilige Geschlecht eingeengt, die meisten außergenitalen Befriedigungen als Perversionen untersagt. Die in diesen Verboten kundgegebene Forderung eines für alle gleichartigen Sexuallebens setzt sich über die Ungleichheiten in der angeborenen und erworbenen Sexualkonstitution der Menschen hinaus, schneidet eine ziemliche Anzahl von ihnen vom Sexualgenuß ab und wird so die Quelle schwerer Ungerechtigkeit. Der Erfolg dieser einschränkenden Maßregeln könnte nun sein, daß bei denen, die normal, die nicht konstitutionell daran verhindert sind, alles Sexualinteresse ohne Einbuße in die offen gelassenen Kanäle einströmt. Aber was von der Ächtung frei bleibt, die heterosexuelle genitale Liebe, wird durch die Beschränkungen der Legitimität und der Einehe weiter beeinträchtigt. Die heutige Kultur gibt deutlich zu erkennen, daß sie sexuelle Beziehungen nur auf Grund einer einmaligen, unauflösbaren Bindung eines Mannes an ein Weib gestatten will, daß sie die Sexualität als selbständige Lustquelle nicht mag und sie nur als bisher unersetzte Quelle für die Vermehrung der Menschen zu dulden gesinnt ist.

Das ist natürlich ein Extrem. Es ist bekannt, daß es sich als undurchführbar, selbst für kürzere Zeiten, erwiesen hat. Nur die Schwächlinge haben sich einem so weitgehenden Einbruch in ihre Sexualfreiheit gefügt, stärkere Naturen nur unter einer kompensierenden Bedingung, von der später die Rede sein kann. Die Kulturgesellschaft hat sich genötigt gesehen, viele Überschreitungen stillschweigend zuzulassen, die sie nach ihren Satzungen hätte verfolgen müssen. Doch darf man nicht nach der anderen Seite irregehen und annehmen, eine solche kulturelle Einstellung sei überhaupt harmlos, weil sie nicht alle ihre Absichten erreiche. Das Sexualleben des Kulturmenschen ist doch schwer geschädigt, es macht mitunter den Eindruck einer in Rückbildung befindlichen Funktion, wie unser Gebiß und unsere Kopfhaare als Organe zu sein scheinen. Man hat wahrscheinlich ein Recht anzunehmen, daß seine Bedeutung als Quelle von Glücksempfindungen, also in der Erfüllung unseres Lebenszweckes, empfindlich nachgelassen hat.[1] Manchmal glaubt man

---

1 Unter den Dichtungen des feinsinnigen Engländers J. Galsworthy, der sich heute allgemeiner Anerkennung erfreut, schätzte ich früh eine kleine Geschichte, betitelt: »The Appletree«. Sie zeigt in eindringlicher Weise, wie im Leben des heutigen Kulturmenschen für die einfache, natürliche Liebe zweier Menschenkinder kein Raum mehr ist.

zu erkennen, es sei nicht allein der Druck der Kultur, sondern etwas am Wesen der Funktion selbst versage uns die volle Befriedigung und dränge uns auf andere Wege. Es mag ein Irrtum sein, es ist schwer zu entscheiden.[1]

---

1 Folgende Bemerkungen, um die oben ausgesprochene Vermutung zu stützen: Auch der Mensch ist ein Tierwesen von unzweideutig bisexueller Anlage. Das Individuum entspricht einer Verschmelzung zweier symmetrischer Hälften, von denen nach Ansicht mancher Forscher die eine rein männlich, die andere weiblich ist. Ebensowohl ist es möglich, daß jede Hälfte ursprünglich hermaphroditisch war. Die Geschlechtlichkeit ist eine biologische Tatsache, die, obwohl von außerordentlicher Bedeutung für das Seelenleben, psychologisch schwer zu erfassen ist. Wir sind gewohnt zu sagen: jeder Mensch zeige sowohl männliche als weibliche Triebregungen, Bedürfnisse, Eigenschaften, aber den Charakter des Männlichen und Weiblichen kann zwar die Anatomie, aber nicht die Psychologie aufzeigen. Für sie verblaßt der geschlechtliche Gegensatz zu dem von Aktivität und Passivität, wobei wir allzu unbedenklich die Aktivität mit der Männlichkeit, die Passivität mit der Weiblichkeit zusammenfallen lassen, was sich in der Tierreihe keineswegs ausnahmslos bestätigt. Die Lehre von der Bisexualität liegt noch sehr im dunkeln, und daß sie noch keine Verknüpfung mit der Trieblehre gefunden hat, müssen wir in der Psychoanalyse als schwere Störung verspüren. Wie dem auch sein mag, wenn wir als tatsächlich annehmen, daß der einzelne in seinem Sexualleben männliche wie weibliche Wünsche befriedigen will, sind wir für die Möglichkeit vorbereitet, daß diese Ansprüche nicht durch das nämliche Objekt erfüllt werden und daß sie einander stören, wenn es nicht gelingt, sie auseinanderzuhalten und jede Regung in eine besondere, ihr angemessene Bahn zu leiten. Eine andere Schwierigkeit ergibt sich daraus, daß der erotischen Beziehung außer der ihr eigenen sadistischen Komponente so häufig ein Betrag von direkter Aggressionsneigung beigesellt ist. Das Liebesobjekt wird diesen Komplikationen nicht immer soviel Verständnis und Toleranz entgegenbringen wie jene Bäuerin, die sich beklagt, daß ihr Mann sie nicht mehr liebt, weil er sie seit einer Woche nicht mehr geprügelt hat.
Am tiefsten reicht aber die Vermutung, die an die Ausführungen in der Anmerkung S. 64 f. anknüpft, daß mit der Aufrichtung des Menschen und der Entwertung des Geruchssinnes die gesamte Sexualität, nicht nur die Analerotik, ein Opfer der organischen Verdrängung zu werden drohte, so daß seither die sexuelle Funktion von einem weiter nicht zu begründenden Widerstreben begleitet wird, das eine volle Befriedigung verhindert und vom Sexualziel weggedrängt zu Sublimierungen und Libidoverschiebungen. Ich weiß, daß Bleuler (»Der Sexualwiderstand«. Jahrbuch für psychoanalyt. und psychopathol. Forschungen, Bd. V, 1913) einmal auf das Vorhandensein einer solchen ursprüng-

V

Die psychoanalytische Arbeit hat uns gelehrt, daß gerade diese Versagungen des Sexuallebens von den sogenannten Neurotikern nicht vertragen werden. Sie schaffen sich in ihren Symptomen Ersatzbefriedigungen, die aber entweder an sich Leiden schaffen oder Leidensquelle werden, indem sie ihnen Schwierigkeiten mit Umwelt und Gesellschaft bereiten. Das letztere ist leicht verständlich, das andere gibt uns ein neues Rätsel auf. Die Kultur verlangt aber noch andere Opfer als an Sexualbefriedigung.

Wir haben die Schwierigkeit der Kulturentwicklung als eine allgemeine Entwicklungsschwierigkeit aufgefaßt, indem wir sie auf die Trägheit der Libido zurückführten, auf deren Abneigung, eine alte Position gegen eine neue zu verlassen. Wir sagen ungefähr dasselbe, wenn wir den Gegensatz zwischen Kultur und Sexualität davon ableiten, daß die sexuelle Liebe ein Verhältnis zwischen zwei Personen ist, bei dem ein Dritter nur überflüssig oder störend sein kann, während die Kultur auf Beziehungen unter einer größeren Menschenanzahl ruht. Auf der Höhe eines Liebesverhältnisses bleibt kein Interesse für die Umwelt übrig; das Liebespaar genügt sich selbst, braucht auch nicht das gemeinsame Kind, um glücklich zu sein. In

---

lichen abweisenden Einstellung zum Sexualleben hingewiesen hat. An der Tatsache des *»Inter urinas et faeces nascimur«* [»wir werden zwischen Urin und Faeces geboren«] nehmen alle Neurotiker und viele außer ihnen Anstoß. Die Genitalien erzeugen auch starke Geruchsempfindungen, die vielen Menschen unträglich sind und ihnen den Sexualverkehr verleiden. So ergäbe sich als tiefste Wurzel der mit der Kultur fortschreitenden Sexualverdrängung die organische Abwehr der mit dem aufrechten Gang gewonnenen neuen Lebensform gegen die frühere animalische Existenz, ein Resultat wissenschaftlicher Erforschung, das sich in merkwürdiger Weise mit oft laut gewordenen banalen Vorurteilen deckt. Immerhin sind dies derzeit nur ungesicherte, von der Wissenschaft nicht erhärtete Möglichkeiten. Wir wollen auch nicht vergessen, daß trotz der unleugbaren Entwertung der Geruchsreize es selbst in Europa Völker gibt, die die starken, uns so widrigen Genitalgerüche als Reizmittel der Sexualität hochschätzen und auf sie nicht verzichten wollen. (Siehe die folkloristischen Erhebungen auf die »Umfrage« von Iwan Bloch »Über den Geruchssinn in der vita sexualis« in verschiedenen Jahrgängen der »Anthropophyteia« von Friedrich S. Krauß.)

keinem anderen Falle verrät der Eros so deutlich den Kern seines
Wesens, die Absicht, aus mehreren eines zu machen, aber wenn er
dies, wie es sprichwörtlich geworden ist, in der Verliebtheit zweier
Menschen zueinander erreicht hat, will er darüber nicht hinaus-
gehen.

Wir können uns bisher sehr gut vorstellen, daß eine Kulturgemeinschaft aus solchen Doppelindividuen bestünde, die, in sich libidinös
gesättigt, durch das Band der Arbeits- und Interessengemeinschaft
miteinander verknüpft sind. In diesem Falle brauchte die Kultur der
Sexualität keine Energie zu entziehen. Aber dieser wünschenswerte
Zustand besteht nicht und hat niemals bestanden; die Wirklichkeit
zeigt uns, daß die Kultur sich nicht mit den ihr bisher zugestandenen
Bindungen begnügt, daß sie die Mitglieder der Gemeinschaft auch
libidinös aneinander binden will, daß sie sich aller Mittel hiezu bedient, jeden Weg begünstigt, starke Identifizierungen unter ihnen
herzustellen, im größten Ausmaße zielgehemmte Libido aufbietet,
um die Gemeinschaftsbande durch Freundschaftsbeziehungen zu
kräftigen. Zur Erfüllung dieser Absichten wird die Einschränkung
des Sexuallebens unvermeidlich. Uns fehlt aber die Einsicht in die
Notwendigkeit, welche die Kultur auf diesen Weg drängt und ihre
Gegnerschaft zur Sexualität begründet. Es muß sich um einen von
uns noch nicht entdeckten störenden Faktor handeln.

Eine der sogenannten Idealforderungen der Kulturgesellschaft kann
uns hier die Spur zeigen. Sie lautet: Du sollst den Nächsten lieben
wie dich selbst; sie ist weltberühmt, gewiß älter als das Christentum,
das sie als seinen stolzesten Anspruch vorweist, aber sicherlich nicht
sehr alt; in historischen Zeiten war sie den Menschen noch fremd.
Wir wollen uns naiv zu ihr einstellen, als hörten wir von ihr zum
ersten Male. Dann können wir ein Gefühl von Überraschung und
Befremden nicht unterdrücken. Warum sollen wir das? Was soll es
uns helfen? Vor allem aber, wie bringen wir das zustande? Wie wird
es uns möglich? Meine Liebe ist etwas mir Wertvolles, das ich nicht
ohne Rechenschaft verwerfen darf. Sie legt mir Pflichten auf, die ich
mit Opfern zu erfüllen bereit sein muß. Wenn ich einen anderen
liebe, muß er es auf irgendeine Art verdienen. (Ich sehe von dem
Nutzen, den er mir bringen kann, sowie von seiner möglichen Bedeutung als Sexualobjekt für mich ab; diese beiden Arten der Bezie-

hung kommen für die Vorschrift der Nächstenliebe nicht in Betracht.) Er verdient es, wenn er mir in wichtigen Stücken so ähnlich ist, daß ich in ihm mich selbst lieben kann; er verdient es, wenn er so viel vollkommener ist als ich, daß ich mein Ideal von meiner eigenen Person in ihm lieben kann; ich muß ihn lieben, wenn er der Sohn meines Freundes ist, denn der Schmerz des Freundes, wenn ihm ein Leid zustößt, wäre auch mein Schmerz, ich müßte ihn teilen. Aber wenn er mir fremd ist und mich durch keinen eigenen Wert, keine bereits erworbene Bedeutung für mein Gefühlsleben anziehen kann, wird es mir schwer, ihn zu lieben. Ich tue sogar unrecht damit, denn meine Liebe wird von all den Meinen als Bevorzugung geschätzt; es ist ein Unrecht an ihnen, wenn ich den Fremden ihnen gleichstelle. Wenn ich ihn aber lieben soll, mit jener Weltliebe, bloß weil er auch ein Wesen dieser Erde ist wie das Insekt, der Regenwurm, die Ringelnatter, dann wird, fürchte ich, ein geringer Betrag Liebe auf ihn entfallen, unmöglich so viel, als ich nach dem Urteil der Vernunft berechtigt bin, für mich selbst zurückzubehalten. Wozu eine so feierlich auftretende Vorschrift, wenn ihre Erfüllung sich nicht als vernünftig empfehlen kann?

Wenn ich näher zusehe, finde ich noch mehr Schwierigkeiten. Dieser Fremde ist nicht nur im allgemeinen nicht liebenswert, ich muß ehrlich bekennen, er hat mehr Anspruch auf meine Feindseligkeit, sogar auf meinen Haß. Er scheint nicht die mindeste Liebe für mich zu haben, bezeigt mir nicht die geringste Rücksicht. Wenn es ihm einen Nutzen bringt, hat er kein Bedenken, mich zu schädigen, fragt sich dabei auch nicht, ob die Höhe seines Nutzens der Größe des Schadens, den er mir zufügt, entspricht. Ja, er braucht nicht einmal einen Nutzen davon zu haben; wenn er nur irgendeine Lust damit befriedigen kann, macht er sich nichts daraus, mich zu verspotten, zu beleidigen, zu verleumden, seine Macht an mir zu zeigen, und je sicherer er sich fühlt, je hilfloser ich bin, desto sicherer darf ich dies Benehmen gegen mich von ihm erwarten. Wenn er sich anders verhält, wenn er mir als Fremdem Rücksicht und Schonung erweist, bin ich ohnedies, ohne jene Vorschrift, bereit, es ihm in ähnlicher Weise zu vergelten. Ja, wenn jenes großartige Gebot lauten würde: Liebe deinen Nächsten wie dein Nächster dich liebt, dann würde ich nicht widersprechen. Es gibt ein zweites Gebot, das mir noch unfaßbarer

scheint und ein noch heftigeres Sträuben in mir entfesselt. Es heißt:
Liebe deine Feinde. Wenn ich's recht überlege, habe ich unrecht, es
als eine noch stärkere Zumutung abzuweisen. Es ist im Grunde dasselbe.[1]

Ich glaube nun von einer würdevollen Stimme die Mahnung zu hören: Eben darum, weil der Nächste nicht liebenswert und eher dein
Feind ist, sollst du ihn lieben wie dich selbst. Ich verstehe dann, das
ist ein ähnlicher Fall wie das *Credo quia absurdum*[2].

Es ist nun sehr wahrscheinlich, daß der Nächste, wenn er aufgefordert wird, mich so zu lieben wie sich selbst, genauso antworten wird
wie ich und mich mit den nämlichen Begründungen abweisen wird.
Ich hoffe, nicht mit demselben objektiven Recht, aber dasselbe wird
auch er meinen. Immerhin gibt es Unterschiede im Verhalten der
Menschen, die die Ethik mit Hinwegsetzung über deren Bedingtheit
als »gut« und »böse« klassifiziert. Solange diese unleugbaren Unterschiede nicht aufgehoben sind, bedeutet die Befolgung der hohen
ethischen Forderungen eine Schädigung der Kulturabsichten, indem sie direkte Prämien für das Bösesein aufstellt. Man kann hier
die Erinnerung an einen Vorgang nicht abweisen, der sich in der
französischen Kammer zutrug, als über die Todesstrafe verhandelt
wurde; ein Redner hatte sich leidenschaftlich für ihre Abschaffung
eingesetzt und erntete stürmischen Beifall, bis eine Stimme aus dem
Saale die Worte dazwischenrief: »*Que messieurs les assassins com-
mencent!*«

Das gern verleugnete Stück Wirklichkeit hinter alledem ist, daß der

---

1 Ein großer Dichter darf sich gestatten, schwer verpönte psychologische Wahrheiten wenigstens scherzend zum Ausdruck zu bringen. So gesteht H. Heine:
»Ich habe die friedlichste Gesinnung. Meine Wünsche sind: eine bescheidene
Hütte, ein Strohdach, aber ein gutes Bett, gutes Essen, Milch und Butter, sehr
frisch, vor dem Fenster Blumen, vor der Tür einige schöne Bäume, und wenn
der liebe Gott mich ganz glücklich machen will, läßt er mich die Freude erleben, daß an diesen Bäumen etwa sechs bis sieben meiner Feinde aufgehängt
werden. Mit gerührtem Herzen werde ich ihnen vor ihrem Tode alle Unbill
verzeihen, die sie mir im Leben zugefügt – ja, man muß seinen Feinden verzeihen, aber nicht früher, als bis sie gehenkt werden.« (Heine, Gedanken und
Einfälle.)

2 [»Ich glaube, weil es widersinnig ist.«]

Mensch nicht ein sanftes, liebebedürftiges Wesen ist, das sich höchstens, wenn angegriffen, auch zu verteidigen vermag, sondern daß er zu seinen Triebbegabungen auch einen mächtigen Anteil von Aggressionsneigung rechnen darf. Infolgedessen ist ihm der Nächste nicht nur möglicher Helfer und Sexualobjekt, sondern auch eine Versuchung, seine Aggression an ihm zu befriedigen, seine Arbeitskraft ohne Entschädigung auszunützen, ihn ohne seine Einwilligung sexuell zu gebrauchen, sich in den Besitz seiner Habe zu setzen, ihn zu demütigen, ihm Schmerzen zu bereiten, zu martern und zu töten. *Homo homini lupus*[1]; wer hat nach allen Erfahrungen des Lebens und der Geschichte den Mut, diesen Satz zu bestreiten? Diese grausame Aggression wartet in der Regel eine Provokation ab oder stellt sich in den Dienst einer anderen Absicht, deren Ziel auch mit milderen Mitteln zu erreichen wäre. Unter ihr günstigen Umständen, wenn die seelischen Gegenkräfte, die sie sonst hemmen, weggefallen sind, äußert sie sich auch spontan, enthüllt den Menschen als wilde Bestie, der die Schonung der eigenen Art fremd ist. Wer die Greuel der Völkerwanderung, der Einbrüche der Hunnen, der sogenannten Mongolen unter Dschengis Khan und Timurlenk, der Eroberung Jerusalems durch die frommen Kreuzfahrer, ja selbst noch die Schrecken des letzten Weltkriegs in seine Erinnerung ruft, wird sich vor der Tatsächlichkeit dieser Auffassung demütig beugen müssen.

Die Existenz dieser Aggressionsneigung, die wir bei uns selbst verspüren können, beim anderen mit Recht voraussetzen, ist das Moment, das unser Verhältnis zum Nächsten stört und die Kultur zu ihrem Aufwand nötigt. Infolge dieser primären Feindseligkeit der Menschen gegeneinander ist die Kulturgesellschaft beständig vom Zerfall bedroht. Das Interesse der Arbeitsgemeinschaft würde sie nicht zusammenhalten, triebhafte Leidenschaften sind stärker als vernünftige Interessen. Die Kultur muß alles aufbieten, um den Aggressionstrieben der Menschen Schranken zu setzen, ihre Äußerungen durch psychische Reaktionsbildungen niederzuhalten. Daher also das Aufgebot von Methoden, die die Menschen zu Identifizierungen und zielgehemmten Liebesbeziehungen antreiben sollen,

---

1 [»Der Mensch ist des Menschen Wolf.«]

daher die Einschränkung des Sexuallebens und daher auch das Idealgebot, den Nächsten so zu lieben wie sich selbst, das sich wirklich dadurch rechtfertigt, daß nichts anderes der ursprünglichen menschlichen Natur so sehr zuwiderläuft. Durch alle ihre Mühen hat diese Kulturbestrebung bisher nicht sehr viel erreicht. Die gröbsten Ausschreitungen der brutalen Gewalt hofft sie zu verhüten, indem sie sich selbst das Recht beilegt, an den Verbrechern Gewalt zu üben, aber die vorsichtigeren und feineren Äußerungen der menschlichen Aggression vermag das Gesetz nicht zu erfassen. Jeder von uns kommt dahin, die Erwartungen, die er in der Jugend an seine Mitmenschen geknüpft, als Illusionen fallenzulassen, und kann erfahren, wie sehr ihm das Leben durch deren Übelwollen erschwert und schmerzhaft gemacht wird. Dabei wäre es ein Unrecht, der Kultur vorzuwerfen, daß sie Streit und Wettkampf aus den menschlichen Betätigungen ausschließen will. Diese sind sicherlich unentbehrlich, aber Gegnerschaft ist nicht notwendig Feindschaft, wird nur zum Anlaß für sie mißbraucht.

Die Kommunisten glauben den Weg zur Erlösung vom Übel gefunden zu haben. Der Mensch ist eindeutig gut, seinem Nächsten wohlgesinnt, aber die Einrichtung des privaten Eigentums hat seine Natur verdorben. Besitz an privaten Gütern gibt dem einen die Macht und damit die Versuchung, den Nächsten zu mißhandeln; der vom Besitz Ausgeschlossene muß sich in Feindseligkeit gegen den Unterdrücker auflehnen. Wenn man das Privateigentum aufhebt, alle Güter gemeinsam macht und alle Menschen an deren Genuß teilnehmen läßt, werden Übelwollen und Feindseligkeit unter den Menschen verschwinden. Da alle Bedürfnisse befriedigt sind, wird keiner Grund haben, in dem anderen seinen Feind zu sehen; der notwendigen Arbeit werden sich alle bereitwillig unterziehen. Ich habe nichts mit der wirtschaftlichen Kritik des kommunistischen Systems zu tun, ich kann nicht untersuchen, ob die Abschaffung des privaten Eigentums zweckdienlich und vorteilhaft ist.[1] Aber seine

---

1 Wer in seinen eigenen jungen Jahren das Elend der Armut verkostet, die Gleichgiltigkeit und den Hochmut der Besitzenden erfahren hat, sollte vor dem Verdacht geschützt sein, daß er kein Verständnis und kein Wohlwollen für die Bestrebungen hat, die Besitzungleichheit der Menschen und was sich

psychologische Voraussetzung vermag ich als haltlose Illusion zu erkennen. Mit der Aufhebung des Privateigentums entzieht man der menschlichen Aggressionslust eines ihrer Werkzeuge, gewiß ein starkes und gewiß nicht das stärkste. An den Unterschieden von Macht und Einfluß, welche die Aggression für ihre Absichten mißbraucht, daran hat man nichts geändert, auch an ihrem Wesen nicht. Sie ist nicht durch das Eigentum geschaffen worden, herrschte fast uneingeschränkt in Urzeiten, als das Eigentum noch sehr armselig war, zeigt sich bereits in der Kinderstube, kaum daß das Eigentum seine anale Urform aufgegeben hat, bildet den Bodensatz aller zärtlichen und Liebesbeziehungen unter den Menschen, vielleicht mit alleiniger Ausnahme der einer Mutter zu ihrem männlichen Kind. Räumt man das persönliche Anrecht auf dingliche Güter weg, so bleibt noch das Vorrecht aus sexuellen Beziehungen, das die Quelle der stärksten Mißgunst und der heftigsten Feindseligkeit unter den sonst gleichgestellten Menschen werden muß. Hebt man auch dieses auf durch die völlige Befreiung des Sexuallebens, beseitigt also die Familie, die Keimzelle der Kultur, so läßt sich zwar nicht vorhersehen, welche neuen Wege die Kulturentwicklung einschlagen kann, aber eines darf man erwarten, daß der unzerstörbare Zug der menschlichen Natur ihr auch dorthin folgen wird.

Es wird den Menschen offenbar nicht leicht, auf die Befriedigung dieser ihrer Aggressionsneigung zu verzichten; sie fühlen sich nicht wohl dabei. Der Vorteil eines kleineren Kulturkreises, daß er dem Trieb einen Ausweg an der Befeindung der Außenstehenden gestattet, ist nicht geringzuschätzen. Es ist immer möglich, eine größere Menge von Menschen in Liebe aneinander zu binden, wenn nur andere für die Äußerung der Aggression übrigbleiben. Ich habe mich einmal mit dem Phänomen beschäftigt, daß gerade benachbarte und einander auch sonst nahestehende Gemeinschaften sich gegenseitig befehden und verspotten, so Spanier und Portugiesen, Nord- und

---

aus ihr ableitet, zu bekämpfen. Freilich, wenn sich dieser Kampf auf die abstrakte Gerechtigkeitsforderung der Gleichheit aller Menschen berufen will, liegt der Einwand zu nahe, daß die Natur durch die höchst ungleichmäßige körperliche Ausstattung und geistige Begabung der einzelnen Ungerechtigkeiten eingesetzt hat, gegen die es keine Abhilfe gibt.

Süddeutsche, Engländer und Schotten usw. Ich gab ihm den Namen »Narzißmus der kleinen Differenzen«, der nicht viel zur Erklärung beiträgt. Man erkennt nun darin eine bequeme und relativ harmlose Befriedigung der Aggressionsneigung, durch die den Mitgliedern der Gemeinschaft das Zusammenhalten erleichtert wird. Das überallhin versprengte Volk der Juden hat sich in dieser Weise anerkennenswerte Verdienste um die Kulturen seiner Wirtsvölker erworben; leider haben alle Judengemetzel des Mittelalters nicht ausgereicht, dieses Zeitalter friedlicher und sicherer für seine christlichen Genossen zu gestalten. Nachdem der Apostel Paulus die allgemeine Menschenliebe zum Fundament seiner christlichen Gemeinde gemacht hatte, war die äußerste Intoleranz des Christentums gegen die draußen Verbliebenen eine unvermeidliche Folge geworden; den Römern, die ihr staatliches Gemeinwesen nicht auf die Liebe begründet hatten, war religiöse Unduldsamkeit fremd gewesen, obwohl die Religion bei ihnen Sache des Staates und der Staat von Religion durchtränkt war. Es war auch kein unverständlicher Zufall, daß der Traum einer germanischen Weltherrschaft zu seiner Ergänzung den Antisemitismus aufrief, und man erkennt es als begreiflich, daß der Versuch, eine neue kommunistische Kultur in Rußland aufzurichten, in der Verfolgung der Bourgeois seine psychologische Unterstützung findet. Man fragt sich nur besorgt, was die Sowjets anfangen werden, nachdem sie ihre Bourgeois ausgerottet haben.

Wenn die Kultur nicht allein der Sexualität, sondern auch der Aggressionsneigung des Menschen so große Opfer auferlegt, so verstehen wir es besser, daß es dem Menschen schwer wird, sich in ihr beglückt zu finden. Der Urmensch hatte es in der Tat darin besser, da er keine Triebeinschränkungen kannte. Zum Ausgleich war seine Sicherheit, solches Glück lange zu genießen, eine sehr geringe. Der Kulturmensch hat für ein Stück Glücksmöglichkeit ein Stück Sicherheit eingetauscht. Wir wollen aber nicht vergessen, daß in der Urfamilie nur das Oberhaupt sich solcher Triebfreiheit erfreute; die anderen lebten in sklavischer Unterdrückung. Der Gegensatz zwischen einer die Vorteile der Kultur genießenden Minderheit und einer dieser Vorteile beraubten Mehrzahl war also in jener Urzeit der Kultur aufs Äußerste getrieben. Über den heute lebenden Primitiven haben wir durch sorgfältigere Erkundung erfahren, daß sein Triebleben keineswegs ob seiner Freiheit beneidet werden darf; es unterliegt Einschränkungen von anderer Art, aber vielleicht von größerer Strenge als das des modernen Kulturmenschen.

Wenn wir gegen unseren jetzigen Kulturzustand mit Recht einwenden, wie unzureichend er unsere Forderungen an eine beglückende Lebensordnung erfüllt, wieviel Leid er gewähren läßt, das wahrscheinlich zu vermeiden wäre, wenn wir mit schonungsloser Kritik die Wurzeln seiner Unvollkommenheit aufzudecken streben, üben wir gewiß unser gutes Recht und zeigen uns nicht als Kulturfeinde. Wir dürfen erwarten, allmählich solche Abänderungen unserer Kultur durchzusetzen, die unsere Bedürfnisse besser befriedigen und jener Kritik entgehen. Aber vielleicht machen wir uns auch mit der Idee vertraut, daß es Schwierigkeiten gibt, die dem Wesen der Kultur anhaften und die keinem Reformversuch weichen werden. Außer den Aufgaben der Triebeinschränkung, auf die wir vorbereitet sind, drängt sich uns die Gefahr eines Zustandes auf, den man »das psychologische Elend der Masse« benennen kann. Diese Gefahr droht am ehesten, wo die gesellschaftliche Bindung hauptsächlich durch Identifizierung der Teilnehmer untereinander hergestellt wird, während Führerindividualitäten nicht zu jener Bedeutung kommen, die ihnen bei der Massenbildung zufallen sollte.[1] Der gegenwärtige Kulturzustand Amerikas gäbe eine gute Gelegenheit, diesen befürchteten Kulturschaden zu studieren. Aber ich vermeide die Versuchung, in die Kritik der Kultur Amerikas einzugehen; ich will nicht den Eindruck hervorrufen, als wollte ich mich selbst amerikanischer Methoden bedienen.

VI

Ich habe bei keiner Arbeit so stark die Empfindung gehabt wie diesmal, daß ich allgemein Bekanntes darstelle, Papier und Tinte, in weiterer Folge Setzerarbeit und Druckerschwärze aufbiete, um eigent-

---

1 Siehe: Massenpsychologie und Ich-Analyse, 1921. (Ges. Werke, Bd. XIII.)

lich selbstverständliche Dinge zu erzählen. Darum greife ich es gerne auf, wenn sich der Anschein ergibt, daß die Anerkennung eines besonderen, selbständigen Aggressionstriebes eine Abänderung der psychoanalytischen Trieblehre bedeutet.

Es wird sich zeigen, daß dem nicht so ist, daß es sich bloß darum handelt, eine Wendung, die längst vollzogen worden ist, schärfer zu fassen und in ihre Konsequenzen zu verfolgen. Von allen langsam entwickelten Stücken der analytischen Theorie hat sich die Trieblehre am mühseligsten vorwärts getastet. Und sie war doch dem Ganzen so unentbehrlich, daß irgend etwas an ihre Stelle gerückt werden mußte. In der vollen Ratlosigkeit der Anfänge gab mir der Satz des Dichterphilosophen Schiller den ersten Anhalt, daß »Hunger und Liebe« das Getriebe der Welt zusammenhalten. Der Hunger konnte als Vertreter jener Triebe gelten, die das Einzelwesen erhalten wollen, die Liebe strebt nach Objekten; ihre Hauptfunktion, von der Natur in jeder Weise begünstigt, ist die Erhaltung der Art. So traten zuerst Ichtriebe und Objekttriebe einander gegenüber. Für die Energie der letzteren, und ausschließlich für sie, führte ich den Namen Libido ein; somit lief der Gegensatz zwischen den Ichtrieben und den aufs Objekt gerichteten »libidinösen« Trieben der Liebe im weitesten Sinne. Einer von diesen Objekttrieben, der sadistische, tat sich zwar dadurch hervor, daß sein Ziel so gar nicht liebevoll war, auch schloß er sich offenbar in manchen Stücken den Ichtrieben an, konnte seine nahe Verwandtschaft mit Bemächtigungstrieben ohne libidinöse Absicht nicht verbergen, aber man kam über diese Unstimmigkeit hinweg; der Sadismus gehörte doch offenbar zum Sexualleben, das grausame Spiel konnte das zärtliche ersetzen. Die Neurose erschien als der Ausgang eines Kampfes zwischen dem Interesse der Selbstbewahrung und den Anforderungen der Libido, ein Kampf, in dem das Ich gesiegt hatte, aber um den Preis schwerer Leiden und Verzichte.

Jeder Analytiker wird zugeben, daß dies auch heute nicht wie ein längst überwundener Irrtum klingt. Doch wurde eine Abänderung unerläßlich, als unsere Forschung vom Verdrängten zum Verdrängenden, von den Objekttrieben zum Ich fortschritt. Entscheidend wurde hier die Einführung des Begriffes Narzißmus, d. h. die Einsicht, daß das Ich selbst mit Libido besetzt ist, sogar deren ur-

sprüngliche Heimstätte sei und gewissermaßen auch ihr Haupt-
quartier bleibe. Diese narzißtische Libido wendet sich den Objekten zu, wird so zur Objektlibido und kann sich in narzißtische
Libido zurückverwandeln. Der Begriff Narzißmus machte es möglich, die traumatische Neurose sowie viele den Psychosen nahestehende Affektionen und diese selbst analytisch zu erfassen. Die
Deutung der Übertragungsneurosen als Versuche des Ichs, sich der
Sexualität zu erwehren, brauchte nicht verlassen zu werden, aber der
Begriff der Libido geriet in Gefahr. Da auch die Ichtriebe libidinös
waren, schien es eine Weile unvermeidlich, Libido mit Triebenergie
überhaupt zusammenfallen zu lassen, wie C. G. Jung schon früher
gewollt hatte. Doch blieb etwas zurück wie eine noch nicht zu be-
gründende Gewißheit, daß die Triebe nicht alle von gleicher Art sein
können. Den nächsten Schritt machte ich in »Jenseits des Lustprinzips« (1920), als mir der Wiederholungszwang und der konservative
Charakter des Trieblebens zuerst auffiel. Ausgehend von Spekulationen über den Anfang des Lebens und von biologischen Parallelen,
zog ich den Schluß, es müsse außer dem Trieb, die lebende Substanz
zu erhalten und zu immer größeren Einheiten zusammenzufassen[1],
einen anderen, ihm gegensätzlichen geben, der diese Einheiten auf-
zulösen und in den uranfänglichen, anorganischen Zustand zurückzuführen strebe. Also außer dem Eros einen Todestrieb; aus dem
Zusammen- und Gegeneinanderwirken dieser beiden ließen sich die
Phänomene des Lebens erklären. Nun war es nicht leicht, die Tätigkeit dieses angenommenen Todestriebs aufzuzeigen. Die Äußerungen des Eros waren auffällig und geräuschvoll genug; man konnte
annehmen, daß der Todestrieb stumm im Inneren des Lebewesens an
dessen Auflösung arbeite, aber das war natürlich kein Nachweis.
Weiter führte die Idee, daß sich ein Anteil des Triebes gegen die
Außenwelt wende und dann als Trieb zur Aggression und Destruktion zum Vorschein komme. Der Trieb würde so selbst in den Dienst
des Eros gezwängt, indem das Lebewesen anderes, Belebtes wie Un-
belebtes, anstatt seines eigenen Selbst vernichtete. Umgekehrt würde

---

1 Der Gegensatz, in den hierbei die rastlose Ausbreitungstendenz des Eros zur
allgemeinen konservativen Natur der Triebe tritt, ist auffällig und kann der
Ausgangspunkt weiterer Problemstellungen werden.

die Einschränkung dieser Aggression nach außen die ohnehin immer vor sich gehende Selbstzerstörung steigern müssen. Gleichzeitig konnte man aus diesem Beispiel erraten, daß die beiden Triebarten selten – vielleicht niemals – voneinander isoliert auftreten, sondern sich in verschiedenen, sehr wechselnden Mengungsverhältnissen miteinander legieren und dadurch unserem Urteil unkenntlich machen. Im längst als Partialtrieb der Sexualität bekannten Sadismus hätte man eine derartige besonders starke Legierung des Liebesstrebens mit dem Destruktionstrieb vor sich, wie in seinem Widerpart, im Masochismus, eine Verbindung der nach innen gerichteten Destruktion mit der Sexualität, durch welche die sonst unwahrnehmbare Strebung eben auffällig und fühlbar wird.

Die Annahme des Todes- oder Destruktionstriebes hat selbst in analytischen Kreisen Widerstand gefunden; ich weiß, daß vielfach die Neigung besteht, alles, was an der Liebe gefährlich und feindselig gefunden wird, lieber einer ursprünglichen Bipolarität ihres eigenen Wesens zuzuschreiben. Ich hatte die hier entwickelten Auffassungen anfangs nur versuchsweise vertreten, aber im Laufe der Zeit haben sie eine solche Macht über mich gewonnen, daß ich nicht mehr anders denken kann. Ich meine, sie sind theoretisch ungleich brauchbarer als alle möglichen anderen, sie stellen jene Vereinfachung ohne Vernachlässigung oder Vergewaltigung der Tatsachen her, nach der wir in der wissenschaftlichen Arbeit streben. Ich erkenne, daß wir im Sadismus und Masochismus die stark mit Erotik legierten Äußerungen des nach außen und nach innen gerichteten Destruktionstriebes immer vor uns gesehen haben, aber ich verstehe nicht mehr, daß wir die Ubiquität der nicht erotischen Aggression und Destruktion übersehen und versäumen konnten, ihr die gebührende Stellung in der Deutung des Lebens einzuräumen. (Die nach innen gewendete Destruktionssucht entzieht sich ja, wenn sie nicht erotisch gefärbt ist, meist der Wahrnehmung.) Ich erinnere mich meiner eigenen Abwehr, als die Idee des Destruktionstriebs zuerst in der psychoanalytischen Literatur auftauchte, und wie lange es dauerte, bis ich für sie empfänglich wurde. Daß andere dieselbe Ablehnung zeigten und noch zeigen, verwundert mich weniger. Denn die Kindlein, sie hören es nicht gerne, wenn die angeborene Neigung des Menschen zum »Bösen«, zur Aggression, Destruktion und damit auch zur Grausamkeit erwähnt wird. Gott hat sie ja zum Ebenbild seiner eigenen Vollkommenheit geschaffen, man will nicht daran gemahnt werden, wie schwer es ist, die – trotz der Beteuerungen der Christian Science – unleugbare Existenz des Bösen mit seiner Allmacht oder seiner Allgüte zu vereinen. Der Teufel wäre zur Entschuldigung Gottes die beste Auskunft, er würde dabei dieselbe ökonomisch entlastende Rolle übernehmen wie der Jude in der Welt des arischen Ideals. Aber selbst dann: man kann doch von Gott ebensowohl Rechenschaft für die Existenz des Teufels verlangen wie für die des Bösen, das er verkörpert. Angesichts dieser Schwierigkeiten ist es für jedermann ratsam, an geeigneter Stelle eine tiefe Verbeugung vor der tief sittlichen Natur des Menschen zu machen; es verhilft einem zur allgemeinen Beliebtheit, und es wird einem manches dafür nachgesehen.[1]

Der Name Libido kann wiederum für die Kraftäußerungen des Eros verwendet werden, um sie von der Energie des Todestriebs zu sondern.[2] Es ist zuzugestehen, daß wir letzteren um so viel schwerer erfassen, gewissermaßen nur als Rückstand hinter dem Eros erraten und daß er sich uns entzieht, wo er nicht durch die Legierung mit

---

1 Ganz besonders überzeugend wirkt die Identifizierung des bösen Prinzips mit dem Destruktionstrieb in Goethes Mephistopheles:

>»Denn alles, was entsteht,
>Ist wert, daß es zugrunde geht.

>So ist denn alles, was Ihr Sünde,
>Zerstörung, kurz das Böse nennt,
>Mein eigentliches Element.«

Als seinen Gegner nennt der Teufel selbst nicht das Heilige, das Gute, sondern die Kraft der Natur zum Zeugen, zur Mehrung des Lebens, also den Eros.

>»Der Luft, dem Wasser, wie der Erden
>Entwinden tausend Keime sich,
>Im Trocknen, Feuchten, Warmen, Kalten!
>Hätt' ich mir nicht die Flamme vorbehalten,
>Ich hätte nichts Aparts für mich.«

2 Unsere gegenwärtige Auffassung kann man ungefähr in dem Satz ausdrücken, daß an jeder Triebäußerung Libido beteiligt ist, aber daß nicht alles an ihr Libido ist.

dem Eros verraten wird. Im Sadismus, wo er das erotische Ziel in seinem Sinne umbiegt, dabei doch das sexuelle Streben voll befriedigt, gelingt uns die klarste Einsicht in sein Wesen und seine Beziehung zum Eros. Aber auch wo er ohne sexuelle Absicht auftritt, noch in der blindesten Zerstörungswut läßt sich nicht verkennen, daß seine Befriedigung mit einem außerordentlich hohen narzißtischen Genuß verknüpft ist, indem sie dem Ich die Erfüllung seiner alten Allmachtswünsche zeigt. Gemäßigt und gebändigt, gleichsam zielgehemmt, muß der Destruktionstrieb, auf die Objekte gerichtet, dem Ich die Befriedigung seiner Lebensbedürfnisse und die Herrschaft über die Natur verschaffen. Da seine Annahme wesentlich auf theoretischen Gründen ruht, muß man zugeben, daß sie auch gegen theoretische Einwendungen nicht voll gesichert ist. Aber so erscheint es uns eben jetzt beim gegenwärtigen Stand unserer Einsichten; zukünftige Forschung und Überlegung wird gewiß die entscheidende Klarheit bringen.

Für alles Weitere stelle ich mich also auf den Standpunkt, daß die Aggressionsneigung eine ursprüngliche, selbständige Triebanlage des Menschen ist, und komme darauf zurück, daß die Kultur ihr stärkstes Hindernis in ihr findet. Irgendeinmal im Laufe dieser Untersuchung hat sich uns die Einsicht aufgedrängt, die Kultur sei ein besonderer Prozeß, der über die Menschheit abläuft, und wir stehen noch immer unter dem Banne dieser Idee. Wir fügen hinzu, sie sei ein Prozeß im Dienste des Eros, der vereinzelte menschliche Individuen, später Familien, dann Stämme, Völker, Nationen zu einer großen Einheit, der Menschheit, zusammenfassen wolle. Warum das geschehen müsse, wissen wir nicht; das sei eben das Werk des Eros. Diese Menschenmengen sollen libidinös aneinander gebunden werden; die Notwendigkeit allein, die Vorteile der Arbeitsgemeinschaft werden sie nicht zusammenhalten. Diesem Programm der Kultur widersetzt sich aber der natürliche Aggressionstrieb der Menschen, die Feindseligkeit eines gegen alle und aller gegen einen. Dieser Aggressionstrieb ist der Abkömmling und Hauptvertreter des Todestriebes, den wir neben dem Eros gefunden haben, der sich mit ihm in die Weltherrschaft teilt. Und nun, meine ich, ist uns der Sinn der Kulturentwicklung nicht mehr dunkel. Sie muß uns den Kampf zwischen Eros und Tod, Lebenstrieb und Destruktionstrieb zeigen, wie er sich an der Menschenart vollzieht. Dieser Kampf ist der wesentliche Inhalt des Lebens überhaupt, und darum ist die Kulturentwicklung kurzweg zu bezeichnen als der Lebenskampf der Menschenart.[1] Und diesen Streit der Giganten wollen unsere Kinderfrauen beschwichtigen mit dem »Eiapopeia vom Himmel«!

VII

Warum zeigen unsere Verwandten, die Tiere, keinen solchen Kulturkampf? Oh, wir wissen es nicht. Sehr wahrscheinlich haben einige unter ihnen, die Bienen, Ameisen, Termiten durch Jahrhunderttausende gerungen, bis sie jene staatlichen Institutionen, jene Verteilung der Funktionen, jene Einschränkung der Individuen gefunden haben, die wir heute bei ihnen bewundern. Kennzeichnend für unseren gegenwärtigen Zustand ist es, daß unsere Empfindungen uns sagen, in keinem dieser Tierstaaten und in keiner der dort dem Einzelwesen zugeteilten Rollen würden wir uns glücklich schätzen. Bei anderen Tierarten mag es zum zeitweiligen Ausgleich zwischen den Einflüssen der Umwelt und den in ihnen sich bekämpfenden Trieben, somit zu einem Stillstand der Entwicklung gekommen sein. Beim Urmenschen mag ein neuer Vorstoß der Libido ein neuerliches Sträuben des Destruktionstriebes angefacht haben. Es ist da sehr viel zu fragen, worauf es noch keine Antwort gibt.

Eine andere Frage liegt uns näher. Welcher Mittel bedient sich die Kultur, um die ihr entgegenstehende Aggression zu hemmen, unschädlich zu machen, vielleicht auszuschalten? Einige solcher Methoden haben wir bereits kennengelernt, die anscheinend wichtigste aber noch nicht. Wir können sie an der Entwicklungsgeschichte des einzelnen studieren. Was geht mit ihm vor, um seine Aggressionslust unschädlich zu machen? Etwas sehr Merkwürdiges, das wir nicht erraten hätten und das doch so naheliegt. Die Aggression wird introjiziert, verinnerlicht, eigentlich aber dorthin zurückgeschickt,

---

1 Wahrscheinlich mit der näheren Bestimmung: wie er sich von einem gewissen, noch zu erratenden Ereignis an gestalten mußte.

woher sie gekommen ist, also gegen das eigene Ich gewendet. Dort wird sie von einem Anteil des Ichs übernommen, das sich als Über-Ich dem übrigen entgegenstellt und nun als »Gewissen« gegen das Ich dieselbe strenge Aggressionsbereitschaft ausübt, die das Ich gerne an anderen, fremden Individuen befriedigt hätte. Die Spannung zwischen dem gestrengen Über-Ich und dem ihm unterworfenen Ich heißen wir Schuldbewußtsein; sie äußert sich als Strafbedürfnis. Die Kultur bewältigt also die gefährliche Aggressionslust des Individuums, indem sie es schwächt, entwaffnet und durch eine Instanz in seinem Inneren, wie durch eine Besatzung in der eroberten Stadt, überwachen läßt.

Über die Entstehung des Schuldgefühls denkt der Analytiker anders als sonst die Psychologen; auch ihm wird es nicht leicht, darüber Rechenschaft zu geben. Zunächst, wenn man fragt, wie kommt einer zu einem Schuldgefühl, erhält man eine Antwort, der man nicht widersprechen kann: man fühlt sich schuldig (Fromme sagen: sündig), wenn man etwas getan hat, was man als »böse« erkennt. Dann merkt man, wie wenig diese Antwort gibt. Vielleicht nach einigem Schwanken wird man hinzusetzen, auch wer dies Böse nicht getan hat, sondern bloß die Absicht, es zu tun, bei sich erkennt, kann sich für schuldig halten, und dann wird man die Frage aufwerfen, warum hier die Absicht der Ausführung gleichgeachtet wird. Beide Fälle setzen aber voraus, daß man das Böse bereits als verwerflich, als von der Ausführung auszuschließen erkannt hat. Wie kommt man zu dieser Entscheidung? Ein ursprüngliches, sozu sagen natürliches Unterscheidungsvermögen für Gut und Böse darf man ablehnen. Das Böse ist oft gar nicht das dem Ich Schädliche oder Gefährliche, im Gegenteil auch etwas, was ihm erwünscht ist, ihm Vergnügen bereitet. Darin zeigt sich also fremder Einfluß; dieser bestimmt, was Gut und Böse heißen soll. Da eigene Empfindung den Menschen nicht auf denselben Weg geführt hätte, muß er ein Motiv haben, sich diesem fremden Einfluß zu unterwerfen. Es ist in seiner Hilflosigkeit und Abhängigkeit von anderen leicht zu entdekken, kann am besten als Angst vor dem Liebesverlust bezeichnet werden. Verliert er die Liebe des anderen, von dem er abhängig ist, so büßt er auch den Schutz vor mancherlei Gefahren ein, setzt sich vor allem der Gefahr aus, daß dieser Übermächtige ihm in der Form der Bestrafung seine Überlegenheit erweist. Das Böse ist also anfänglich dasjenige, wofür man mit Liebesverlust bedroht wird; aus Angst vor diesem Verlust muß man es vermeiden. Darum macht es auch wenig aus, ob man das Böse bereits getan hat oder es erst tun will; in beiden Fällen tritt die Gefahr erst ein, wenn die Autorität es entdeckt, und diese würde sich in beiden Fällen ähnlich benehmen.

Man heißt diesen Zustand »schlechtes Gewissen«, aber eigentlich verdient er diesen Namen nicht, denn auf dieser Stufe ist das Schuldbewußtsein offenbar nur Angst vor dem Liebesverlust, »soziale« Angst. Beim kleinen Kind kann es niemals etwas anderes sein, aber auch bei vielen Erwachsenen ändert sich nicht mehr daran, als daß an Stelle des Vaters oder beider Eltern die größere menschliche Gemeinschaft tritt. Darum gestatten sie sich regelmäßig, das Böse, das ihnen Annehmlichkeiten verspricht, auszuführen, wenn sie nur sicher sind, daß die Autorität nichts davon erfährt oder ihnen nichts anhaben kann, und ihre Angst gilt allein der Entdeckung.[1] Mit diesem Zustand hat die Gesellschaft unserer Tage im allgemeinen zu rechnen.

Eine große Änderung tritt erst ein, wenn die Autorität durch die Aufrichtung eines Über-Ichs verinnerlicht wird. Damit werden die Gewissensphänomene auf eine neue Stufe gehoben, im Grunde sollte man erst jetzt von Gewissen und Schuldgefühl sprechen.[2] Jetzt entfällt auch die Angst vor dem Entdecktwerden und vollends der Unterschied zwischen Böses tun und Böses wollen, denn vor dem Über-Ich kann sich nichts verbergen, auch Gedanken nicht. Der reale Ernst der Situation ist allerdings vergangen, denn die neue Autorität, das Über-Ich, hat unseres Glaubens kein Motiv, das Ich, mit dem es innig zusammengehört, zu mißhandeln. Aber der Einfluß der Genese, der das Vergangene und Überwundene weiterleben

---

1 Man denke an Rousseaus berühmten Mandarin!

2 Daß in dieser übersichtlichen Darstellung scharf getrennt wird, was sich in Wirklichkeit in fließenden Übergängen vollzieht, daß es sich nicht um die Existenz eines Über-Ichs allein, sondern um dessen relative Stärke und Einflußsphäre handelt, wird jeder Einsichtige verstehen und in Rechnung bringen. Alles Bisherige über Gewissen und Schuld ist ja allgemein bekannt und nahezu unbestritten.

läßt, äußert sich darin, daß es im Grunde so bleibt, wie es zu Anfang war. Das Über-Ich peinigt das sündige Ich mit den nämlichen Angstempfindungen und lauert auf Gelegenheiten, es von der Außenwelt bestrafen zu lassen.

Auf dieser zweiten Entwicklungsstufe zeigt das Gewissen eine Eigentümlichkeit, die der ersten fremd war und die nicht mehr leicht zu erklären ist. Es benimmt sich nämlich um so strenger und mißtrauischer, je tugendhafter der Mensch ist, so daß am Ende gerade die es in der Heiligkeit am weitesten gebracht sich der ärgsten Sündhaftigkeit beschuldigen. Die Tugend büßt dabei ein Stück des ihr zugesagten Lohnes ein, das gefügige und enthaltsame Ich genießt nicht das Vertrauen seines Mentors, bemüht sich, wie es scheint, vergeblich, es zu erwerben. Nun wird man bereit sein einzuwenden: das seien künstlich zurechtgemachte Schwierigkeiten. Das strengere und wachsamere Gewissen sei eben der ihn kennzeichnende Zug des sittlichen Menschen, und wenn die Heiligen sich für Sünder ausgeben, so täten sie es nicht mit Unrecht unter Berufung auf die Versuchungen zur Triebbefriedigung, denen sie in besonders hohem Maße ausgesetzt sind, da Versuchungen bekanntlich durch beständige Versagung nur wachsen, während sie bei gelegentlicher Befriedigung wenigstens zeitweilig nachlassen. Eine andere Tatsache des an Problemen so reichen Gebiets der Ethik ist die, daß Mißgeschick, also äußere Versagung, die Macht des Gewissens im Über-Ich so sehr fördert. Solange es dem Menschen gut geht, ist auch sein Gewissen milde und läßt dem Ich allerlei angehen; wenn ihn ein Unglück getroffen hat, hält er Einkehr in sich, erkennt seine Sündhaftigkeit, steigert seine Gewissensansprüche, legt sich Enthaltungen auf und bestraft sich durch Bußen.[1] Ganze Völker haben sich ebenso benommen und benehmen sich noch immer so. Aber dies erklärt sich bequem aus der ursprünglichen infantilen Stufe des Gewissens,

---

1 Diese Förderung der Moral durch Mißgeschick behandelt Mark Twain in einer köstlichen kleinen Geschichte: *The first melon I ever stole*. Diese erste Melone ist zufällig unreif. Ich hörte Mark Twain diese kleine Geschichte selbst vortragen. Nachdem er ihren Titel ausgesprochen hatte, hielt er inne und fragte sich wie zweifelnd: »*Was it the first?*« Damit hatte er alles gesagt. Die erste war also nicht die einzige geblieben. [Der letzte Satz wurde 1931 ergänzt.]

die also nach der Introjektion ins Über-Ich nicht verlassen wird, sondern neben und hinter ihr fortbesteht. Das Schicksal wird als Ersatz der Elterninstanz angesehen; wenn man Unglück hat, bedeutet es, daß man von dieser höchsten Macht nicht mehr geliebt wird, und von diesem Liebesverlust bedroht, beugt man sich von neuem vor der Elternvertretung im Über-Ich, die man im Glück vernachlässigen wollte. Dies wird besonders deutlich, wenn man in streng religiösem Sinne im Schicksal nur den Ausdruck des göttlichen Willens erkennt. Das Volk Israel hatte sich für Gottes bevorzugtes Kind gehalten, und als der große Vater Unglück nach Unglück über dies sein Volk hereinbrechen ließ, wurde es nicht etwa irre an dieser Beziehung oder zweifelte an Gottes Macht und Gerechtigkeit, sondern erzeugte die Propheten, die ihm seine Sündhaftigkeit vorhielten, und schuf aus seinem Schuldbewußtsein die überstrengen Vorschriften seiner Priesterreligion. Es ist merkwürdig, wie anders sich der Primitive benimmt! Wenn er Unglück gehabt hat, gibt er nicht sich die Schuld, sondern dem Fetisch, der offenbar seine Schuldigkeit nicht getan hat, und verprügelt ihn, anstatt sich selbst zu bestrafen.

Wir kennen also zwei Ursprünge des Schuldgefühls, den aus der Angst vor der Autorität und den späteren aus der Angst vor dem Über-Ich. Das erstere zwingt dazu, auf Triebbefriedigungen zu verzichten, das andere drängt, da man den Fortbestand der verbotenen Wünsche vor dem Über-Ich nicht verbergen kann, außerdem zur Bestrafung. Wir haben auch gehört, wie man die Strenge des Über-Ichs, also die Gewissensforderung, verstehen kann. Sie setzt einfach die Strenge der äußeren Autorität, die von ihr abgelöst und teilweise ersetzt wird, fort. Wir sehen nun, in welcher Beziehung der Triebverzicht zum Schuldbewußtsein steht. Ursprünglich ist ja der Triebverzicht die Folge der Angst vor der äußeren Autorität; man verzichtet auf Befriedigungen, um deren Liebe nicht zu verlieren. Hat man diesen Verzicht geleistet, so ist man sozusagen mit ihr quitt, es sollte kein Schuldgefühl erübrigen. Anders ist es im Falle der Angst vor dem Über-Ich. Hier hilft der Triebverzicht nicht genug, denn der Wunsch bleibt bestehen und läßt sich vor dem Über-Ich nicht verheimlichen. Es wird also trotz des erfolgten Verzichts ein Schuldgefühl zustande kommen, und dies ist ein großer ökonomischer Nachteil der Über-Ich-Einsetzung, wie man sagen kann, der Gewissensbildung. Der Triebverzicht hat nun keine voll befreiende Wirkung mehr, die tugendhafte Enthaltung wird nicht mehr durch die Sicherung der Liebe gelohnt, für ein drohendes äußeres Unglück – Liebesverlust und Strafe von seiten der äußeren Autorität – hat man ein andauerndes inneres Unglück, die Spannung des Schuldbewußtseins, eingetauscht.

Diese Verhältnisse sind so verwickelt und zugleich so wichtig, daß ich sie trotz der Gefahren der Wiederholung noch von anderer Seite angreifen möchte. Die zeitliche Reihenfolge wäre also die: zunächst Triebverzicht infolge der Angst vor der Aggression der äußeren Autorität – darauf läuft ja die Angst vor dem Liebesverlust hinaus, die Liebe schützt vor dieser Aggression der Strafe –, dann Aufrichtung der inneren Autorität, Triebverzicht infolge der Angst vor ihr, Gewissensangst. Im zweiten Falle Gleichwertung von böser Tat und böser Absicht, daher Schuldbewußtsein, Strafbedürfnis. Die Aggression des Gewissens konserviert die Aggression der Autorität. Soweit ist es wohl klar geworden, aber wo bleibt Raum für den das Gewissen verstärkenden Einfluß des Unglücks (des von außen auferlegten Verzichts), für die außerordentliche Strenge des Gewissens bei den Besten und Fügsamsten? Wir haben beide Besonderheiten des Gewissens bereits erklärt, aber wahrscheinlich den Eindruck übrigbehalten, daß diese Erklärungen nicht bis zum Grunde reichen, einen Rest unerklärt lassen. Und hier greift endlich eine Idee ein, die durchaus der Psychoanalyse eigen und dem gewöhnlichen Denken der Menschen fremd ist. Sie ist von solcher Art, daß sie uns verstehen läßt, wie uns der Gegenstand so verworren und undurchsichtig erscheinen mußte. Sie sagt nämlich, anfangs ist zwar das Gewissen (richtiger: die Angst, die später Gewissen wird) Ursache des Triebverzichts, aber später kehrt sich das Verhältnis um. Jeder Triebverzicht wird nun eine dynamische Quelle des Gewissens, jeder neue Verzicht steigert dessen Strenge und Intoleranz, und wenn wir es nur mit der uns bekannten Entstehungsgeschichte des Gewissens besser in Einklang bringen könnten, wären wir versucht, uns zu dem paradoxen Satz zu bekennen: Das Gewissen ist die Folge des Triebverzichts; oder: Der (uns von außen auferlegte) Triebverzicht schafft das Gewissen, das dann weiteren Triebverzicht fordert. Eigentlich ist der Widerspruch dieses Satzes gegen die gegebene Genese des Gewissens nicht so groß, und wir sehen einen Weg, ihn weiter zu verringern. Greifen wir zum Zwecke einer leichteren Darstellung das Beispiel des Aggressionstriebes heraus und nehmen wir an, es handle sich in diesen Verhältnissen immer um Aggressionsverzicht. Dies soll natürlich nur eine vorläufige Annahme sein. Die Wirkung des Triebverzichts auf das Gewissen geht dann so vor sich, daß jedes Stück Aggression, dessen Befriedigung wir unterlassen, vom Über-Ich übernommen wird und dessen Aggression (gegen das Ich) steigert. Es stimmt dazu nicht recht, daß die ursprüngliche Aggression des Gewissens die fortgesetzte Strenge der äußeren Autorität ist, also mit Verzicht nichts zu tun hat. Diese Unstimmigkeit bringen wir aber zum Schwinden, wenn wir für diese erste Aggressionsausstattung des Über-Ichs eine andere Ableitung annehmen. Gegen die Autorität, welche das Kind an den ersten, aber auch bedeutsamsten Befriedigungen verhindert, muß sich bei diesem ein erhebliches Maß von Aggressionsneigung entwickelt haben, gleichgiltig welcher Art die geforderten Triebentsagungen waren. Notgedrungen mußte das Kind auf die Befriedigung dieser rachsüchtigen Aggression verzichten. Es hilft sich aus dieser schwierigen ökonomischen Situation auf dem Wege bekannter Mechanismen, indem es diese unangreifbare Autorität durch Identifizierung in sich aufnimmt, die nun das Über-Ich wird und in den Besitz all der Aggression gerät, die man gern als Kind gegen sie ausgeübt hätte. Das Ich des Kindes muß sich mit der traurigen Rolle der so erniedrigten Autorität – des Vaters – begnügen. Es ist eine Umkehrung der Situation, wie so häufig. »Wenn ich der Vater wäre und du das Kind, ich würde dich schlecht behandeln.« Die Beziehung zwischen Über-Ich und Ich ist die durch den Wunsch entstellte Wiederkehr realer Beziehungen zwischen dem noch ungeteilten Ich und einem äußeren Objekt. Auch das ist typisch. Der wesentliche Unterschied aber ist, daß die ursprüngliche Strenge des Über-Ichs nicht – oder nicht so sehr – die ist, die man von ihm [dem Vater] erfahren hat oder die man ihm zumutet, sondern [die] die eigene Aggression gegen ihn vertritt. Wenn das zutrifft, darf man wirklich behaupten, das Gewissen sei im Anfang entstanden durch die Unterdrückung einer Aggression und verstärke sich im weiteren Verlauf durch neue solche Unterdrückungen.

Welche der beiden Auffassungen hat nun recht? Die frühere, die uns genetisch so unanfechtbar erschien, oder die neuere, welche die Theorie in so willkommener Weise abrundet? Offenbar, auch nach dem Zeugnis der direkten Beobachtung, sind beide berechtigt; sie widerstreiten einander nicht, treffen sogar an einer Stelle zusammen, denn die rachsüchtige Aggression des Kindes wird durch das Maß der strafenden Aggression, die es vom Vater erwartet, mitbestimmt werden. Die Erfahrung aber lehrt, daß die Strenge des Über-Ichs, das ein Kind entwickelt, keineswegs die Strenge der Behandlung, die es selbst erfahren hat, wiedergibt.[1] Sie erscheint unabhängig von ihr, bei sehr milder Erziehung kann ein Kind ein sehr strenges Gewissen bekommen. Doch wäre es auch unrichtig, wollte man diese Unabhängigkeit übertreiben; es ist nicht schwer, sich zu überzeugen, daß die Strenge der Erziehung auch auf die Bildung des kindlichen Über-Ichs einen starken Einfluß übt. Es kommt darauf hinaus, daß bei der Bildung des Über-Ichs und Entstehung des Gewissens mitgebrachte konstitutionelle Faktoren und Einflüsse des Milieus der realen Umgebung zusammenwirken, und das ist keineswegs befremdend, sondern die allgemeine ätiologische Bedingung all solcher Vorgänge.[2]

Man kann auch sagen, wenn das Kind auf die ersten großen Triebversagungen mit überstarker Aggression und entsprechender

---

1 Wie von Melanie Klein und anderen, englischen Autoren richtig hervorgehoben wurde.

2 Fr. Alexander hat in der »Psychoanalyse der Gesamtpersönlichkeit« (1927) die beiden Haupttypen der pathogenen Erziehungsmethoden, die Überstrenge und die Verwöhnung, im Anschluß an Aichhorns Studie über die Verwahrlosung zutreffend gewürdigt. Der »übermäßig weiche und nachsichtige« Vater wird beim Kinde Anlaß zur Bildung eines überstrengen Über-Ichs werden, weil diesem Kind unter dem Eindruck der Liebe, die es empfängt, kein anderer Ausweg für seine Aggression bleibt als die Wendung nach innen. Beim Verwahrlosten, der ohne Liebe erzogen wurde, entfällt die Spannung zwischen Ich und Über-Ich, seine ganze Aggression kann sich nach außen richten. Sieht man also von einem anzunehmenden konstitutionellen Faktor ab, so darf man sagen, das strenge Gewissen entstehe aus dem Zusammenwirken zweier Lebenseinflüsse, der Triebversagung, welche die Aggression entfesselt, und der Liebeserfahrung, welche diese Aggression nach innen wendet und dem Über-Ich überträgt.

Strenge des Über-Ichs reagiert, folgt es dabei einem phylogenetischen Vorbild und setzt sich über die aktuell gerechtfertigte Reaktion hinaus, denn der Vater der Vorzeit war gewiß fürchterlich, und
ihm durfte man das äußerste Maß von Aggression zumuten. Die
Unterschiede der beiden Auffassungen von der Genese des Gewissens verringern sich also noch mehr, wenn man von der individuellen zur phylogenetischen Entwicklungsgeschichte übergeht. Dafür
zeigt sich ein neuer bedeutsamer Unterschied in diesen beiden Vorgängen. Wir können nicht über die Annahme hinaus, daß das
Schuldgefühl der Menschheit aus dem Ödipuskomplex stammt und
bei der Tötung des Vaters durch die Brüdervereinigung erworben
wurde. Damals wurde eine Aggression nicht unterdrückt, sondern
ausgeführt, dieselbe Aggression, deren Unterdrückung beim Kinde
die Quelle des Schuldgefühls sein soll. Nun würde ich mich nicht
verwundern, wenn ein Leser ärgerlich ausriefe: »Es ist also ganz
gleichgültig, ob man den Vater umbringt oder nicht, ein Schuldgefühl bekommt man auf alle Fälle! Da darf man sich einige Zweifel
erlauben. Entweder ist es falsch, daß das Schuldgefühl von unterdrückten Aggressionen herrührt, oder die ganze Geschichte von der
Vatertötung ist ein Roman, und die Urmenschenkinder haben ihre
Väter nicht häufiger umgebracht, als es die heutigen pflegen. Übrigens, wenn es kein Roman, sondern plausible Historie ist, so hätte
man einen Fall, in dem das geschieht, was alle Welt erwartet, nämlich, daß man sich schuldig fühlt, weil man wirklich etwas, was
nicht zu rechtfertigen ist, getan hat. Und für diesen Fall, der sich
immerhin alle Tage ereignet, ist uns die Psychoanalyse die Erklärung schuldig geblieben.«
Das ist wahr und soll nachgeholt werden. Es ist auch kein besonderes Geheimnis. Wenn man ein Schuldgefühl hat, nachdem und weil
man etwas verbrochen hat, so sollte man dies Gefühl eher *Reue* nennen. Es bezieht sich nur auf eine Tat, setzt natürlich voraus, daß ein
Gewissen, die Bereitschaft, sich schuldig zu fühlen, bereits vor der
Tat bestand. Eine solche Reue kann uns also nie dazu verhelfen, den
Ursprung des Gewissens und des Schuldgefühls überhaupt zu finden. Der Hergang dieser alltäglichen Fälle ist gewöhnlich der, daß
ein Triebbedürfnis die Stärke erworben hat, seine Befriedigung gegen das in seiner Stärke auch nur begrenzte Gewissen durchzuset-

zen, und daß mit der natürlichen Abschwächung des Bedürfnisses durch seine Befriedigung das frühere Kräfteverhältnis wiederhergestellt wird. Die Psychoanalyse tut also recht daran, den Fall des Schuldgefühls aus Reue von diesen Erörterungen auszuschließen, so häufig er auch vorkommt und so groß seine praktische Bedeutung auch ist.

Aber wenn das menschliche Schuldgefühl auf die Tötung des Urvaters zurückgeht, das war doch ein Fall von »Reue«, und damals soll der Voraussetzung nach Gewissen und Schuldgefühl vor der Tat nicht bestanden haben? Woher kam in diesem Fall die Reue? Gewiß, dieser Fall muß uns das Geheimnis des Schuldgefühls aufklären, unseren Verlegenheiten ein Ende machen. Und ich meine, er leistet es auch. Diese Reue war das Ergebnis der uranfänglichen Gefühlsambivalenz gegen den Vater, die Söhne haßten ihn, aber sie liebten ihn auch; nachdem der Haß durch die Aggression befriedigt war, kam in der Reue über die Tat die Liebe zum Vorschein, richtete durch Identifizierung mit dem Vater das Über-Ich auf, gab ihm die Macht des Vaters wie zur Bestrafung für die gegen ihn verübte Tat der Aggression, schuf die Einschränkungen, die eine Wiederholung der Tat verhüten sollten. Und da die Aggressionsneigung gegen den Vater sich in den folgenden Geschlechtern wiederholte, blieb auch das Schuldgefühl bestehen und verstärkte sich von neuem durch jede unterdrückte und dem Über-Ich übertragene Aggression. Nun, meine ich, erfassen wir endlich zweierlei in voller Klarheit, den Anteil der Liebe an der Entstehung des Gewissens und die verhängnisvolle Unvermeidlichkeit des Schuldgefühls. Es ist wirklich nicht entscheidend, ob man den Vater getötet oder sich der Tat enthalten hat, man muß sich in beiden Fällen schuldig finden, denn das Schuldgefühl ist der Ausdruck des Ambivalenzkonflikts, des ewigen Kampfes zwischen dem Eros und dem Destruktions- oder Todestrieb. Dieser Konflikt wird angefacht, sobald den Menschen die Aufgabe des Zusammenlebens gestellt wird; solange diese Gemeinschaft nur die Form der Familie kennt, muß er sich im Ödipuskomplex äußern, das Gewissen einsetzen, das erste Schuldgefühl schaffen. Wenn eine Erweiterung dieser Gemeinschaft versucht wird, wird derselbe Konflikt in Formen, die von der Vergangenheit abhängig sind, fortgesetzt, verstärkt und hat eine weitere Steigerung des Schuldgefühls zur Folge. Da die Kultur einem inneren erotischen Antrieb gehorcht, der sie die Menschen zu einer innig verbundenen Masse vereinigen heißt, kann sie dies Ziel nur auf dem Wege einer immer wachsenden Verstärkung des Schuldgefühls erreichen. Was am Vater begonnen wurde, vollendet sich an der Masse. Ist die Kultur der notwendige Entwicklungsgang von der Familie zur Menschheit, so ist unablösbar mit ihr verbunden, als Folge des mitgeborenen Ambivalenzkonflikts, als Folge des ewigen Haders zwischen Liebe und Todesstreben, die Steigerung des Schuldgefühls vielleicht bis zu Höhen, die der einzelne schwer erträglich findet. Man gedenkt der ergreifenden Anklage des großen Dichters gegen die »himmlischen Mächte«:

> »Ihr führt ins Leben uns hinein,
> Ihr laßt den Armen schuldig werden,
> Dann überlaßt Ihr ihn der Pein,
> Denn jede Schuld rächt sich auf Erden.«[1]

Und man darf wohl aufseufzen bei der Erkenntnis, daß es einzelnen Menschen gegeben ist, aus dem Wirbel der eigenen Gefühle die tiefsten Einsichten doch eigentlich mühelos heraufzuholen, zu denen wir anderen uns durch qualvolle Unsicherheit und rastloses Tasten den Weg zu bahnen haben.

VIII

Am Ende eines solchen Weges angelangt, muß der Autor seine Leser um Entschuldigung bitten, daß er ihnen kein geschickter Führer gewesen, ihnen das Erlebnis öder Strecken und beschwerlicher Umwege nicht erspart hat. Es ist kein Zweifel, daß man es besser machen kann. Ich will versuchen, nachträglich etwas gutzumachen. Zunächst vermute ich bei den Lesern den Eindruck, daß die Erörterungen über das Schuldgefühl den Rahmen dieses Aufsatzes sprengen, indem sie zuviel Raum für sich einnehmen und ihren anderen Inhalt, mit dem sie nicht immer innig zusammenhängen, an den

---

1 Goethe, Lieder des Harfners in »Wilhelm Meister«.

Rand drängen. Das mag den Aufbau der Abhandlung gestört haben, entspricht aber durchaus der Absicht, das Schuldgefühl als das wichtigste Problem der Kulturentwicklung hinzustellen und darzutun, daß der Preis für den Kulturfortschritt in der Glückseinbuße durch die Erhöhung des Schuldgefühls bezahlt wird.[1] Was an diesem Satz, dem Endergebnis unserer Untersuchung, noch befremdlich klingt, läßt sich wahrscheinlich auf das ganz sonderbare, noch durchaus unverstandene Verhältnis des Schuldgefühls zu unserem Bewußtsein zurückführen. In den gemeinen, uns als normal geltenden Fällen von Reue macht es sich dem Bewußtsein deutlich genug wahrnehmbar; wir sind doch gewöhnt, anstatt Schuldgefühl »Schuldbewußtsein« zu sagen. Aus dem Studium der Neurosen, denen wir doch die wertvollsten Winke zum Verständnis des Normalen danken, ergeben sich widerspruchsvolle Verhältnisse. Bei einer dieser Affektionen, der Zwangsneurose, drängt sich das Schuldgefühl überlaut dem Bewußtsein auf, es beherrscht das Krankheitsbild wie das Leben der Kranken, läßt kaum anderes neben sich aufkommen. Aber in den meisten anderen Fällen und Formen von Neurose bleibt es völlig unbewußt, ohne darum geringfügigere Wirkungen zu äußern. Die Kranken glauben uns nicht, wenn wir ihnen ein »unbewußtes Schuldgefühl« zumuten; um nur halbwegs von ihnen verstanden zu werden, erzählen wir ihnen von einem unbewußten Strafbedürfnis, in dem sich das Schuldgefühl äußert. Aber die Bezie-

---

1 »So macht Gewissen Feige aus uns allen...«
 Daß sie dem jugendlichen Menschen verheimlicht, welche Rolle die Sexualität in seinem Leben spielen wird, ist nicht der einzige Vorwurf, den man gegen die heutige Erziehung erheben muß. Sie sündigt außerdem darin, daß sie ihn nicht auf die Aggression vorbereitet, deren Objekt er zu werden bestimmt ist. Indem sie die Jugend mit so unrichtiger psychologischer Orientierung ins Leben entläßt, benimmt sich die Erziehung nicht anders, als wenn man Leute, die auf eine Polarexpedition gehen, mit Sommerkleidern und Karten der oberitalischen Seen ausrüsten würde. Dabei wird ein gewisser Mißbrauch der ethischen Forderungen deutlich. Die Strenge derselben würde nicht viel schaden, wenn die Erziehung sagte: So sollten die Menschen sein, um glücklich zu werden und andere glücklich zu machen; aber man muß damit rechnen, daß sie nicht so sind. Anstatt dessen läßt man den Jugendlichen glauben, daß alle anderen die ethischen Vorschriften erfüllen, also tugendhaft sind. Damit begründet man die Forderung, daß er auch so werde.

hung zur Neurosenform darf nicht überschätzt werden; es gibt auch bei der Zwangsneurose Typen von Kranken, die ihr Schuldgefühl nicht wahrnehmen oder es als ein quälendes Unbehagen, eine Art von Angst erst dann empfinden, wenn sie an der Ausführung gewisser Handlungen verhindert werden. Diese Dinge sollte man endlich einmal verstehen können, man kann es noch nicht. Vielleicht ist hier die Bemerkung willkommen, daß das Schuldgefühl im Grunde nichts ist als eine topische Abart der Angst, in seinen späteren Phasen fällt es ganz mit der *Angst vor dem Über-Ich* zusammen. Und bei der Angst zeigen sich im Verhältnis zum Bewußtsein dieselben außerordentlichen Variationen. Irgendwie steckt die Angst hinter allen Symptomen, aber bald nimmt sie lärmend das Bewußtsein ganz für sich in Anspruch, bald verbirgt sie sich so vollkommen, daß wir genötigt sind, von unbewußter Angst oder – wenn wir ein reineres psychologisches Gewissen haben wollen, da ja die Angst zunächst nur eine Empfindung ist – von Angstmöglichkeiten zu reden. Und darum ist es sehr wohl denkbar, daß auch das durch die Kultur erzeugte Schuldbewußtsein nicht als solches erkannt wird, zum großen Teil unbewußt bleibt oder als ein Unbehagen, eine Unzufriedenheit zum Vorschein kommt, für die man andere Motivierungen sucht. Die Religionen wenigstens haben die Rolle des Schuldgefühls in der Kultur nie verkannt. Sie treten ja, was ich an anderer Stelle nicht gewürdigt hatte[1], auch mit dem Anspruch auf, die Menschheit von diesem Schuldgefühl, das sie Sünde heißen, zu erlösen. Aus der Art, wie im Christentum diese Erlösung gewonnen wird, durch den Opfertod eines einzelnen, der damit eine allen gemeinsame Schuld auf sich nimmt, haben wir ja einen Schluß darauf gezogen, welches der erste Anlaß zur Erwerbung dieser Urschuld, mit der auch die Kultur begann, gewesen sein mag.[2]

Es kann nicht sehr wichtig werden, mag aber nicht überflüssig sein, daß wir die Bedeutung einiger Worte wie: Über-Ich, Gewissen, Schuldgefühl, Strafbedürfnis, Reue erläutern, die wir vielleicht oft

---

1 Ich meine: Die Zukunft einer Illusion (1927), enthalten in diesem Bande [Bd. 14 der *Gesammelten Werke*].

2 Totem und Tabu (1912). (Ges. Werke, Bd. IX.)

zu lose und eines fürs andere gebraucht haben. Alle beziehen sich
auf dasselbe Verhältnis, benennen aber verschiedene Seiten desselben. Das Über-Ich ist eine von uns erschlossene Instanz, das Gewissen eine Funktion, die wir ihm neben anderen zuschreiben, die die
Handlungen und Absichten des Ichs zu überwachen und zu beurteilen hat, eine zensorische Tätigkeit ausübt. Das Schuldgefühl, die
Härte des Über-Ichs, ist also dasselbe wie die Strenge des Gewissens, ist die dem Ich zugeteilte Wahrnehmung, daß es in solcher
Weise überwacht wird, die Abschätzung der Spannung zwischen
seinen Strebungen und den Forderungen des Über-Ichs, und die der
ganzen Beziehung zugrundeliegende Angst vor dieser kritischen Instanz, das Strafbedürfnis, ist eine Triebäußerung des Ichs, das unter
dem Einfluß des sadistischen Über-Ichs masochistisch geworden
ist, d. h. ein Stück des in ihm vorhandenen Triebes zur inneren Destruktion zu einer erotischen Bindung an das Über-Ich verwendet.
Vom Gewissen sollte man nicht eher sprechen, als bis ein Über-Ich
nachweisbar ist; vom Schuldbewußtsein muß man zugeben, daß es
früher besteht als das Über-Ich, also auch als das Gewissen. Es ist
dann der unmittelbare Ausdruck der Angst vor der äußeren Autorität, die Anerkennung der Spannung zwischen dem Ich und dieser
letzteren, der direkte Abkömmling des Konflikts zwischen dem Bedürfnis nach deren Liebe und dem Drang nach Triebbefriedigung,
dessen Hemmung die Neigung zur Aggression erzeugt. Die Über-
einanderlagerung dieser beiden Schichten des Schuldgefühls – aus
Angst vor der äußeren und vor der inneren Autorität – hat uns manchen Einblick in die Beziehungen des Gewissens erschwert. Reue ist
eine Gesamtbezeichnung für die Reaktion des Ichs in einem Falle
des Schuldgefühls, enthält das wenig umgewandelte Empfindungs-
material der dahinter wirksamen Angst, ist selbst eine Strafe und
kann das Strafbedürfnis einschließen; auch sie kann also älter sein
als das Gewissen.
Es kann auch nichts schaden, daß wir uns nochmals die Widersprü-
che vorführen, die uns eine Weile bei unserer Untersuchung verwirrt haben. Das Schuldgefühl sollte einmal die Folge unterlassener
Aggressionen sein, aber ein andermal und gerade bei seinem historischen Anfang, der Vatertötung, die Folge einer ausgeführten Aggression. Wir fanden auch den Ausweg aus dieser Schwierigkeit. Die

Einsetzung der inneren Autorität, des Über-Ichs, hat eben die Verhältnisse gründlich geändert. Vorher fiel das Schuldgefühl mit der Reue zusammen; wir merken dabei, daß die Bezeichnung Reue für die Reaktion nach wirklicher Ausführung der Aggression zu reservieren ist. Nachher verlor infolge der Allwissenheit des Über-Ichs der Unterschied zwischen beabsichtigter und erfüllter Aggression seine Kraft; nun konnte sowohl eine wirklich ausgeführte Gewalttat Schuldgefühl erzeugen – wie alle Welt weiß – als auch eine bloß beabsichtigte – wie die Psychoanalyse erkannt hat. Über die Veränderung der psychologischen Situation hinweg hinterläßt der Ambivalenzkonflikt der beiden Urtriebe die nämliche Wirkung. Die Versuchung liegt nahe, hier die Lösung des Rätsels von der wechselvollen Beziehung des Schuldgefühls zum Bewußtsein zu suchen. Das Schuldgefühl aus Reue über die böse Tat müßte immer bewußt sein, das aus Wahrnehmung des bösen Impulses könnte unbewußt bleiben. Allein so einfach ist das nicht, die Zwangsneurose widerspricht dem energisch. Der zweite Widerspruch war, daß die aggressive Energie, mit der man das Über-Ich ausgestattet denkt, nach einer Auffassung bloß die Strafenergie der äußeren Autorität fortsetzt und für das Seelenleben erhält, während eine andere Auffassung meint, es sei vielmehr die nicht zur Verwendung gelangte eigene Aggression, die man gegen diese hemmende Autorität aufbringt. Die erste Lehre schien sich der Geschichte, die zweite der Theorie des Schuldgefühls besser anzupassen. Eingehendere Überlegung hat den anscheinend unversöhnlichen Gegensatz beinahe allzuviel verwischt; es blieb als wesentlich und gemeinsam übrig, daß es sich um eine nach innen verschobene Aggression handelt. Die klinische Beobachtung gestattet wiederum, wirklich zwei Quellen für die dem Über-Ich zugeschriebene Aggression zu unterscheiden, von denen im einzelnen Fall die eine oder die andere die stärkere Wirkung ausübt, die im allgemeinen aber zusammenwirken.

Hier ist, meine ich, der Ort, eine Auffassung ernsthaft zu vertreten, die ich vorhin zur vorläufigen Annahme empfohlen hatte. In der neuesten analytischen Literatur zeigt sich eine Vorliebe für die Lehre, daß jede Art von Versagung, jede verhinderte Triebbefriedigung eine Steigerung des Schuldgefühls zur Folge habe oder haben könnte.[1] Ich glaube, man schafft sich eine große theoretische Erleichterung, wenn man das nur von den *aggressiven* Trieben gelten läßt, und man wird nicht viel finden, was dieser Annahme widerspricht. Wie soll man es denn dynamisch und ökonomisch erklären, daß an Stelle eines nicht erfüllten *erotischen* Anspruchs eine Steigerung des Schuldgefühls auftritt? Das scheint doch nur auf dem Umwege möglich, daß die Verhinderung der erotischen Befriedigung ein Stück Aggressionsneigung gegen die Person hervorruft, welche die Befriedigung stört, und daß diese Aggression selbst wieder unterdrückt werden muß. Dann aber ist es doch nur die Aggression, die sich in Schuldgefühl umwandelt, indem sie unterdrückt und dem Über-Ich zugeschoben wird. Ich bin überzeugt, wir werden viele Vorgänge einfacher und durchsichtiger darstellen können, wenn wir den Fund der Psychoanalyse zur Ableitung des Schuldgefühls auf die aggressiven Triebe einschränken. Die Befragung des klinischen Materials gibt hier keine eindeutige Antwort, weil unserer Voraussetzung gemäß die beiden Triebarten kaum jemals rein, voneinander isoliert, auftreten; aber die Würdigung extremer Fälle wird wohl nach der Richtung weisen, die ich erwarte. Ich bin versucht, von dieser strengeren Auffassung einen ersten Nutzen zu ziehen, indem ich sie auf den Verdrängungsvorgang anwende. Die Symptome der Neurosen sind, wie wir gelernt haben, wesentlich Ersatzbefriedigungen für unerfüllte sexuelle Wünsche. Im Laufe der analytischen Arbeit haben wir zu unserer Überraschung erfahren, daß vielleicht jede Neurose einen Betrag von unbewußtem Schuldgefühl verhüllt, der wiederum die Symptome durch ihre Verwendung zur Strafe befestigt. Nun liegt es nahe, den Satz zu formulieren: Wenn eine Triebstrebung der Verdrängung unterliegt, so werden ihre libidinösen Anteile in Symptome, ihre aggressiven Komponenten in Schuldgefühl umgesetzt. Auch wenn dieser Satz nur in durchschnittlicher Annäherung richtig ist, verdient er unser Interesse.

Manche Leser dieser Abhandlung mögen auch unter dem Eindruck stehen, daß sie die Formel vom Kampf zwischen Eros und Todes-

---

1 Insbesondere bei E. Jones, Susan Isaacs, Melanie Klein; wie ich verstehe, aber auch bei Reik und Alexander.

trieb zu oft gehört haben. Sie sollte den Kulturprozeß kennzeichnen, der über die Menschheit abläuft, wurde aber auch auf die Entwicklung des einzelnen bezogen und sollte überdies das Geheimnis
des organischen Lebens überhaupt enthüllt haben. Es scheint unabweisbar, die Beziehungen dieser drei Vorgänge zueinander zu untersuchen. Nun ist die Wiederkehr derselben Formel durch die Erwägung gerechtfertigt, daß der Kulturprozeß der Menschheit wie
die Entwicklung des einzelnen auch Lebensvorgänge sind, also am
allgemeinsten Charakter des Lebens Anteil haben müssen. Anderseits trägt gerade darum der Nachweis dieses allgemeinen Zuges
nichts zur Unterscheidung bei, solange dieser nicht durch besondere Bedingungen eingeengt wird. Wir können uns also erst bei der
Aussage beruhigen, der Kulturprozeß sei jene Modifikation des Le-
bensprozesses, die er unter dem Einfluß einer vom Eros gestellten,
von der Ananke, der realen Not angeregten Aufgabe erfährt, und
diese Aufgabe ist die Vereinigung vereinzelter Menschen zu einer
unter sich libidinös verbundenen Gemeinschaft. Fassen wir aber die
Beziehung zwischen dem Kulturprozeß der Menschheit und dem
Entwicklungs- oder Erziehungsprozeß des einzelnen Menschen ins
Auge, so werden wir uns ohne viel Schwanken dafür entscheiden,
daß die beiden sehr ähnlicher Natur sind, wenn nicht überhaupt
derselbe Vorgang an andersartigen Objekten. Der Kulturprozeß der
Menschenart ist natürlich eine Abstraktion von höherer Ordnung
als die Entwicklung des einzelnen, darum schwerer anschaulich zu
erfassen, und die Aufspürung von Analogien soll nicht zwanghaft
übertrieben werden; aber bei der Gleichartigkeit der Ziele – hier die
Einreihung eines einzelnen in eine menschliche Masse, dort die Herstellung einer Masseneinheit aus vielen einzelnen – kann die Ähnlichkeit der dazu verwendeten Mittel und der zustande kommenden
Phänomene nicht überraschen. Ein die beiden Vorgänge unterschei-
dender Zug darf wegen seiner außerordentlichen Bedeutsamkeit
nicht lange unerwähnt bleiben. Im Entwicklungsprozeß des Einzelmenschen wird das Programm des Lustprinzips, Glücksbefriedigung zu finden, als Hauptziel festgehalten, die Einreihung in oder
Anpassung an eine menschliche Gemeinschaft erscheint als eine
kaum zu vermeidende Bedingung, die auf dem Wege zur Erreichung
dieses Glücksziels erfüllt werden soll. Ginge es ohne diese Bedin-

gung, so wäre es vielleicht besser. Anders ausgedrückt: die individuelle Entwicklung erscheint uns als ein Produkt der Interferenz zweier Strebungen, des Strebens nach Glück, das wir gewöhnlich »egoistisch«, und des Strebens nach Vereinigung mit den anderen in der Gemeinschaft, das wir »altruistisch« heißen. Beide Bezeichnungen gehen nicht viel über die Oberfläche hinaus. In der individuellen Entwicklung fällt, wie gesagt, der Hauptakzent meist auf die egoistische oder Glücksstrebung, die andere, »kulturell« zu nennende, begnügt sich in der Regel mit der Rolle einer Einschränkung. Anders beim Kulturprozeß; hier ist das Ziel der Herstellung einer Einheit aus den menschlichen Individuen bei weitem die Hauptsache, das Ziel der Beglückung besteht zwar noch, aber es wird in den Hintergrund gedrängt; fast scheint es, die Schöpfung einer großen menschlichen Gemeinschaft würde am besten gelingen, wenn man sich um das Glück des einzelnen nicht zu kümmern brauchte. Der Entwicklungsprozeß des einzelnen darf also seine besonderen Züge haben, die sich im Kulturprozeß der Menschheit nicht wiederfinden; nur insofern dieser erstere Vorgang den Anschluß an die Gemeinschaft zum Ziel hat, muß er mit dem letzteren zusammenfallen.

Wie der Planet noch um seinen Zentralkörper kreist, außer daß er um die eigene Achse rotiert, so nimmt auch der einzelne Mensch am Entwicklungsgang der Menschheit teil, während er seinen eigenen Lebensweg geht. Aber unserem blöden Auge scheint das Kräftespiel am Himmel zu ewig gleicher Ordnung erstarrt; im organischen Geschehen sehen wir noch, wie die Kräfte miteinander ringen und die Ergebnisse des Konflikts sich beständig verändern. So haben auch die beiden Strebungen, die nach individuellem Glück und die nach menschlichem Anschluß, bei jedem Individuum miteinander zu kämpfen, so müssen die beiden Prozesse der individuellen und der Kulturentwicklung einander feindlich begegnen und sich gegenseitig den Boden bestreiten. Aber dieser Kampf zwischen Individuum und Gesellschaft ist nicht ein Abkömmling des wahrscheinlich unversöhnlichen Gegensatzes der Urtriebe, Eros und Tod, er bedeutet einen Zwist im Haushalt der Libido, vergleichbar dem Streit um die Aufteilung der Libido zwischen dem Ich und den Objekten, und er läßt einen endlichen Ausgleich zu beim Individuum, wie hoffentlich auch in der Zukunft der Kultur, mag er gegenwärtig das Leben des einzelnen noch so sehr beschweren.

Die Analogie zwischen dem Kulturprozeß und dem Entwicklungsweg des Individuums läßt sich um ein bedeutsames Stück erweitern. Man darf nämlich behaupten, daß auch die Gemeinschaft ein Über-Ich ausbildet, unter dessen Einfluß sich die Kulturentwicklung vollzieht. Es mag eine verlockende Aufgabe für einen Kenner menschlicher Kulturen sein, diese Gleichstellung ins einzelne zu verfolgen. Ich will mich auf die Hervorhebung einiger auffälliger Punkte beschränken. Das Über-Ich einer Kulturepoche hat einen ähnlichen Ursprung wie das des Einzelmenschen, es ruht auf dem Eindruck, den große Führerpersönlichkeiten hinterlassen haben, Menschen von überwältigender Geisteskraft oder solche, in denen eine der menschlichen Strebungen die stärkste und reinste, darum oft auch einseitigste Ausbildung gefunden hat. Die Analogie geht in vielen Fällen noch weiter, indem diese Personen – häufig genug, wenn auch nicht immer – zu ihrer Lebenszeit von den anderen verspottet, mißhandelt oder selbst auf grausame Art beseitigt wurden, wie ja auch der Urvater erst lange nach seiner gewaltsamen Tötung zur Göttlichkeit aufstieg. Für diese Schicksalsverknüpfung ist gerade die Person Jesu Christi das ergreifendste Beispiel, wenn sie nicht etwa dem Mythus angehört, der sie in dunkler Erinnerung an jenen Urvorgang ins Leben rief. Ein anderer Punkt der Übereinstimmung ist, daß das Kultur-Über-Ich ganz wie das des einzelnen strenge Idealforderungen aufstellt, deren Nichtbefolgung durch »Gewissensangst« gestraft wird. Ja, hier stellt sich der merkwürdige Fall her, daß die hierher gehörigen seelischen Vorgänge uns von der Seite der Masse vertrauter, dem Bewußtsein zugänglicher sind, als sie es beim Einzelmenschen werden können. Bei diesem machen sich nur die Aggressionen des Über-Ichs im Falle der Spannung als Vorwürfe überlaut vernehmbar, während die Forderungen selbst im Hintergrunde oft unbewußt bleiben. Bringt man sie zur bewußten Erkenntnis, so zeigt sich, daß sie mit den Vorschriften des jeweiligen Kultur-Über-Ichs zusammenfallen. An dieser Stelle sind sozusagen beide Vorgänge, der kulturelle Entwicklungsprozeß der Menge und der eigene des Individuums, regelmäßig miteinander verklebt. Manche Äußerungen und Eigenschaften des Über-Ichs können darum leichter an seinem Verhalten in der Kulturgemeinschaft als beim einzelnen erkannt werden.

Das Kultur-Über-Ich hat seine Ideale ausgebildet und erhebt seine Forderungen. Unter den letzteren werden die, welche die Beziehungen der Menschen zueinander betreffen, als Ethik zusammengefaßt. Zu allen Zeiten wurde auf diese Ethik der größte Wert gelegt, als ob man gerade von ihr besonders wichtige Leistungen erwartete. Und wirklich wendet sich die Ethik jenem Punkt zu, der als die wundeste Stelle jeder Kultur leicht kenntlich ist. Die Ethik ist also als ein therapeutischer Versuch aufzufassen, als Bemühung, durch ein Gebot des Über-Ichs zu erreichen, was bisher durch sonstige Kulturarbeit nicht zu erreichen war. Wir wissen bereits, es fragt sich hier darum, wie das größte Hindernis der Kultur, die konstitutionelle Neigung der Menschen zur Aggression gegeneinander, wegzuräumen ist, und gerade darum wird uns das wahrscheinlich jüngste der kulturellen Über-Ich-Gebote besonders interessant, das Gebot: Liebe deinen Nächsten wie dich selbst. In der Neurosenforschung und Neurosentherapie kommen wir dazu, zwei Vorwürfe gegen das Über-Ich des einzelnen zu erheben: Es kümmert sich in der Strenge seiner Gebote und Verbote zuwenig um das Glück des Ichs, indem es die Widerstände gegen die Befolgung, die Triebstärke des Es und die Schwierigkeiten der realen Umwelt, nicht genügend in Rechnung bringt. Wir sind daher in therapeutischer Absicht sehr oft genötigt, das Über-Ich zu bekämpfen, und bemühen uns, seine Ansprüche zu erniedrigen. Ganz ähnliche Einwendungen können wir gegen die ethischen Forderungen des Kultur-Über-Ichs erheben. Auch dies kümmert sich nicht genug um die Tatsachen der seelischen Konstitution des Menschen, es erläßt ein Gebot und fragt nicht, ob es dem Menschen möglich ist, es zu befolgen. Vielmehr, es nimmt an, daß dem Ich des Menschen alles psychologisch möglich ist, was man ihm aufträgt, daß dem Ich die unumschränkte Herrschaft über sein Es zusteht. Das ist ein Irrtum, und auch bei den sogenannt normalen Menschen läßt sich die Beherrschung des Es nicht über bestimmte Grenzen steigern. Fordert man mehr, so erzeugt man beim einzelnen Auflehnung oder Neurose oder macht ihn unglücklich. Das Gebot »Liebe deinen Nächsten wie dich selbst« ist die stärkste Abwehr der menschlichen Aggression und ein ausgezeichnetes Beispiel für das unpsychologische Vorgehen des Kultur-Über-Ichs. Das Gebot ist undurchführbar; eine so großartige Inflation der Liebe kann nur deren Wert herabsetzen, nicht die Not beseitigen. Die Kultur vernachlässigt all das; sie mahnt nur, je schwerer die Befolgung der Vorschrift ist, desto verdienstvoller ist sie. Allein wer in der gegenwärtigen Kultur eine solche Vorschrift einhält, setzt sich nur in Nachteil gegen den, der sich über sie hinaussetzt. Wie gewaltig muß das Kulturhindernis der Aggression sein, wenn die Abwehr derselben ebenso unglücklich machen kann wie die Aggression selbst! Die sogenannte natürliche Ethik hat hier nichts zu bieten außer der narzißtischen Befriedigung, sich für besser halten zu dürfen, als die anderen sind. Die Ethik, die sich an die Religion anlehnt, läßt hier ihre Versprechungen eines besseren Jenseits eingreifen. Ich meine, solange sich die Tugend nicht schon auf Erden lohnt, wird die Ethik vergeblich predigen. Es scheint auch mir unzweifelhaft, daß eine reale Veränderung in den Beziehungen der Menschen zum Besitz hier mehr Abhilfe bringen wird als jedes ethische Gebot; doch wird diese Einsicht bei den Sozialisten durch ein neuerliches idealistisches Verkennen der menschlichen Natur getrübt und für die Ausführung entwertet.

Die Betrachtungsweise, die in den Erscheinungen der Kulturentwicklung die Rolle eines Über-Ichs verfolgen will, scheint mir noch andere Aufschlüsse zu versprechen. Ich eile zum Abschluß. Einer Frage kann ich allerdings schwer ausweichen. Wenn die Kulturentwicklung so weitgehende Ähnlichkeit mit der des einzelnen hat und mit denselben Mitteln arbeitet, soll man nicht zur Diagnose berechtigt sein, daß manche Kulturen – oder Kulturepochen – möglicherweise die ganze Menschheit – unter dem Einfluß der Kulturstrebungen »neurotisch« geworden sind? An die analytische Zergliederung dieser Neurosen könnten therapeutische Vorschläge anschließen, die auf großes praktisches Interesse Anspruch hätten. Ich könnte nicht sagen, daß ein solcher Versuch zur Übertragung der Psychoanalyse auf die Kulturgemeinschaft unsinnig oder zur Unfruchtbarkeit verurteilt wäre. Aber man müßte sehr vorsichtig sein, nicht vergessen, daß es sich doch nur um Analogien handelt und daß es nicht nur bei Menschen, sondern auch bei Begriffen gefährlich ist, sie aus der Sphäre zu reißen, in der sie entstanden und entwickelt worden sind. Auch stößt die Diagnose der Gemeinschaftsneurosen auf eine besondere Schwierigkeit. Bei der Einzelneurose dient uns als nächster Anhalt der Kontrast, in dem sich der Kranke von seiner als »normal« angenommenen Umgebung abhebt. Ein solcher Hintergrund entfällt bei einer gleichartig affizierten Masse, er müßte anderswoher geholt werden. Und was die therapeutische Verwendung der Einsicht betrifft, was hülfe die zutreffendste Analyse der sozialen Neurose, da niemand die Autorität besitzt, der Masse die Therapie aufzudrängen? Trotz aller dieser Erschwerungen darf man erwarten, daß jemand eines Tages das Wagnis einer solchen Pathologie der kulturellen Gemeinschaften unternehmen wird.

Eine Wertung der menschlichen Kultur zu geben liegt mir aus den verschiedensten Motiven sehr ferne. Ich habe mich bemüht, das enthusiastische Vorurteil von mir abzuhalten, unsere Kultur sei das Kostbarste, was wir besitzen oder erwerben können, und ihr Weg müsse uns notwendigerweise zu Höhen ungeahnter Vollkommenheit führen. Ich kann wenigstens ohne Entrüstung den Kritiker anhören, der meint, wenn man die Ziele der Kulturstrebung und die Mittel, deren sie sich bedient, ins Auge faßt, müsse man zu dem Schlusse kommen, die ganze Anstrengung sei nicht der Mühe wert und das Ergebnis könne nur ein Zustand sein, den der einzelne unerträglich finden muß. Meine Unparteilichkeit wird mir dadurch leicht, daß ich über all diese Dinge sehr wenig weiß, mit Sicherheit nur das eine, daß die Werturteile der Menschen unbedingt von ihren Glückswünschen geleitet werden, also ein Versuch sind, ihre Illusionen mit Argumenten zu stützen. Ich verstünde es sehr wohl, wenn jemand den zwangsläufigen Charakter der menschlichen Kultur hervorheben und z. B. sagen würde, die Neigung zur Einschränkung des Sexuallebens oder zur Durchsetzung des Humanitätsideals auf Kosten der natürlichen Auslese seien Entwicklungsrichtungen, die sich nicht abwenden und nicht ablenken lassen und denen man sich am besten beugt, wie wenn es Naturnotwendigkeiten wären. Ich kenne auch die Einwendung dagegen, daß solche Strebungen, die man für unüberwindbar hielt, oft im Laufe der Menschheitsgeschichte beiseite geworfen und durch andere ersetzt worden sind. So sinkt mir der Mut, vor meinen Mitmenschen als Prophet aufzustehen, und ich beuge mich ihrem Vorwurf, daß ich ihnen keinen Trost zu bringen weiß, denn das verlangen sie im Grunde alle, die wildesten Revolutionäre nicht weniger leidenschaftlich als die bravsten Frommgläubigen.

Die Schicksalsfrage der Menschenart scheint mir zu sein, ob und in welchem Maße es ihrer Kulturentwicklung gelingen wird, der Störung des Zusammenlebens durch den menschlichen Aggressions- und Selbstvernichtungstrieb Herr zu werden. In diesem Bezug verdient vielleicht gerade die gegenwärtige Zeit ein besonderes Interesse. Die Menschen haben es jetzt in der Beherrschung der Naturkräfte so weit gebracht, daß sie es mit deren Hilfe leicht haben, einander bis auf den letzten Mann auszurotten. Sie wissen das, daher ein gut Stück ihrer gegenwärtigen Unruhe, ihres Unglücks, ihrer Angststimmung. Und nun ist zu erwarten, daß die andere der beiden »himmlischen Mächte«, der ewige Eros, eine Anstrengung machen wird, um sich im Kampf mit seinem ebenso unsterblichen Gegner zu behaupten. Aber wer kann den Erfolg und Ausgang voraussehen?[1]

---

1 [Der Schlußsatz wurde 1931 hinzugefügt.]

DIE »KULTURELLE« SEXUALMORAL UND DIE MODERNE NERVOSITÄT

(1908)

DIE »KULTURELLE« SEXUALMORAL UND
DIE MODERNE NERVOSITÄT

In seiner kürzlich veröffentlichten *Sexualethik*[1] verweilt v. Ehrenfels bei der Unterscheidung der »natürlichen« und der »kulturellen«
Sexualmoral. Als natürliche Sexualmoral sei diejenige zu verstehen,
unter deren Herrschaft ein Menschenstamm sich andauernd bei
Gesundheit und Lebenstüchtigkeit zu erhalten vermag, als kulturelle diejenige, deren Befolgung die Menschen vielmehr zu intensiver und produktiver Kulturarbeit anspornt. Dieser Gegensatz
werde am besten durch die Gegenüberstellung von *konstitutivem*
und *kulturellem* Besitz eines Volkes erläutert. Indem ich für die
weitere Würdigung dieses bedeutsamen Gedankenganges auf die
Schrift von v. Ehrenfels selbst verweise, will ich aus ihr nur so viel
herausheben, als es für die Anknüpfung meines eigenen Beitrages
bedarf.

Die Vermutung liegt nahe, daß unter der Herrschaft einer kulturellen Sexualmoral Gesundheit und Lebenstüchtigkeit der einzelnen
Menschen Beeinträchtigungen ausgesetzt sein können und daß endlich diese Schädigung der Individuen durch die ihnen auferlegten
Opfer einen so hohen Grad erreiche, daß auf diesem Umwege auch
das kulturelle Endziel in Gefahr geriete. v. Ehrenfels weist auch
wirklich der unsere gegenwärtige abendländische Gesellschaft beherrschenden Sexualmoral eine Reihe von Schäden nach, für die er
sie verantwortlich machen muß, und obwohl er ihre hohe Eignung
zur Förderung der Kultur voll anerkennt, gelangt er dazu, sie als
reformbedürftig zu verurteilen. Für die uns beherrschende kulturelle Sexualmoral sei charakteristisch die Übertragung femininer
Anforderungen auf das Geschlechtsleben des Mannes und die Ver-
pönung eines jeden Sexualverkehres mit Ausnahme des ehelich-mo-
nogamen. Die Rücksicht auf die natürliche Verschiedenheit der Ge-

---

1 Grenzfragen des Nerven- und Seelenlebens, herausgegeben v. L. Löwenfeld,
LVI, Wiesbaden 1907.

schlechter nötige dann allerdings dazu, Vergehungen des Mannes minder rigoros zu ahnden und somit tatsächlich eine *doppelte* Moral für den Mann zuzulassen. Eine Gesellschaft aber, die sich auf diese doppelte Moral einläßt, kann es in »Wahrheitsliebe, Ehrlichkeit und Humanität«[1] nicht über ein bestimmtes, eng begrenztes Maß hinausbringen, muß ihre Mitglieder zur Verhüllung der Wahrheit, zur Schönfärberei, zum Selbstbetruge wie zum Betrügen anderer anleiten. Noch schädlicher wirkt die kulturelle Sexualmoral, indem sie durch die Verherrlichung der Monogamie den Faktor der *virilen Auslese* lahmlegt, durch dessen Einfluß allein eine Verbesserung der Konstitution zu gewinnen sei, da die *vitale Auslese* bei den Kulturvölkern durch Humanität und Hygiene auf ein Minimum herabgedrückt werde.[2]

Unter den der kulturellen Sexualmoral zur Last gelegten Schädigungen vermißt nun der Arzt die eine, deren Bedeutung hier ausführlich erörtert werden soll. Ich meine die auf sie zurückzuführende Förderung der modernen, das heißt in unserer gegenwärtigen Gesellschaft sich rasch ausbreitenden Nervosität. Gelegentlich macht ein nervös Kranker selbst den Arzt auf den in der Verursachung des Leidens zu beachtenden Gegensatz von Konstitution und Kulturanforderung aufmerksam, indem er äußert: »Wir in unserer Familie sind alle nervös geworden, weil wir etwas Besseres sein wollten, als wir nach unserer Herkunft sein können.« Auch wird der Arzt häufig genug durch die Beobachtung nachdenklich gemacht, daß gerade die Nachkommen solcher Väter der Nervosität verfallen, die, aus einfachen und gesunden ländlichen Verhältnissen stammend, Abkömmlinge roher, aber kräftiger Familien, als Eroberer in die Großstadt kommen und ihre Kinder in einem kurzen Zeitraum auf ein kulturell hohes Niveau sich erheben lassen. Vor allem aber haben die Nervenärzte selbst laut den Zusammenhang der »wachsenden Nervosität« mit dem modernen Kulturleben proklamiert. Worin sie die Begründung dieser Abhängigkeit suchen, soll durch einige Auszüge aus Äußerungen hervorragender Beobachter dargetan werden.

---

1 Sexualethik, S. 32 ff.
2 A. a. O., S. 35.

W. Erb[1]: »Die ursprünglich gestellte Frage lautet nun dahin, ob die Ihnen vorgeführten Ursachen der Nervosität in unserem modernen Dasein in so gesteigertem Maße gegeben sind, daß sie eine erhebliche Zunahme derselben erklärlich machen – und diese Frage darf wohl unbedenklich bejaht werden, wie ein flüchtiger Blick auf unser modernes Leben und seine Gestaltung zeigen wird.«

»Schon aus einer Reihe allgemeiner Tatsachen geht dies deutlich hervor: die außerordentlichen Errungenschaften der Neuzeit, die Entdeckungen und Erfindungen auf allen Gebieten, die Erhaltung des Fortschrittes gegenüber der wachsenden Konkurrenz sind nur erworben worden durch große geistige Arbeit und können nur mit solcher erhalten werden. Die Ansprüche an die Leistungsfähigkeit des einzelnen im Kampfe ums Dasein sind erheblich gestiegen, und nur mit Aufbietung all seiner geistigen Kräfte kann er sie befriedigen; zugleich sind die Bedürfnisse des einzelnen, die Ansprüche an Lebensgenuß in allen Kreisen gewachsen, ein unerhörter Luxus hat sich auf Bevölkerungsschichten ausgebreitet, die früher davon ganz unberührt waren; die Religionslosigkeit, die Unzufriedenheit und Begehrlichkeit haben in weiten Volkskreisen zugenommen; durch den ins Ungemessene gesteigerten Verkehr, durch die weltumspannenden Drahtnetze des Telegraphen und Telephons haben sich die Verhältnisse in Handel und Wandel total verändert: alles geht in Hast und Aufregung vor sich, die Nacht wird zum Reisen, der Tag für die Geschäfte benützt, selbst die ›Erholungsreisen‹ werden zu Strapazen für das Nervensystem; große politische, industrielle, finanzielle Krisen tragen ihre Aufregung in viel weitere Bevölkerungskreise als früher; ganz allgemein ist die Anteilnahme am politischen Leben geworden: politische, religiöse, soziale Kämpfe, das Parteitreiben, die Wahlagitationen, das ins Maßlose gesteigerte Vereinswesen erhitzen die Köpfe und zwingen die Geister zu immer neuen Anstrengungen und rauben die Zeit zur Erholung, Schlaf und Ruhe; das Leben in den großen Städten ist immer raffinierter und unruhiger geworden. Die erschlafften Nerven suchen ihre Erholung in gesteigerten Reizen, in stark gewürzten Genüssen, um dadurch noch mehr zu ermüden; die moderne Literatur beschäftigt sich vor-

---

1 Über die wachsende Nervosität unserer Zeit. [Heidelberg] 1893.

wiegend mit den bedenklichsten Problemen, die alle Leidenschaften
aufwühlen, die Sinnlichkeit und Genußsucht, die Verachtung aller
ethischen Grundsätze und aller Ideale fördern; sie bringt pathologische Gestalten, psychopathisch-sexuelle, revolutionäre und andere
Probleme vor den Geist des Lesers; unser Ohr wird von einer in
großen Dosen verabreichten, aufdringlichen und lärmenden Musik
erregt und überreizt, die Theater nehmen alle Sinne mit ihren aufregenden Darstellungen gefangen; auch die bildenden Künste wenden
sich mit Vorliebe dem Abstoßenden, Häßlichen und Aufregenden
zu und scheuen sich nicht, auch das Gräßlichste, was die Wirklichkeit bietet, in abstoßender Realität vor unser Auge zu stellen.«
»So zeigt dies allgemeine Bild schon eine Reihe von Gefahren in
unserer modernen Kulturentwicklung: es mag im einzelnen noch
durch einige Züge vervollständigt werden!«
Binswanger[1]: »Man hat speziell die Neurasthenie als eine durchaus
moderne Krankheit bezeichnet, und Beard, dem wir zuerst eine
übersichtliche Darstellung derselben verdanken, glaubte, daß er
eine neue, speziell auf amerikanischem Boden erwachsene Nerven-
krankheit entdeckt habe. Diese Annahme war natürlich eine irrige;
wohl aber kennzeichnet die Tatsache, daß zuerst ein *amerikanischer*
Arzt die eigenartigen Züge dieser Krankheit auf Grund einer reichen Erfahrung erfassen und festhalten konnte, die nahen Beziehungen, welche das moderne Leben, das ungezügelte Hasten und
Jagen nach Geld und Besitz, die ungeheuren Fortschritte auf techni-
schem Gebiete, welche alle zeitlichen und räumlichen Hindernisse
des Verkehrslebens illusorisch gemacht haben, zu dieser Krankheit
aufweisen.«
v. Krafft-Ebing[2]: »Die Lebensweise unzähliger Kulturmenschen
weist heutzutage eine Fülle von antihygienischen Momenten auf,
die es ohne weiteres begreifen lassen, daß die Nervosität in fataler
Weise um sich greift, denn diese schädlichen Momente wirken zunächst und zumeist aufs Gehirn. In den politischen und sozialen,
speziell den merkantilen, industriellen, agrarischen Verhältnissen

---

1 Die Pathologie und Therapie der Neurasthenie, [Jena] 1896.
2 Nervosität und neurasthenische Zustände, [Wien] 1895, S. 11. (In Nothnagels
  Handbuch der spez. Pathologie und Therapie.)

der Kulturnationen haben sich eben im Laufe der letzten Jahrzehnte Änderungen vollzogen, die Beruf, bürgerliche Stellung, Besitz gewaltig umgeändert haben, und zwar auf Kosten des Nervensystems, das gesteigerten sozialen und wirtschaftlichen Anforderungen durch vermehrte Verausgabung an Spannkraft bei vielfach ungenügender Erholung gerecht werden muß.«

Ich habe an diesen – und vielen anderen ähnlich klingenden – Lehren auszusetzen, nicht daß sie irrtümlich sind, sondern daß sie sich unzulänglich erweisen, die Einzelheiten in der Erscheinung der nervösen Störungen aufzuklären, und daß sie gerade das bedeutsamste der ätiologisch wirksamen Momente außer acht lassen. Sieht man von den unbestimmteren Arten, »nervös« zu sein, ab und faßt die eigentlichen Formen des nervösen Krankseins ins Auge, so reduziert sich der schädigende Einfluß der Kultur im wesentlichen auf die schädliche Unterdrückung des Sexuallebens der Kulturvölker (oder Schichten) durch die bei ihnen herrschende »kulturelle« Sexualmoral.

Den Beweis für diese Behauptung habe ich in einer Reihe fachmännischer Arbeiten zu erbringen gesucht[1]; er kann hier nicht wiederholt werden, doch will ich die wichtigsten Argumente aus meinen Untersuchungen auch an dieser Stelle anführen.

Geschärfte klinische Beobachtung gibt uns das Recht, von den nervösen Krankheitszuständen zwei Gruppen zu unterscheiden, die eigentlichen *Neurosen* und die *Psychoneurosen*. Bei den ersteren scheinen die Störungen (Symptome), mögen sie sich in den körperlichen oder in den seelischen Leistungen äußern, *toxischer* Natur zu sein: sie verhalten sich ganz ähnlich wie die Erscheinungen bei übergroßer Zufuhr oder bei Entbehrung gewisser Nervengifte. Diese Neurosen – meist als Neurasthenie zusammengefaßt – können nun, ohne daß die Mithilfe einer erblichen Belastung erforderlich wäre, durch gewisse schädliche Einflüsse des Sexuallebens erzeugt werden, und zwar korrespondiert die Form der Erkrankung mit der Art dieser Schädlichkeiten, so daß man oft genug das klinische Bild ohne weiteres zum Rückschluß auf die besondere sexuelle Ätiologie ver-

---

1 Sammlung kleiner Schriften zur Neurosenlehre. Wien 1906. (4. Aufl., 1922.) (Ges. Werke, Bd. I.)

wenden kann. Eine solche regelmäßige Entsprechung wird aber zwischen der Form der nervösen Erkrankung und den anderen schädigenden Kultureinflüssen, welche die Autoren als krankmachend anklagen, durchaus vermißt. Man darf also den sexuellen Faktor für den wesentlichen in der Verursachung der eigentlichen Neurosen erklären.

Bei den Psychoneurosen ist der hereditäre Einfluß bedeutsamer, die Verursachung minder durchsichtig. Ein eigentümliches Untersuchungsverfahren, das als Psychoanalyse bekannt ist, hat aber gestattet zu erkennen, daß die Symptome dieser Leiden (der Hysterie, Zwangsneurose usw.) *psychogen* sind, von der Wirksamkeit unbewußter (verdrängter) Vorstellungskomplexe abhängen. Dieselbe Methode hat uns aber auch diese unbewußten Komplexe kennen gelehrt und uns gezeigt, daß sie, ganz allgemein gesprochen, sexuellen Inhalt haben; sie entspringen den Sexualbedürfnissen unbefriedigter Menschen und stellen für sie eine Art von Ersatzbefriedigung dar. Somit müssen wir in allen Momenten, welche das Sexualleben schädigen, seine Betätigung unterdrücken, seine Ziele verschieben, pathogene Faktoren auch der Psychoneurosen erblikken.

Der Wert der theoretischen Unterscheidung zwischen den toxischen und den psychogenen Neurosen wird natürlich durch die Tatsache nicht beeinträchtigt, daß an den meisten nervösen Personen Störungen von beiderlei Herkunft zu beobachten sind.

Wer nun mit mir bereit ist, die Ätiologie der Nervosität vor allem in schädigenden Einwirkungen auf das Sexualleben zu suchen, der wird auch den nachstehenden Erörterungen folgen wollen, welche das Thema der wachsenden Nervosität in einen allgemeineren Zusammenhang einzufügen bestimmt sind.

Unsere Kultur ist ganz allgemein auf der Unterdrückung von Trieben aufgebaut. Jeder einzelne hat ein Stück seines Besitzes, seiner Machtvollkommenheit, der aggressiven und vindikativen Neigungen seiner Persönlichkeit abgetreten; aus diesen Beiträgen ist der gemeinsame Kulturbesitz an materiellen und ideellen Gütern entstanden. Außer der Lebensnot sind es wohl die aus der Erotik abgeleiteten Familiengefühle, welche die einzelnen Individuen zu diesem Verzichte bewogen haben. Der Verzicht ist ein im Laufe der Kulturentwicklung progressiver gewesen; die einzelnen Fortschritte desselben wurden von der Religion sanktioniert; das Stück Triebbefriedigung, auf das man verzichtet hatte, wurde der Gottheit zum Opfer gebracht; das so erworbene Gemeingut für »heilig« erklärt. Wer kraft seiner unbeugsamen Konstitution diese Triebunterdrückung nicht mitmachen kann, steht der Gesellschaft als »Verbrecher«, als »*outlaw*« gegenüber, insofern nicht seine soziale Position und seine hervorragenden Fähigkeiten ihm gestatten, sich in ihr als großer Mann, als »Held« durchzusetzen.

Der Sexualtrieb – oder richtiger gesagt: die Sexualtriebe, denn eine analytische Untersuchung lehrt, daß der Sexualtrieb aus vielen Komponenten, Partialtrieben, zusammengesetzt ist – ist beim Menschen wahrscheinlich stärker ausgebildet als bei den meisten höheren Tieren und jedenfalls stetiger, da er die Periodizität fast völlig überwunden hat, an die er sich bei den Tieren gebunden zeigt. Er stellt der Kulturarbeit außerordentlich große Kraftmengen zur Verfügung, und dies zwar infolge der bei ihm besonders ausgeprägten Eigentümlichkeit, sein Ziel verschieben zu können, ohne wesentlich an Intensität abzunehmen. Man nennt diese Fähigkeit, das ursprünglich sexuelle Ziel gegen ein anderes, nicht mehr sexuelles, aber psychisch mit ihm verwandtes, zu vertauschen, die Fähigkeit zur *Sublimierung*. Im Gegensatze zu dieser Verschiebbarkeit, in welcher sein kultureller Wert besteht, kommt beim Sexualtrieb auch besonders hartnäckige Fixierung vor, durch die er unverwertbar wird und gelegentlich zu den sogenannten Abnormitaten entartet. Die ursprüngliche Stärke des Sexualtriebes ist wahrscheinlich bei den einzelnen Individuen verschieden groß; sicherlich schwankend ist der von ihm zur Sublimierung geeignete Betrag. Wir stellen uns vor, daß es zunächst durch die mitgebrachte Organisation entschieden ist, ein wie großer Anteil des Sexualtriebes sich beim einzelnen als sublimierbar und verwertbar erweisen wird; außerdem gelingt es den Einflüssen des Lebens und der intellektuellen Beeinflussung des seelischen Apparates, einen weiteren Anteil zur Sublimierung zu bringen. Ins Unbegrenzte fortzusetzen ist dieser Verschiebungsprozeß aber sicherlich nicht, sowenig wie die Umsetzung der Wärme in mechanische Arbeit bei unseren Maschinen. Ein gewisses Maß direkter sexueller Befriedigung scheint für die allermeisten Organisationen unerläßlich, und die Versagung dieses individuell variablen Maßes straft sich durch Erscheinungen, die wir infolge ihrer Funktionsschädlichkeit und ihres subjektiven Unlustcharakters zum Kranksein rechnen müssen.

Weitere Ausblicke eröffnen sich, wenn wir die Tatsache in Betracht ziehen, daß der Sexualtrieb des Menschen ursprünglich gar nicht den Zwecken der Fortpflanzung dient, sondern bestimmte Arten der Lustgewinnung zum Ziele hat.[1] Er äußert sich so in der Kindheit des Menschen, wo er sein Ziel der Lustgewinnung nicht nur an den Genitalien, sondern auch an anderen Körperstellen (erogenen Zonen) erreicht und darum von anderen als diesen bequemen Objekten absehen darf. Wir heißen dieses Stadium das des *Autoerotismus* und weisen der Erziehung die Aufgabe, es einzuschränken, zu, weil das Verweilen bei demselben den Sexualtrieb für später unbeherrschbar und unverwertbar machen würde. Die Entwicklung des Sexualtriebes geht dann vom Autoerotismus zur Objektliebe und von der Autonomie der erogenen Zonen zur Unterordnung derselben unter das Primat der in den Dienst der Fortpflanzung gestellten Genitalien. Während dieser Entwicklung wird ein Anteil der vom eigenen Körper gelieferten Sexualerregung als unbrauchbar für die Fortpflanzungsfunktion gehemmt und im günstigen Falle der Sublimierung zugeführt. Die für die Kulturarbeit verwertbaren Kräfte werden so zum großen Teile durch die Unterdrückung der sogenannt *perversen* Anteile der Sexualerregung gewonnen.

Mit Bezug auf diese Entwicklungsgeschichte des Sexualtriebes könnte man also drei Kulturstufen unterscheiden: eine erste, auf welcher die Betätigung des Sexualtriebes auch über die Ziele der Fortpflanzung hinaus frei ist; eine zweite, auf welcher alles am Sexualtrieb unterdrückt ist bis auf das, was der Fortpflanzung dient, und eine dritte, auf welcher nur die legitime Fortpflanzung als Sexualziel zugelassen wird. Dieser dritten Stufe entspricht unsere gegenwärtige »kulturelle« Sexualmoral.

Nimmt man die zweite dieser Stufen zum Niveau, so muß man zunächst konstatieren, daß eine Anzahl von Personen aus Gründen der Organisation den Anforderungen derselben nicht genügt. Bei

---

1 Drei Abhandlungen zur Sexualtheorie. Wien 1905. (Ges. Werke, Bd. V.)

ganzen Reihen von Individuen hat sich die erwähnte Entwicklung des Sexualtriebes vom Autoerotismus zur Objektliebe mit dem Ziel der Vereinigung der Genitalien nicht korrekt und nicht genug durchgreifend vollzogen, und aus diesen Entwicklungsstörungen ergeben sich zweierlei schädliche Abweichungen von der normalen, das heißt kulturförderlichen Sexualität, die sich zueinander nahezu wie positiv und negativ verhalten. Es sind dies zunächst – abgesehen von den Personen mit überstarkem und unhemmbarem Sexualtrieb überhaupt – die verschiedenen Gattungen der Perversen, bei denen eine infantile Fixierung auf ein vorläufiges Sexualziel das Primat der Fortpflanzungsfunktion aufgehalten hat, und die *Homosexuellen* oder *Invertierten*, bei denen auf noch nicht ganz aufgeklärte Weise das Sexualziel vom entgegengesetzten Geschlecht abgelenkt worden ist. Wenn die Schädlichkeit dieser beiden Arten von Entwicklungsstörung geringer ausfällt, als man hätte erwarten können, so ist diese Erleichterung gerade auf die komplexe Zusammensetzung des Sexualtriebes zurückzuführen, welche auch dann noch eine brauchbare Endgestaltung des Sexuallebens ermöglicht, wenn ein oder mehrere Komponenten des Triebes sich von der Entwicklung ausgeschlossen haben. Die Konstitution der von der Inversion Betroffenen, der Homosexuellen, zeichnet sich sogar häufig durch eine besondere Eignung des Sexualtriebes zur kulturellen Sublimierung aus.

Stärkere und zumal exklusive Ausbildungen der Perversionen und der Homosexualität machen allerdings deren Träger sozial unbrauchbar und unglücklich, so daß selbst die Kulturanforderungen der zweiten Stufe als eine Quelle des Leidens für einen gewissen Anteil der Menschheit anerkannt werden müssen. Das Schicksal dieser konstitutiv von den anderen abweichenden Personen ist ein mehrfaches, je nachdem sie einen absolut starken oder schwächeren Geschlechtstrieb mitbekommen haben. Im letzteren Falle, bei allgemein schwachem Sexualtrieb, gelingt den Perversen die völlige Unterdrückung jener Neigungen, welche sie in Konflikt mit der Moralforderung ihrer Kulturstufe bringen. Aber dies bleibt auch, ideell betrachtet, die einzige Leistung, die ihnen gelingt, denn für diese Unterdrückung ihrer sexuellen Triebe verbrauchen sie die Kräfte, die sie sonst an die Kulturarbeit wenden würden. Sie sind gleichsam in sich gehemmt und nach außen gelähmt. Es trifft für sie zu, was wir später von der Abstinenz der Männer und Frauen, die auf der dritten Kulturstufe gefordert wird, wiederholen werden.

Bei intensiverem, aber perversem Sexualtrieb sind zwei Fälle des Ausganges möglich. Der erste, weiter nicht zu betrachtende, ist der, daß die Betroffenen pervers bleiben und die Konsequenzen ihrer Abweichung vom Kulturniveau zu tragen haben. Der zweite Fall ist bei weitem interessanter – er besteht darin, daß unter dem Einflusse der Erziehung und der sozialen Anforderungen allerdings eine Unterdrückung der perversen Triebe erreicht wird, aber eine Art von Unterdrückung, die eigentlich keine solche ist, die besser als ein Mißglücken der Unterdrückung bezeichnet werden kann. Die gehemmten Sexualtriebe äußern sich zwar dann nicht als solche: darin besteht der Erfolg – aber sie äußern sich auf andere Weisen, die für das Individuum genau ebenso schädlich sind und es für die Gesellschaft ebenso unbrauchbar machen wie die unveränderte Befriedigung jener unterdrückten Triebe: darin liegt dann der Mißerfolg des Prozesses, der auf die Dauer den Erfolg mehr als bloß aufwiegt. Die Ersatzerscheinungen, die hier infolge der Triebunterdrückung auftreten, machen das aus, was wir als Nervosität, spezieller als Psychoneurosen (siehe eingangs) beschreiben. Die Neurotiker sind jene Klasse von Menschen, die es bei widerstrebender Organisation unter dem Einflusse der Kulturanforderungen zu einer nur scheinbaren und immer mehr mißglückenden Unterdrückung ihrer Triebe bringen und die darum ihre Mitarbeiterschaft an den Kulturwerken nur mit großem Kräfteaufwand, unter innerer Verarmung, aufrechterhalten oder zeitweise als Kranke aussetzen müssen. Die Neurosen aber habe ich als das »Negativ« der Perversionen bezeichnet, weil sich bei ihnen die perversen Regungen nach der Verdrängung aus dem Unbewußten des Seelischen äußern, weil sie dieselben Neigungen wie die positiv Perversen im »verdrängten« Zustand enthalten.

Die Erfahrung lehrt, daß es für die meisten Menschen eine Grenze gibt, über die hinaus ihre Konstitution der Kulturanforderung nicht folgen kann. Alle, die edler sein wollen, als ihre Konstitution es ihnen gestattet, verfallen der Neurose; sie hätten sich wohler befunden, wenn es ihnen möglich geblieben wäre, schlechter zu sein. Die

Einsicht, daß Perversion und Neurose sich wie positiv und negativ zueinander verhalten, findet oft eine unzweideutige Bekräftigung durch Beobachtung innerhalb der nämlichen Generation. Recht häufig ist von Geschwistern der Bruder ein sexuell Perverser, die Schwester, die mit dem schwächeren Sexualtrieb als Weib ausgestattet ist, eine Neurotika, deren Symptome aber dieselben Neigungen ausdrücken wie die Perversionen des sexuell aktiveren Bruders, und dementsprechend sind überhaupt in vielen Familien die Männer gesund, aber in sozial unerwünschtem Maße unmoralisch, die Frauen edel und überverfeinert, aber – schwer nervös.

Es ist eine der offenkundigen sozialen Ungerechtigkeiten, wenn der kulturelle Standard von allen Personen die nämliche Führung des Sexuallebens fordert, die den einen dank ihrer Organisation mühelos gelingt, während sie den anderen die schwersten psychischen Opfer auferlegt, eine Ungerechtigkeit freilich, die zumeist durch Nichtbefolgung der Moralvorschriften vereitelt wird.

Wir haben unseren Betrachtungen bisher die Forderung der zweiten von uns supponierten Kulturstufe zugrunde gelegt, derzufolge jede sogenannte perverse Sexualbetätigung verpönt, der normal genannte Sexualverkehr hingegen freigelassen wird. Wir haben gefunden, daß auch bei dieser Verteilung von sexueller Freiheit und Einschränkung eine Anzahl von Individuen als pervers beiseite geschoben, eine andere, die sich bemühen, nicht pervers zu sein, während sie es konstitutiv sein sollten, in die Nervosität gedrängt wird. Es ist nun leicht, den Erfolg vorherzusagen, der sich einstellen wird, wenn man die Sexualfreiheit weiter einschränkt und die Kulturforderung auf das Niveau der dritten Stufe erhöht, also jede andere Sexualbetätigung als die in legitimer Ehe verpönt. Die Zahl der Starken, die sich in offenen Gegensatz zur Kulturforderung stellen, wird in außerordentlichem Maße vermehrt werden, und ebenso die Zahl der Schwächeren, die sich in ihrem Konflikte zwischen dem Drängen der kulturellen Einflüsse und dem Widerstande ihrer Konstitution in neurotisches Kranksein – flüchten.

Setzen wir uns vor, drei hier entspringende Fragen zu beantworten: 1.) welche Aufgabe die Kulturforderung der dritten Stufe an den einzelnen stellt, 2.) ob die zugelassene legitime Sexualbefriedigung eine annehmbare Entschädigung für den sonstigen Verzicht zu bieten vermag, 3.) in welchem Verhältnisse die etwaigen Schädigungen durch diesen Verzicht zu dessen kulturellen Ausnützungen stehen.

Die Beantwortung der ersten Frage rührt an ein oftmals behandeltes, hier nicht zu erschöpfendes Problem, das der sexuellen Abstinenz. Was unsere dritte Kulturstufe von dem einzelnen fordert, ist die Abstinenz bis zur Ehe für beide Geschlechter, die lebenslange Abstinenz für alle solche, die keine legitime Ehe eingehen. Die allen Autoritäten genehme Behauptung, die sexuelle Abstinenz sei nicht schädlich und nicht gar schwer durchzuführen, ist vielfach auch von Ärzten vertreten worden. Man darf sagen, die Aufgabe der Bewältigung einer so mächtigen Regung wie des Sexualtriebes anders als auf dem Wege der Befriedigung ist eine, die alle Kräfte eines Menschen in Anspruch nehmen kann. Die Bewältigung durch Sublimierung, durch Ablenkung der sexuellen Triebkräfte vom sexuellen Ziele weg auf höhere kulturelle Ziele gelingt einer Minderzahl, und wohl auch dieser nur zeitweilig, am wenigsten leicht in der Lebenszeit feuriger Jugendkraft. Die meisten anderen werden neurotisch oder kommen sonst zu Schaden. Die Erfahrung zeigt, daß die Mehrzahl der unsere Gesellschaft zusammensetzenden Personen der Aufgabe der Abstinenz konstitutionell nicht gewachsen ist. Wer auch bei milderer Sexualeinschränkung erkrankt wäre, erkrankt unter den Anforderungen unserer heutigen kulturellen Sexualmoral um so eher und um so intensiver, denn gegen die Bedrohung des normalen Sexualstrebens durch fehlerhafte Anlagen und Entwicklungsstörungen kennen wir keine bessere Sicherung als die Sexualbefriedigung selbst. Je mehr jemand zur Neurose disponiert ist, desto schlechter verträgt er die Abstinenz; die Partialtriebe, die sich der normalen Entwicklung im oben niedergelegten Sinne entzogen haben, sind nämlich auch gleichzeitig um soviel unhemmbarer geworden. Aber auch diejenigen, welche bei den Anforderungen der zweiten Kulturstufe gesund geblieben wären, werden nun in großer Anzahl der Neurose zugeführt. Denn der psychische Wert der Sexualbefriedigung erhöht sich mit ihrer Versagung; die gestaute Libido wird nun in den Stand gesetzt, irgendeine der selten fehlenden schwächeren Stellen im Aufbau der Vita sexualis auszuspüren, um dort zur neurotischen Ersatzbefriedigung in Form

122

krankhafter Symptome durchzubrechen. Wer in die Bedingtheit nervöser Erkrankung einzudringen versteht, verschafft sich bald die Überzeugung, daß die Zunahme der nervösen Erkrankungen in unserer Gesellschaft von der Steigerung der sexuellen Einschränkung herrührt.

Wir rücken dann der Frage näher, ob nicht der Sexualverkehr in legitimer Ehe eine volle Entschädigung für die Einschränkung vor der Ehe bieten kann. Das Material zur verneinenden Beantwortung dieser Frage drängt sich da so reichlich auf, daß uns die knappste Fassung zur Pflicht wird. Wir erinnern vor allem daran, daß unsere kulturelle Sexualmoral auch den sexuellen Verkehr in der Ehe selbst beschränkt, indem sie den Eheleuten den Zwang auferlegt, sich mit einer meist sehr geringen Anzahl von Kinderzeugungen zu begnügen. Infolge dieser Rücksicht gibt es befriedigenden Sexualverkehr in der Ehe nur durch einige Jahre, natürlich noch mit Abzug der zur Schonung der Frau aus hygienischen Gründen erforderten Zeiten. Nach diesen drei, vier oder fünf Jahren versagt die Ehe, insofern sie die Befriedigung der sexuellen Bedürfnisse versprochen hat; denn alle Mittel, die sich bisher zur Verhütung der Konzeption ergeben haben, verkümmern den sexuellen Genuß, stören die feinere Empfindlichkeit beider Teile oder wirken selbst direkt krankmachend; mit der Angst vor den Folgen des Geschlechtsverkehres schwindet zuerst die körperliche Zärtlichkeit der Ehegatten füreinander, in weiterer Folge meist auch die seelische Zuneigung, die bestimmt war, das Erbe der anfänglichen stürmischen Leidenschaft zu übernehmen. Unter der seelischen Enttäuschung und körperlichen Entbehrung, die so das Schicksal der meisten Ehen wird, finden sich beide Teile auf den früheren Zustand vor der Ehe zurückversetzt, nur um eine Illusion verarmt und von neuem auf ihre Festigkeit, den Sexualtrieb zu beherrschen und abzulenken, angewiesen. Es soll nicht untersucht werden, inwieweit diese Aufgabe nun dem Manne im reiferen Lebensalter gelingt; erfahrungsgemäß bedient er sich nun recht häufig des Stückes Sexualfreiheit, welches ihm auch von der strengsten Sexualordnung, wenngleich nur stillschweigend und widerwillig, eingeräumt wird; die für den Mann in unserer Gesellschaft geltende »doppelte« Sexualmoral ist das beste Eingeständnis, daß die Gesellschaft selbst, welche die Vorschriften erlassen hat, nicht an deren Durchführbarkeit glaubt. Die Erfahrung zeigt aber auch, daß die Frauen, denen als den eigentlichen Trägerinnen der Sexualinteressen des Menschen die Gabe der Sublimierung des Triebes nur in geringem Maße zugeteilt ist, denen als Ersatz des Sexualobjektes zwar der Säugling, aber nicht das heranwachsende Kind genügt, daß die Frauen, sage ich, unter den Enttäuschungen der Ehe an schweren und das Leben dauernd trübenden Neurosen erkranken. Die Ehe hat unter den heutigen kulturellen Bedingungen längst aufgehört, das Allheilmittel gegen die nervösen Leiden des Weibes zu sein; und wenn wir Ärzte auch noch immer in solchen Fällen zu ihr raten, so wissen wir doch, daß im Gegenteil ein Mädchen recht gesund sein muß, um die Ehe zu »vertragen«, und raten unseren männlichen Klienten dringend ab, ein bereits vor der Ehe nervöses Mädchen zur Frau zu nehmen. Das Heilmittel gegen die aus der Ehe entspringende Nervosität wäre vielmehr die eheliche Untreue; je strenger eine Frau erzogen ist, je ernsthafter sie sich der Kulturforderung unterworfen hat, desto mehr fürchtet sie aber diesen Ausweg, und im Konflikte zwischen ihren Begierden und ihrem Pflichtgefühl sucht sie ihre Zuflucht wiederum – in der Neurose. Nichts anderes schützt ihre Tugend so sicher wie die Krankheit. Der eheliche Zustand, auf den der Sexualtrieb des Kulturmenschen während seiner Jugend vertröstet wurde, kann also die Anforderungen seiner eigenen Lebenszeit nicht decken; es ist keine Rede davon, daß er für den früheren Verzicht entschädigen könnte.

Auch wer diese Schädigungen durch die kulturelle Sexualmoral zugibt, kann zur Beantwortung unserer dritten Frage geltend machen, daß der kulturelle Gewinn aus der soweit getriebenen Sexualeinschränkung diese Leiden, die in schwerer Ausprägung doch nur eine Minderheit betreffen, wahrscheinlich mehr als bloß aufwiegt. Ich erkläre mich für unfähig, Gewinn und Verlust hier richtig gegeneinander abzuwägen, aber zur Einschätzung der Verlustseite könnte ich noch allerlei anführen. Auf das vorhin gestreifte Thema der Abstinenz zurückgreifend, muß ich behaupten, daß die Abstinenz noch andere Schädigungen bringt als die der Neurosen und daß diese Neurosen meist nicht nach ihrer vollen Bedeutung veranschlagt werden.

Die Verzögerung der Sexualentwicklung und Sexualbetätigung, welche unsere Erziehung und Kultur anstrebt, ist zunächst gewiß unschädlich; sie wird zur Notwendigkeit, wenn man in Betracht zieht, in wie späten Jahren erst die jungen Leute gebildeter Stände zu selbständiger Geltung und zum Erwerb zugelassen werden. Man wird hier übrigens an den intimen Zusammenhang aller unserer kulturellen Institutionen und an die Schwierigkeit gemahnt, ein Stück derselben ohne Rücksicht auf das Ganze abzuändern. Die Abstinenz weit über das zwanzigste Jahr hinaus ist aber für den jungen Mann nicht mehr unbedenklich und führt zu anderen Schädigungen, auch wo sie nicht zur Nervosität führt. Man sagt zwar, der Kampf mit dem mächtigen Triebe und die dabei erforderliche Betonung aller ethischen und ästhetischen Mächte im Seelenleben »stähle« den Charakter, und dies ist für einige besonders günstig organisierte Naturen richtig; zuzugeben ist auch, daß die in unserer Zeit so ausgeprägte Differenzierung der individuellen Charaktere erst mit der Sexualeinschränkung möglich geworden ist. Aber in der weitaus größeren Mehrheit der Fälle zehrt der Kampf gegen die Sinnlichkeit die verfügbare Energie des Charakters auf und dies gerade zu einer Zeit, in welcher der junge Mann all seiner Kräfte bedarf, um sich seinen Anteil und Platz in der Gesellschaft zu erobern. Das Verhältnis zwischen möglicher Sublimierung und notwendiger sexueller Betätigung schwankt natürlich sehr für die einzelnen Individuen und sogar für die verschiedenen Berufsarten. Ein abstinenter Künstler ist kaum recht möglich, ein abstinenter junger Gelehrter gewiß keine Seltenheit. Der letztere kann durch Enthaltsamkeit freie Kräfte für sein Studium gewinnen, beim ersteren wird wahrscheinlich seine künstlerische Leistung durch sein sexuelles Erleben mächtig angeregt werden. Im allgemeinen habe ich nicht den Eindruck gewonnen, daß die sexuelle Abstinenz energische, selbständige Männer der Tat oder originelle Denker, kühne Befreier und Reformer heranbilden helfe, weit häufiger brave Schwächlinge, welche später in die große Masse eintauchen, die den von starken Individuen gegebenen Impulsen widerstrebend zu folgen pflegt.

Daß der Sexualtrieb im ganzen sich eigenwillig und ungefügig benimmt, kommt auch in den Ergebnissen der Abstinenzbemühung

zum Ausdruck. Die Kulturerziehung strebe etwa nur seine zeit-
weilige Unterdrückung bis zur Eheschließung an und beabsichtige
ihn dann freizulassen, um sich seiner zu bedienen. Aber gegen den
Trieb gelingen die extremen Beeinflussungen leichter noch als die
Mäßigungen; die Unterdrückung ist sehr oft zu weit gegangen und
hat das unerwünschte Resultat ergeben, daß der Sexualtrieb nach
seiner Freilassung dauernd geschädigt erscheint. Darum ist oft
volle Abstinenz während der Jugendzeit nicht die beste Vorbereitung für die Ehe beim jungen Manne. Die Frauen ahnen dies und
ziehen unter ihren Bewerbern diejenigen vor, die sich schon bei anderen Frauen als Männer bewährt haben. Ganz besonders greifbar
sind die Schädigungen, welche durch die strenge Forderung der
Abstinenz bis zur Ehe am Wesen der Frau hervorgerufen werden.
Die Erziehung nimmt die Aufgabe, die Sinnlichkeit des Mädchens
bis zu seiner Verehelichung zu unterdrücken, offenbar nicht leicht,
denn sie arbeitet mit den schärfsten Mitteln. Sie untersagt nicht nur
den sexuellen Verkehr, setzt hohe Prämien auf die Erhaltung der
weiblichen Unschuld, sondern sie entzieht das reifende weibliche
Individuum auch der Versuchung, indem sie es in Unwissenheit
über alles Tatsächliche der ihm bestimmten Rolle erhält und keine
Liebesregung, die nicht zur Ehe führen kann, bei ihm duldet. Der
Erfolg ist, daß die Mädchen, wenn ihnen das Verlieben plötzlich
von den elterlichen Autoritäten gestattet wird, die psychische Leistung nicht zustande bringen und ihrer eigenen Gefühle unsicher
in die Ehe gehen. Infolge der künstlichen Verzögerung der Liebesfunktion bereiten sie dem Manne, der all sein Begehren für sie auf-
gespart hat, nur Enttäuschungen; mit ihren seelischen Gefühlen
hängen sie noch den Eltern an, deren Autorität die Sexualunterdrückung bei ihnen geschaffen hat, und im körperlichen Verhalten
zeigen sie sich frigid, was jeden höherwertigen Sexualgenuß beim
Manne verhindert. Ich weiß nicht, ob der Typus der anästhetischen
Frau auch außerhalb der Kulturerziehung vorkommt, halte es aber
für wahrscheinlich. Jedenfalls wird er durch die Erziehung geradezu gezüchtet, und diese Frauen, die ohne Lust empfangen, zeigen dann wenig Bereitwilligkeit, des öfteren mit Schmerzen zu ge-
bären. So werden durch die Vorbereitung zur Ehe die Zwecke der
Ehe selbst vereitelt; wenn dann die Entwicklungsverzögerung bei

der Frau überwunden ist und auf der Höhe ihrer weiblichen Existenz die volle Liebesfähigkeit bei ihr erwacht, ist ihr Verhältnis zum Ehemanne längst verdorben; es bleibt ihr als Lohn für ihre bisherige Gefügigkeit die Wahl zwischen ungestilltem Sehnen, Untreue oder Neurose.

Das sexuelle Verhalten eines Menschen ist oft *vorbildlich* für seine ganze sonstige Reaktionsweise in der Welt. Wer als Mann sein Sexualobjekt energisch erobert, dem trauen wir ähnliche rücksichtslose Energie auch in der Verfolgung anderer Ziele zu. Wer hingegen auf die Befriedigung seiner starken sexuellen Triebe aus allerlei Rücksichten verzichtet, der wird sich auch anderwärts im Leben eher konziliant und resigniert als tatkräftig benehmen. Eine spezielle Anwendung dieses Satzes von der Vorbildlichkeit des Sexuallebens für andere Funktionsausübung kann man leicht am ganzen Geschlechte der Frauen konstatieren. Die Erziehung versagt ihnen die intellektuelle Beschäftigung mit den Sexualproblemen, für die sie doch die größte Wißbegierde mitbringen, schreckt sie mit der Verurteilung, daß solche Wißbegierde unweiblich und Zeichen sündiger Veranlagung sei. Damit sind sie vom Denken überhaupt abgeschreckt, wird das Wissen für sie entwertet. Das Denkverbot greift über die sexuelle Sphäre hinaus, zum Teil infolge der unvermeidlichen Zusammenhänge, zum Teil automatisch, ganz ähnlich wie das religiöse Denkverbot bei Männern, das loyale bei braven Untertanen. Ich glaube nicht, daß der biologische Gegensatz zwischen intellektueller Arbeit und Geschlechtstätigkeit den »physiologischen Schwachsinn« der Frau erklärt, wie Moebius es in seiner vielfach widersprochenen Schrift dargetan hat. Dagegen meine ich, daß die unzweifelhafte Tatsache der intellektuellen Inferiorität so vieler Frauen auf die zur Sexualunterdrückung erforderliche Denkhemmung zurückzuführen ist.

Man unterscheidet viel zuwenig strenge, wenn man die Frage der Abstinenz behandelt, zwei Formen derselben, die Enthaltung von jeder Sexualbetätigung überhaupt und die Enthaltung vom sexuellen Verkehre mit dem anderen Geschlechte. Vielen Personen, die sich der gelungenen Abstinenz rühmen, ist dieselbe nur mit Hilfe der Masturbation und ähnlicher Befriedigungen möglich geworden, die an die autoerotischen Sexualtätigkeiten der frühen

Kindheit anknüpfen. Aber gerade dieser Beziehung wegen sind diese Ersatzmittel zur sexuellen Befriedigung keineswegs harmlos; sie disponieren zu den zahlreichen Formen von Neurosen und Psychosen, für welche die Rückbildung des Sexuallebens zu seinen infantilen Formen die Bedingung ist. Die Masturbation entspricht auch keineswegs den idealen Anforderungen der kulturellen Sexualmoral und treibt darum die jungen Menschen in die nämlichen Konflikte mit dem Erziehungsideale, denen sie durch die Abstinenz entgehen wollten. Sie verdirbt ferner den Charakter durch *Verwöhnung* auf mehr als eine Weise, erstens, indem sie bedeutsame Ziele mühelos, auf bequemen Wegen, anstatt durch energische Kraftanspannung erreichen lehrt, also nach dem Prinzipe der *sexuellen Vorbildlichkeit*, und zweitens, indem sie in den die Befriedigung begleitenden Phantasien das Sexualobjekt zu einer Vorzüglichkeit erhebt, die in der Realität nicht leicht wiedergefunden wird. Konnte doch ein geistreicher Schriftsteller (Karl Kraus in der Wiener »Fackel«), den Spieß umdrehend, die Wahrheit in dem Zynismus aussprechen: Der Koitus ist nur ein ungenügendes Surrogat für die Onanie!

Die Strenge der Kulturforderung und die Schwierigkeit der Abstinenzaufgabe haben zusammengewirkt, um die Vermeidung der Vereinigung der Genitalien verschiedener Geschlechter zum Kerne der Abstinenz zu machen und andere Arten der sexuellen Betätigung zu begünstigen, die sozusagen einem Halbgehorsam gleichkommen. Seitdem der normale Sexualverkehr von der Moral – und wegen der Infektionsmöglichkeiten auch von der Hygiene – so unerbittlich verfolgt wird, haben die sogenannten perversen Arten des Verkehrs zwischen beiden Geschlechtern, bei denen andere Körperstellen die Rolle der Genitalien übernehmen, an sozialer Bedeutung unzweifelhaft zugenommen. Diese Betätigungen können aber nicht so harmlos beurteilt werden wie analoge Überschreitungen im Liebesverkehre, sie sind ethisch verwerflich, da sie die Liebesbeziehungen zweier Menschen aus einer ernsten Sache zu einem bequemen Spiele ohne Gefahr und ohne seelische Beteiligung herabwürdigen. Als weitere Folge der Erschwerung des normalen Sexuallebens ist die Ausbreitung homosexueller Befriedigung anzuführen; zu all denen, die schon nach ihrer Organisation Homosexuelle sind oder in der Kindheit dazu wurden, kommt noch die große Anzahl jener hinzu, bei denen in reiferen Jahren wegen der Absperrung des Hauptstromes der Libido der homosexuelle Seitenarm breit geöffnet wird.

Alle diese unvermeidlichen und unbeabsichtigten Konsequenzen der Abstinenzforderung treffen in dem einen Gemeinsamen zusammen, daß sie die Vorbereitung für die Ehe gründlich verderben, die doch nach der Absicht der kulturellen Sexualmoral die alleinige Erbin der sexuellen Strebungen werden sollte. Alle die Männer, die infolge masturbatorischer oder perverser Sexualübung ihre Libido auf andere als die normalen Situationen und Bedingungen der Befriedigung eingestellt haben, entwickeln in der Ehe eine verminderte Potenz. Auch die Frauen, denen es nur durch ähnliche Hilfen möglich blieb, ihre Jungfräulichkeit zu bewahren, zeigen sich in der Ehe für den normalen Verkehr anästhetisch. Die mit herabgesetzter Liebesfähigkeit beider Teile begonnene Ehe verfällt dem Auflösungsprozesse nur noch rascher als eine andere. Infolge der geringen Potenz des Mannes wird die Frau nicht befriedigt, bleibt auch dann anästhetisch, wenn ihre aus der Erziehung mitgebrachte Disposition zur Frigidität durch mächtiges sexuelles Erleben überwindbar gewesen wäre. Ein solches Paar findet auch die Kinderverhütung schwieriger als ein gesundes, da die geschwächte Potenz des Mannes die Anwendung der Verhütungsmittel schlecht verträgt. In solcher Ratlosigkeit wird der sexuelle Verkehr als die Quelle aller Verlegenheiten bald aufgegeben und damit die Grundlage des Ehelebens verlassen.

Ich fordere alle Kundigen auf zu bestätigen, daß ich nicht übertreibe, sondern Verhältnisse schildere, die ebenso arg in beliebiger Häufigkeit zu beobachten sind. Es ist wirklich für den Uneingeweihten ganz unglaublich, wie selten sich normale Potenz beim Manne und wie häufig sich Frigidität bei der weiblichen Hälfte der Ehepaare findet, die unter der Herrschaft unserer kulturellen Sexualmoral stehen, mit welchen Entsagungen, oft für beide Teile, die Ehe verbunden ist und worauf das Eheleben, das so sehnsüchtig erstrebte Glück, sich einschränkt. Daß unter diesen Verhältnissen der Ausgang in Nervosität der nächstliegende ist, habe ich schon ausgeführt; ich will aber noch hinzusetzen, in welcher Weise eine solche Ehe auf die in ihr entsprungenen – einzigen oder wenig zahl-reichen – Kinder fortwirkt. Es kommt da der Anschein einer erb-lichen Übertragung zustande, der sich bei schärferem Zusehen in die Wirkung mächtiger infantiler Eindrücke auflöst. Die von ihrem Manne unbefriedigte neurotische Frau ist als Mutter überzärtlich und überängstlich gegen das Kind, auf das sie ihr Liebesbedürfnis überträgt, und weckt in demselben die sexuelle Frühreife. Das schlechte Einverständnis zwischen den Eltern reizt dann das Gefühlsleben des Kindes auf, läßt es im zartesten Alter Liebe, Haß und Eifersucht intensiv empfinden. Die strenge Erziehung, die kei-nerlei Betätigung des so früh geweckten Sexuallebens duldet, stellt die unterdrückende Macht bei, und dieser Konflikt in diesem Alter enthält alles, was es zur Verursachung der lebenslangen Nervosität bedarf.

Ich komme nun auf meine frühere Behauptung zurück, daß man bei der Beurteilung der Neurosen zumeist nicht deren volle Bedeutung in Betracht zieht. Ich meine damit nicht die Unterschätzung dieser Zustände, die sich in leichtsinnigem Beiseiteschieben von seiten der Angehörigen und in großtuerischen Versicherungen von seiten der Ärzte äußert, einige Wochen Kaltwasserkur oder einige Monate Ruhe und Erholung könnten den Zustand beseitigen. Das sind nur mehr Meinungen von ganz unwissenden Ärzten und Laien, zumeist nur Reden, dazu bestimmt, den Leidenden einen kurzlebigen Trost zu bieten. Es ist vielmehr bekannt, daß eine chronische Neurose, auch wenn sie die Existenzfähigkeit nicht völlig aufhebt, eine schwere Lebensbelastung des Individuums vorstellt, etwa im Range einer Tuberkulose oder eines Herzfehlers. Auch könnte man sich damit abfinden, wenn die neurotischen Erkrankungen etwa nur eine Anzahl von immerhin schwächeren Individuen von der Kultur-arbeit ausschließen und den anderen die Teilnahme daran um den Preis von bloß subjektiven Beschwerden gestatten würden. Ich möchte vielmehr auf den Gesichtspunkt aufmerksam machen, daß die Neurose, soweit sie reicht und bei wem immer sie sich findet, die Kulturabsicht zu vereiteln weiß und somit eigentlich die Arbeit der unterdrückten kulturfeindlichen Seelenkräfte besorgt, so daß die Gesellschaft nicht einen mit Opfern erkauften Gewinn, sondern gar keinen Gewinn verzeichnen darf, wenn sie die Gefügigkeit gegen ihre weitgehenden Vorschriften mit der Zunahme der Nervosität bezahlt. Gehen wir z. B. auf den so häufigen Fall einer Frau ein, die ihren Mann nicht liebt, weil sie nach den Bedingungen ihrer Eheschließung und den Erfahrungen ihres Ehelebens ihn zu lieben keinen Grund hat, die ihren Mann aber durchaus lieben möchte, weil dies allein dem Ideal der Ehe, zu dem sie erzogen wurde, entspricht. Sie wird dann alle Regungen in sich unterdrücken, die der Wahrheit Ausdruck geben wollen und ihrem Idealbestreben widersprechen, und wird besondere Mühe aufwenden, eine liebevolle, zärtliche und sorgsame Gattin zu spielen. Neurotische Erkrankung wird die Folge dieser Selbstunterdrückung sein, und diese Neurose wird binnen kurzer Zeit an dem ungeliebten Manne Rache genommen haben und bei ihm genausoviel Unbefriedigung und Sorge hervorrufen, als sich nur aus dem Eingeständnisse des wahren Sachverhaltes ergeben hätte. Dieses Beispiel ist für die Leistungen der Neurose geradezu typisch. Ein ähnliches Mißlingen der Kompensation beobachtet man auch nach der Unterdrückung anderer, nicht direkt sexueller, kulturfeindlicher Regungen. Wer z. B. in der gewaltsamen Unterdrückung einer konstitutionellen Neigung zur Härte und Grausamkeit ein *Überguter* geworden ist, dem wird häufig dabei so viel an Energie entzogen, daß er nicht alles ausführt, was seinen Kompensationsregungen entspricht, und im ganzen doch eher weniger an Gutem leistet, als er ohne Unterdrückung zustande gebracht hätte.

Nehmen wir noch hinzu, daß mit der Einschränkung der sexuellen Betätigung bei einem Volke ganz allgemein eine Zunahme der Lebensängstlichkeit und der Todesangst einhergeht, welche die Genußfähigkeit der einzelnen stört und ihre Bereitwilligkeit, für irgendwelche Ziele den Tod auf sich zu nehmen, aufhebt, welche sich in der verminderten Neigung zur Kinderzeugung äußert, und dieses Volk oder diese Gruppe von Menschen vom Anteile an der Zukunft ausschließt, so darf man wohl die Frage aufwerfen, ob unsere »kulturelle« Sexualmoral der Opfer wert ist, welche sie uns auferlegt, zumal, wenn man sich vom Hedonismus nicht genug frei gemacht hat, um nicht ein gewisses Maß von individueller Glücksbefriedigung unter die Ziele unserer Kulturentwicklung aufzunehmen. Es ist gewiß nicht Sache des Arztes, selbst mit Reformvorschlägen hervorzutreten; ich meinte aber, ich könnte die Dringlichkeit solcher unterstützen, wenn ich die v. Ehrenfelssche Darstellung der Schädigungen durch unsere »kulturelle« Sexualmoral um den Hinweis auf deren Bedeutung für die Ausbreitung der modernen Nervosität erweitere.

ZEITGEMÄSSES
ÜBER KRIEG UND TOD

(1915)

ZEITGEMÄSSES ÜBER KRIEG UND TOD

I
Die Enttäuschung des Krieges

Von dem Wirbel dieser Kriegszeit gepackt, einseitig unterrichtet, ohne Distanz von den großen Veränderungen, die sich bereits vollzogen haben oder zu vollziehen beginnen, und ohne Witterung der sich gestaltenden Zukunft, werden wir selbst irre an der Bedeutung der Eindrücke, die sich uns aufdrängen, und an dem Werte der Urteile, die wir bilden. Es will uns scheinen, als hätte noch niemals ein Ereignis so viel kostbares Gemeingut der Menschheit zerstört, so viele der klarsten Intelligenzen verwirrt, so gründlich das Hohe erniedrigt. Selbst die Wissenschaft hat ihre leidenschaftslose Unparteilichkeit verloren; ihre aufs tiefste erbitterten Diener suchen ihr Waffen zu entnehmen, um einen Beitrag zur Bekämpfung des Feindes zu leisten. Der Anthropologe muß den Gegner für minderwertig und degeneriert erklären, der Psychiater die Diagnose seiner Geistes- oder Seelenstörung verkünden. Aber wahrscheinlich empfinden wir das Böse dieser Zeit unmäßig stark und haben kein Recht, es mit dem Bösen anderer Zeiten zu vergleichen, die wir nicht erlebt haben.

Der einzelne, der nicht selbst ein Kämpfer und somit ein Partikelchen der riesigen Kriegsmaschinerie geworden ist, fühlt sich in seiner Orientierung verwirrt und in seiner Leistungsfähigkeit gehemmt. Ich meine, ihm wird jeder kleine Wink willkommen sein, der es ihm erleichtert, sich wenigstens in seinem eignen Innern zurechtzufinden. Unter den Momenten, welche das seelische Elend der Daheimgebliebenen verschuldet haben und deren Bewältigung ihnen so schwierige Aufgaben stellt, möchte ich zwei hervorheben und an dieser Stelle behandeln: die Enttäuschung, die dieser Krieg hervorgerufen hat, und die veränderte Einstellung zum Tode, zu der er uns – wie alle anderen Kriege – nötigt.

Wenn ich von Enttäuschung rede, weiß jedermann sofort, was damit gemeint ist. Man braucht kein Mitleidsschwärmer zu sein, man kann die biologische und psychologische Notwendigkeit des Leidens für die Ökonomie des Menschenlebens einsehen und darf doch den Krieg in seinen Mitteln und Zielen verurteilen und das Aufhören der Kriege herbeisehnen. Man sagte sich zwar, die Kriege könnten nicht aufhören, solange die Völker unter so verschiedenartigen Existenzbedingungen leben, solange die Wertungen des Einzellebens bei ihnen weit auseinandergehen und solange die Gehässigkeiten, welche sie trennen, so starke seelische Triebkräfte repräsentieren. Man war also darauf vorbereitet, daß Kriege zwischen den primitiven und den zivilisierten Völkern, zwischen den Menschenrassen, die durch die Hautfarbe voneinander geschieden werden, ja Kriege mit und unter den wenig entwickelten oder verwilderten Völkerindividuen Europas die Menschheit noch durch geraume Zeit in Anspruch nehmen werden. Aber man getraute sich etwas anderes zu hoffen. Von den großen weltbeherrschenden Nationen weißer Rasse, denen die Führung des Menschengeschlechtes zugefallen ist, die man mit der Pflege weltumspannender Interessen beschäftigt wußte, deren Schöpfungen die technischen Fortschritte in der Beherrschung der Natur wie die künstlerischen und wissenschaftlichen Kulturwerte sind, von diesen Völkern hatte man erwartet, daß sie es verstehen würden, Mißhelligkeiten und Interessenkonflikte auf anderem Wege zum Austrage zu bringen. Innerhalb jeder dieser Nationen waren hohe sittliche Normen für den einzelnen aufgestellt worden, nach denen er seine Lebensführung einzurichten hatte, wenn er an der Kulturgemeinschaft teilnehmen wollte. Diese oft überstrengen Vorschriften forderten viel von ihm, eine ausgiebige Selbstbeschränkung, einen weitgehenden Verzicht auf Triebbefriedigung. Es war ihm vor allem versagt, sich der außerordentlichen Vorteile zu bedienen, die der Gebrauch von Lüge und Betrug im Wettkampfe mit den Nebenmenschen schafft. Der Kulturstaat hielt diese sittlichen Normen für die Grundlage seines Bestandes, er schritt ernsthaft ein, wenn man sie anzutasten wagte, erklärte es oft für untunlich, sie auch nur einer Prüfung durch den kritischen Verstand zu unterziehen. Es war also anzunehmen, daß er sie selbst respektieren wolle und nichts gegen sie zu unternehmen gedenke, wodurch er der Begründung seiner eigenen Existenz widersprochen hätte. Endlich konnte man zwar die

Wahrnehmung machen, daß es innerhalb dieser Kulturnationen gewisse eingesprengte Völkerreste gäbe, die ganz allgemein unliebsam wären und darum nur widerwillig, auch nicht im vollen Umfange, zur Teilnahme an der gemeinsamen Kulturarbeit zugelassen würden, für die sie sich als genug geeignet erwiesen hatten. Aber die großen Völker selbst, konnte man meinen, hätten so viel Verständnis für ihre Gemeinsamkeiten und so viel Toleranz für ihre Verschiedenheiten erworben, daß »fremd« und »feindlich« nicht mehr wie noch im klassischen Altertume für sie zu einem Begriffe verschmelzen durften.

Vertrauend auf diese Einigung der Kulturvölker haben ungezählte Menschen ihren Wohnort in der Heimat gegen den Aufenthalt in der Fremde eingetauscht und ihre Existenz an die Verkehrsbeziehungen zwischen den befreundeten Völkern geknüpft. Wen aber die Not des Lebens nicht ständig an die nämliche Stelle bannte, der konnte sich aus allen Vorzügen und Reizen der Kulturländer ein neues, größeres Vaterland zusammensetzen, in dem er sich ungehemmt und unverdächtigt erging. Er genoß so das blaue und das graue Meer, die Schönheit der Schneeberge und die der grünen Wiesenflächen, den Zauber des nordischen Waldes und die Pracht der südlichen Vegetation, die Stimmung der Landschaften, auf denen große historische Erinnerungen ruhen, und die Stille der unberührten Natur. Dies neue Vaterland war für ihn auch ein Museum, erfüllt mit allen Schätzen, welche die Künstler der Kulturmenschheit seit vielen Jahrhunderten geschaffen und hinterlassen hatten. Während er von einem Saale dieses Museums in einen andern wanderte, konnte er in parteiloser Anerkennung feststellen, was für verschiedene Typen von Vollkommenheit Blutmischung, Geschichte und die Eigenart der Mutter Erde an seinen weiteren Kompatrioten ausgebildet hatten. Hier war die kühle unbeugsame Energie aufs höchste entwickelt, dort die graziöse Kunst, das Leben zu verschönern, anderswo der Sinn für Ordnung und Gesetz oder andere der Eigenschaften, die den Menschen zum Herrn der Erde gemacht haben.

Vergessen wir auch nicht, daß jeder Kulturweltbürger sich einen besonderen »Parnaß« und eine »Schule von Athen« geschaffen hatte. Unter den großen Denkern, Dichtern, Künstlern aller Nationen hatte er die ausgewählt, denen er das Beste zu schulden vermeinte, was ihm an Lebensgenuß und Lebensverständnis zugänglich geworden war, und sie den unsterblichen Alten in seiner Verehrung zugesellt wie den vertrauten Meistern seiner eigenen Zunge. Keiner von diesen Großen war ihm darum fremd erschienen, weil er in anderer Sprache geredet hatte, weder der unvergleichliche Ergründer der menschlichen Leidenschaften noch der schönheitstrunkene Schwärmer oder der gewaltig drohende Prophet, der feinsinnige Spötter, und niemals warf er sich dabei vor, abtrünnig geworden zu sein der eigenen Nation und der geliebten Muttersprache.

Der Genuß der Kulturgemeinschaft wurde gelegentlich durch Stimmen gestört, welche warnten, daß infolge altüberkommener Differenzen Kriege auch unter den Mitgliedern derselben unvermeidlich wären. Man wollte nicht daran glauben, aber wie stellte man sich einen solchen Krieg vor, wenn es dazu kommen sollte? Als eine Gelegenheit, die Fortschritte im Gemeingefühle der Menschen aufzuzeigen seit jener Zeit, da die griechischen Amphiktyonien verboten hatten, eine dem Bündnisse angehörige Stadt zu zerstören, ihre Ölbäume umzuhauen und ihr das Wasser abzuschneiden. Als einen ritterlichen Waffengang, der sich darauf beschränken wollte, die Überlegenheit des einen Teiles festzustellen, unter möglichster Vermeidung schwerer Leiden, die zu dieser Entscheidung nichts beitragen könnten, mit voller Schonung für den Verwundeten, der aus dem Kampfe ausscheiden muß, und für den Arzt und Pfleger, der sich seiner Herstellung widmet. Natürlich mit allen Rücksichten für den nicht kriegführenden Teil der Bevölkerung, für die Frauen, die dem Kriegshandwerk ferne bleiben, und für die Kinder, die, herangewachsen, einander von beiden Seiten Freunde und Mithelfer werden sollen. Auch mit Erhaltung all der internationalen Unternehmungen und Institutionen, in denen sich die Kulturgemeinschaft der Friedenszeit verkörpert hatte.

Ein solcher Krieg hätte immer noch genug des Schrecklichen und schwer zu Ertragenden enthalten, aber er hätte die Entwicklung ethischer Beziehungen zwischen den Großindividuen der Menschheit, den Völkern und Staaten, nicht unterbrochen.

Der Krieg, an den wir nicht glauben wollten, brach nun aus, und er brachte die – Enttäuschung. Er ist nicht nur blutiger und verlustreicher als einer der Kriege vorher, infolge der mächtig vervollkommneten Waffen des Angriffes und der Verteidigung, sondern mindestens ebenso grausam, erbittert, schonungslos wie irgendein früherer. Er setzt sich über alle Einschränkungen hinaus, zu denen man sich in friedlichen Zeiten verpflichtet, die man das Völkerrecht genannt hatte, anerkennt nicht die Vorrechte des Verwundeten und des Arztes, die Unterscheidung des friedlichen und des kämpfenden Teiles der Bevölkerung, die Ansprüche des Privateigentums. Er wirft nieder, was ihm im Wege steht, in blinder Wut, als sollte es keine Zukunft und keinen Frieden unter den Menschen nach ihm geben. Er zerreißt alle Bande der Gemeinschaft unter den miteinander ringenden Völkern und droht eine Erbitterung zu hinterlassen, welche eine Wiederanknüpfung derselben für lange Zeit unmöglich machen wird.

Er brachte auch das kaum begreifliche Phänomen zum Vorscheine, daß die Kulturvölker einander so wenig kennen und verstehen, daß sich das eine mit Haß und Abscheu gegen das andere wenden kann. Ja, daß eine der großen Kulturnationen so allgemein mißliebig ist, daß der Versuch gewagt werden kann, sie als »barbarisch« von der Kulturgemeinschaft auszuschließen, obwohl sie ihre Eignung durch die großartigsten Beitragsleistungen längst erwiesen hat. Wir leben der Hoffnung, eine unparteiische Geschichtsschreibung werde den Nachweis erbringen, daß gerade diese Nation, die, in deren Sprache wir schreiben, für deren Sieg unsere Lieben kämpfen, sich am wenigsten gegen die Gesetze der menschlichen Gesittung vergangen habe, aber wer darf in solcher Zeit als Richter auftreten in eigener Sache?

Völker werden ungefähr durch die Staaten, die sie bilden, repräsentiert; diese Staaten durch die Regierungen, die sie leiten. Der einzelne Volksangehörige kann in diesem Kriege mit Schrecken feststellen, was sich ihm gelegentlich schon in Friedenszeiten aufdrängen wollte, daß der Staat dem einzelnen den Gebrauch des Unrechts untersagt hat, nicht weil er es abschaffen, sondern weil er es monopolisieren will wie Salz und Tabak. Der kriegführende Staat gibt sich jedes Unrecht, jede Gewalttätigkeit frei, die den einzelnen entehren würde. Er bedient sich nicht nur der erlaubten List, sondern auch der bewußten Lüge und des absichtlichen Betruges gegen den Feind, und dies zwar in einem Maße, welches das in früheren Kriegen Gebräuchliche zu übersteigen scheint. Der Staat fordert das Äußerste an Gehorsam und Aufopferung von seinen Bürgern, entmündigt sie aber dabei durch ein Übermaß von Verheimlichung und eine Zensur der Mitteilung und Meinungsäußerung, welche die Stimmung der so intellektuell Unterdrückten wehrlos macht gegen jede ungünstige Situation und jedes wüste Gerücht. Er löst sich los von Zusicherungen und Verträgen, durch die er sich gegen andere Staaten gebunden hatte, bekennt sich ungescheut zu seiner Habgier und seinem Machtstreben, die dann der einzelne aus Patriotismus gutheißen soll.

Man wende nicht ein, daß der Staat auf den Gebrauch des Unrechts nicht verzichten kann, weil er sich dadurch in Nachteil setzte. Auch für den einzelnen ist die Befolgung der sittlichen Normen, der Verzicht auf brutale Machtbetätigung in der Regel sehr unvorteilhaft, und der Staat zeigt sich nur selten dazu fähig, den einzelnen für das Opfer zu entschädigen, das er von ihm gefordert hat. Man darf sich auch nicht darüber verwundern, daß die Lockerung aller sittlichen Beziehungen zwischen den Großindividuen der Menschheit eine Rückwirkung auf die Sittlichkeit der einzelnen geäußert hat, denn unser Gewissen ist nicht der unbeugsame Richter, für den die Ethiker es ausgeben, es ist in seinem Ursprunge »*soziale Angst*« und nichts anderes. Wo die Gemeinschaft den Vorwurf aufhebt, hört auch die Unterdrückung der bösen Gelüste auf, und die Menschen begehen Taten von Grausamkeit, Tücke, Verrat und Roheit, deren Möglichkeit man mit ihrem kulturellen Niveau für unvereinbar gehalten hätte.

So mag der Kulturweltbürger, den ich vorhin eingeführt habe, ratlos dastehen in der ihm fremd gewordenen Welt, sein großes Vaterland zerfallen, die gemeinsamen Besitztümer verwüstet, die Mitbürger entzweit und erniedrigt!

Zur Kritik seiner Enttäuschung wäre einiges zu bemerken. Sie ist, strenge genommen, nicht berechtigt, denn sie besteht in der Zerstörung einer Illusion. Illusionen empfehlen sich uns dadurch, daß sie Unlustgefühle ersparen und uns an ihrer Statt Befriedigungen genießen lassen. Wir müssen es dann ohne Klage hinnehmen, daß sie irgend einmal mit einem Stücke der Wirklichkeit zusammenstoßen, an dem sie zerschellen.

Zweierlei in diesem Kriege hat unsere Enttäuschung regegemacht: die geringe Sittlichkeit der Staaten nach außen, die sich nach innen als die Wächter der sittlichen Normen gebärden, und die Brutalität im Benehmen der einzelnen, denen man als Teilnehmer an der höchsten menschlichen Kultur ähnliches nicht zugetraut hat.

Beginnen wir mit dem zweiten Punkte und versuchen wir es, die Anschauung, die wir kritisieren wollen, in einen einzigen knappen Satz zu fassen. Wie stellt man sich denn eigentlich den Vorgang vor, durch welchen ein einzelner Mensch zu einer höheren Stufe von Sittlichkeit gelangt? Die erste Antwort wird wohl lauten: Er ist eben von Geburt und von Anfang an gut und edel. Sie soll hier weiter nicht berücksichtigt werden. Eine zweite Antwort wird auf die Anregung eingehen, daß hier ein Entwicklungsvorgang vorliegen müsse, und wird wohl annehmen, diese Entwicklung bestehe darin, daß die bösen Neigungen des Menschen in ihm ausgerottet und unter dem Einflusse von Erziehung und Kulturumgebung durch Neigungen zum Guten ersetzt werden. Dann darf man sich allerdings verwundern, daß bei dem so Erzogenen das Böse wieder so tatkräftig zum Vorschein kommt.

Aber diese Antwort enthält auch den Satz, dem wir widersprechen wollen. In Wirklichkeit gibt es keine »Ausrottung« des Bösen. Die psychologische – im strengeren Sinne die psychoanalytische – Untersuchung zeigt vielmehr, daß das tiefste Wesen des Menschen in Triebregungen besteht, die elementarer Natur, bei allen Menschen gleichartig sind und auf die Befriedigung gewisser ursprünglicher Bedürfnisse zielen. Diese Triebregungen sind an sich weder gut noch böse. Wir klassifizieren sie und ihre Äußerungen in solcher Weise, je nach ihrer Beziehung zu den Bedürfnissen und Anforderungen der menschlichen Gemeinschaft. Zuzugeben ist, daß alle die Regungen, welche von der Gesellschaft als böse verpönt werden – nehmen wir als Vertretung derselben die eigensüchtigen und die grausamen – sich unter diesen primitiven befinden.

Diese primitiven Regungen legen einen langen Entwicklungsweg zurück, bis sie zur Betätigung beim Erwachsenen zugelassen werden. Sie werden gehemmt, auf andere Ziele und Gebiete gelenkt, gehen Verschmelzungen miteinander ein, wechseln ihre Objekte, wenden sich zum Teil gegen die eigene Person. Reaktionsbildungen gegen gewisse Triebe täuschen die inhaltliche Verwandlung derselben vor, als ob aus Egoismus – Altruismus, aus Grausamkeit – Mitleid geworden wäre. Diesen Reaktionsbildungen kommt zugute, daß manche Triebregungen fast von Anfang an in Gegensatzpaaren auftreten, ein sehr merkwürdiges und der populären Kenntnis fremdes Verhältnis, das man die »Gefühlsambivalenz« benannt hat. Am leichtesten zu beobachten und vom Verständnis zu bewältigen ist die Tatsache, daß starkes Lieben und starkes Hassen so häufig miteinander bei derselben Person vereint vorkommen. Die Psychoanalyse fügt dem zu, daß die beiden entgegengesetzten Gefühlsregungen nicht selten auch die nämliche Person zum Objekte nehmen.

Erst nach Überwindung all solcher »Triebschicksale« stellt sich das heraus, was man den Charakter eines Menschen nennt und was mit »gut« oder »böse« bekanntlich nur sehr unzureichend klassifiziert werden kann. Der Mensch ist selten im ganzen gut oder böse, meist »gut« in dieser Relation, »böse« in einer anderen oder »gut« unter solchen äußeren Bedingungen, unter anderen entschieden »böse«. Interessant ist die Erfahrung, daß die kindliche Präexistenz starker »böser« Regungen oft geradezu die Bedingung wird für eine besonders deutliche Wendung des Erwachsenen zum »Guten«. Die stärksten kindlichen Egoisten können die hilfreichsten und aufopferungsfähigsten Bürger werden; die meisten Mitleidsschwärmer, Menschenfreunde, Tierschützer haben sich aus kleinen Sadisten und Tierquälern entwickelt.

Die Umbildung der »bösen« Triebe ist das Werk zweier im gleichen Sinne wirkenden Faktoren, eines inneren und eines äußeren. Der innere Faktor besteht in der Beeinflussung der bösen – sagen wir: eigensüchtigen – Triebe durch die Erotik, das Liebesbedürfnis des Menschen im weitesten Sinne genommen. Durch die Zumischung der *erotischen* Komponenten werden die eigensüchtigen Triebe in *soziale* umgewandelt. Man lernt das Geliebtwerden als einen Vorteil schätzen, wegen dessen man auf andere Vorteile verzichten darf. Der äußere Faktor ist der Zwang der Erziehung, welche die Ansprüche der kulturellen Umgebung vertritt und die dann durch die direkte Einwirkung des Kulturmilieus fortgesetzt wird. Kultur ist durch Verzicht auf Triebbefriedigung gewonnen worden und fordert von jedem neu Ankommenden, daß er denselben Triebverzicht leiste. Während des individuellen Lebens findet eine beständige Umsetzung von äußerem Zwange in inneren Zwang statt. Die Kultureinflüsse leiten dazu an, daß immer mehr von den eigensüchtigen Strebungen durch erotische Zusätze in altruistische, soziale verwandelt werden. Man darf endlich annehmen, daß aller innere Zwang, der sich in der Entwicklung des Menschen geltend macht, ursprünglich, d. h. in der *Menschheitsgeschichte* nur äußerer Zwang war. Die Menschen, die heute geboren werden, bringen ein Stück Neigung (Disposition) zur Umwandlung der egoistischen in soziale Triebe als ererbte Organisation mit, die auf leichte Anstöße hin diese Umwandlung durchführt. Ein anderes Stück dieser Triebumwandlung muß im Leben selbst geleistet werden. In solcher Art steht der einzelne Mensch nicht nur unter der Einwirkung seines gegenwärtigen Kulturmilieus, sondern unterliegt auch dem Einflusse der Kulturgeschichte seiner Vorfahren.

Heißen wir die einem Menschen zukommende Fähigkeit zur Umbildung der egoistischen Triebe unter dem Einflusse der Erotik seine *Kultureignung*, so können wir aussagen, daß dieselbe aus zwei Anteilen besteht, einem angeborenen und einem im Leben erworbenen, und daß das Verhältnis der beiden zueinander und zu dem unverwandelt gebliebenen Anteile des Trieblebens ein sehr variables ist.

Im allgemeinen sind wir geneigt, den angeborenen Anteil zu hoch zu veranschlagen, und überdies laufen wir Gefahr, die gesamte Kultureignung in ihrem Verhältnisse zum primitiv gebliebenen Triebleben zu überschätzen, d. h. wir werden dazu verleitet, die Menschen »besser« zu beurteilen, als sie in Wirklichkeit sind. Es besteht nämlich noch ein anderes Moment, welches unser Urteil trübt und das Ergebnis im günstigen Sinne verfälscht.

Die Triebregungen eines anderen Menschen sind unserer Wahrnehmung natürlich entrückt. Wir schließen auf sie aus seinen Handlungen und seinem Benehmen, welche wir auf *Motive* aus seinem Triebleben zurückführen. Ein solcher Schluß geht notwendigerweise in einer Anzahl von Fällen irre. Die nämlichen, kulturell »gu-

ten« Handlungen können das einemal von »edlen« Motiven her-
stammen, das anderemal nicht. Die theoretischen Ethiker heißen
nur solche Handlungen »gut«, welche der Ausdruck guter Triebregungen sind, den anderen versagen sie ihre Anerkennung. Die von
praktischen Absichten geleitete Gesellschaft kümmert sich aber im
ganzen um diese Unterscheidung nicht; sie begnügt sich damit, daß
ein Mensch sein Benehmen und seine Handlungen nach den kulturellen Vorschriften richte, und fragt wenig nach seinen Motiven.
Wir haben gehört, daß der *äußere Zwang*, den Erziehung und Umgebung auf den Menschen üben, eine weitere Umbildung seines
Trieblebens zum Guten, eine Wendung vom Egoismus zum Altruismus herbeiführt. Aber dies ist nicht die notwendige oder regelmäßige Wirkung des äußeren Zwanges. Erziehung und Umgebung haben nicht nur Liebesprämien anzubieten, sondern arbeiten auch mit
Vorteilsprämien anderer Art, mit Lohn und Strafen. Sie können also
die Wirkung äußern, daß der ihrem Einflusse Unterliegende sich
zum guten Handeln im kulturellen Sinne entschließt, ohne daß sich
eine Triebveredlung, eine Umsetzung egoistischer in soziale Neigungen, in ihm vollzogen hat. Der Erfolg wird im groben derselbe
sein; erst unter besonderen Verhältnissen wird es sich zeigen, daß
der eine immer gut handelt, weil ihn seine Triebneigungen dazu nö-
tigen, der andere nur gut ist, weil, insolange und insoweit dies kulturelle Verhalten seinen eigensüchtigen Absichten Vorteile bringt.
Wir aber werden bei oberflächlicher Bekanntschaft mit den einzelnen kein Mittel haben, die beiden Fälle zu unterscheiden, und gewiß
durch unseren Optimismus verführt werden, die Anzahl der kulturell veränderten Menschen arg zu überschätzen.
Die Kulturgesellschaft, die die gute Handlung fordert und sich um
die Triebbegründung derselben nicht kümmert, hat also eine große
Zahl von Menschen zum Kulturgehorsam gewonnen, die dabei
nicht ihrer Natur folgen. Durch diesen Erfolg ermutigt, hat sie sich
verleiten lassen, die sittlichen Anforderungen möglichst hoch zu
spannen und so ihre Teilnehmer zu noch weiterer Entfernung von
ihrer Triebveranlagung gezwungen. Diesen ist nun eine fortgesetzte
Triebunterdrückung auferlegt, deren Spannung sich in den merk-
würdigsten Reaktions- und Kompensationserscheinungen kund-
gibt. Auf dem Gebiete der Sexualität, wo solche Unterdrückung

am wenigsten durchzuführen ist, kommt es so zu den Reaktionser-
scheinungen der neurotischen Erkrankungen. Der sonstige Druck
der Kultur zeitigt zwar keine pathologische[n] Folgen, äußert sich
aber in Charakterverbildungen und in der steten Bereitschaft der
gehemmten Triebe, bei passender Gelegenheit zur Befriedigung
durchzubrechen. Wer so genötigt wird, dauernd im Sinne von Vorschriften zu reagieren, die nicht der Ausdruck seiner Triebneigungen sind, der lebt, psychologisch verstanden, über seine Mittel und
darf objektiv als Heuchler bezeichnet werden, gleichgültig ob ihm
diese Differenz klar bewußt worden ist oder nicht. Es ist unleugbar,
daß unsere gegenwärtige Kultur die Ausbildung dieser Art von
Heuchelei in außerordentlichem Umfange begünstigt. Man könnte
die Behauptung wagen, sie sei auf solcher Heuchelei aufgebaut, und
müßte sich tiefgreifende Abänderungen gefallen lassen, wenn es die
Menschen unternehmen würden, der psychologischen Wahrheit
nachzuleben. Es gibt also ungleich mehr Kulturheuchler als wirklich kulturelle Menschen, ja man kann den Standpunkt diskutieren,
ob ein gewisses Maß von Kulturheuchelei nicht zur Aufrechterhaltung der Kultur unerläßlich sei, weil die bereits organisierte Kultureignung der heute lebenden Menschen vielleicht für diese Leistung
nicht zureichen würde. Anderseits bietet die Aufrechterhaltung der
Kultur auch auf so bedenklicher Grundlage die Aussicht, bei jeder
neuen Generation eine weitergehende Triebumbildung als Trägerin
einer besseren Kultur anzubahnen.
Den bisherigen Erörterungen entnehmen wir bereits den einen
Trost, daß unsere Kränkung und schmerzliche Enttäuschung wegen
des unkulturellen Benehmens unserer Weltmitbürger in diesem
Kriege unberechtigt waren. Sie beruhten auf einer Illusion, der wir
uns gefangen gaben. In Wirklichkeit sind sie nicht so tief gesunken,
wie wir fürchten, weil sie gar nicht so hoch gestiegen waren, wie
wir's von ihnen glaubten. Daß die menschlichen Großindividuen,
die Völker und Staaten, die sittlichen Beschränkungen gegeneinander fallenließen, wurde ihnen zur begreiflichen Anregung, sich für
eine Weile dem bestehenden Drucke der Kultur zu entziehen und
ihren zurückgehaltenen Trieben vorübergehend Befriedigung zu
gönnen. Dabei geschah ihrer relativen Sittlichkeit innerhalb ihres
Volkstumes wahrscheinlich kein Abbruch.

Wir können uns aber das Verständnis der Veränderung, die der Krieg an unseren früheren Kompatrioten zeigt, noch vertiefen und empfangen dabei eine Warnung, kein Unrecht an ihnen zu begehen. Seelische Entwicklungen besitzen nämlich eine Eigentümlichkeit, welche sich bei keinem anderen Entwicklungsvorgang mehr vorfindet. Wenn ein Dorf zur Stadt, ein Kind zum Manne heranwächst, so gehen dabei Dorf und Kind in Stadt und Mann unter. Nur die Erinnerung kann die alten Züge in das neue Bild einzeichnen; in Wirklichkeit sind die alten Materialien oder Formen beseitigt und durch neue ersetzt worden. Anders geht es bei einer seelischen Entwicklung zu. Man kann den nicht zu vergleichenden Sachverhalt nicht anders beschreiben als durch die Behauptung, daß jede frühere Entwicklungsstufe neben der späteren, die aus ihr geworden ist, erhalten bleibt; die Sukzession bedingt eine Koexistenz mit, obwohl es doch dieselben Materialien sind, an denen die ganze Reihenfolge von Veränderungen abgelaufen ist. Der frühere seelische Zustand mag sich jahrelang nicht geäußert haben, er bleibt doch so weit bestehen, daß er eines Tages wiederum die Äußerungsform der seelischen Kräfte werden kann, und zwar die einzige, als ob alle späteren Entwicklungen annulliert, rückgängig gemacht worden wären. Diese außerordentliche Plastizität der seelischen Entwicklungen ist in ihrer Richtung nicht unbeschränkt; man kann sie als eine besondere Fähigkeit zur Rückbildung – Regression – bezeichnen, denn es kommt wohl vor, daß eine spätere und höhere Entwicklungsstufe, die verlassen wurde, nicht wieder erreicht werden kann. Aber die primitiven Zustände können immer wiederhergestellt werden; das primitive Seelische ist im vollsten Sinne unvergänglich.

Die sogenannten Geisteskrankheiten müssen beim Laien den Eindruck hervorrufen, daß das Geistes- und Seelenleben der Zerstörung anheimgefallen sei. In Wirklichkeit betrifft die Zerstörung nur spätere Erwerbungen und Entwicklungen. Das Wesen der Geisteskrankheit besteht in der Rückkehr zu früheren Zuständen des Affektlebens und der Funktion. Ein ausgezeichnetes Beispiel für die Plastizität des Seelenlebens gibt der Schlafzustand, den wir allnächtlich anstreben. Seitdem wir auch tolle und verworrene Träume zu übersetzen verstehen, wissen wir, daß wir mit jedem Einschlafen unsere mühsam erworbene Sittlichkeit wie ein Gewand von uns werfen – um es am Morgen wieder anzutun. Diese Entblößung ist natürlich ungefährlich, weil wir durch den Schlafzustand gelähmt, zur Inaktivität verurteilt sind. Nur der Traum kann von der Regression unseres Gefühlslebens auf eine der frühesten Entwicklungsstufen Kunde geben. So ist es z. B. bemerkenswert, daß alle unsere Träume von rein egoistischen Motiven beherrscht werden. Einer meiner englischen Freunde vertrat diesen Satz vor einer wissenschaftlichen Versammlung in Amerika, worauf ihm eine anwesende Dame die Bemerkung machte, das möge vielleicht für Österreich richtig sein, aber sie dürfe von sich und ihren Freunden behaupten, daß sie auch noch im Traume altruistisch fühlen. Mein Freund, obwohl selbst ein Angehöriger der englischen Rasse, mußte auf Grund seiner eigenen Erfahrungen in der Traumanalyse der Dame energisch widersprechen: Im Traume sei auch die edle Amerikanerin ebenso egoistisch wie der Österreicher.

Es kann also auch die Triebumbildung, auf welcher unsere Kultureignung beruht, durch Einwirkungen des Lebens – dauernd oder zeitweilig – rückgängig gemacht werden. Ohne Zweifel gehören die Einflüsse des Krieges zu den Mächten, welche solche Rückbildung erzeugen können, und darum brauchen wir nicht allen jenen, die sich gegenwärtig unkulturell benehmen, die Kultureignung abzusprechen, und dürfen erwarten, daß sich ihre Triebveredlung in ruhigeren Zeiten wiederherstellen wird.

Vielleicht hat uns aber ein anderes Symptom bei unseren Weltmitbürgern nicht weniger überrascht und geschreckt als das so schmerzlich empfundene Herabsinken von ihrer ethischen Höhe. Ich meine die Einsichtslosigkeit, die sich bei den besten Köpfen zeigt, ihre Verstocktheit, Unzugänglichkeit gegen die eindringlichsten Argumente, ihre kritiklose Leichtgläubigkeit für die anfechtbarsten Behauptungen. Dies ergibt freilich ein trauriges Bild, und ich will ausdrücklich betonen, daß ich keineswegs als verblendeter Parteigänger alle intellektuellen Verfehlungen nur auf einer der beiden Seiten finde. Allein diese Erscheinung ist noch leichter zu erklären und weit weniger bedenklich als die vorhin gewürdigte. Menschenkenner und Philosophen haben uns längst belehrt, daß wir Unrecht daran tun, unsere Intelligenz als selbständige Macht zu schätzen und ihre Abhängigkeit vom Gefühlsleben zu übersehen.

Unser Intellekt könne nur verläßlich arbeiten, wenn er den Einwirkungen starker Gefühlsregungen entrückt sei; im gegenteiligen
Falle benehme er sich einfach wie ein Instrument zuhanden eines
Willens und liefere das Resultat, das ihm von diesem aufgetragen sei.
Logische Argumente seien also ohnmächtig gegen affektive Interessen, und darum sei das Streiten mit Gründen, die nach Falstaffs
Wort so gemein sind wie Brombeeren, in der Welt der Interessen so
unfruchtbar. Die psychoanalytische Erfahrung hat diese Behauptung womöglich noch unterstrichen. Sie kann alle Tage zeigen,
daß sich die scharfsinnigsten Menschen plötzlich einsichtslos wie
Schwachsinnige benehmen, sobald die verlangte Einsicht einem Ge-
fühlswiderstand bei ihnen begegnet, aber auch alles Verständnis
wiedererlangen, wenn dieser Widerstand überwunden ist. Die logische Verblendung, die dieser Krieg oft gerade bei den besten unserer
Mitbürger hervorgezaubert hat, ist also ein sekundäres Phänomen,
eine Folge der Gefühlserregung, und hoffentlich dazu bestimmt,
mit ihr zu verschwinden.

Wenn wir solcherart unsere uns entfremdeten Mitbürger wieder
verstehen, werden wir die Enttäuschung, die uns die Großindividuen der Menschheit, die Völker, bereitet haben, um vieles leichter
ertragen, denn an diese dürfen wir nur weit bescheidenere Ansprüche stellen. Dieselben wiederholen vielleicht die Entwicklung der
Individuen und treten uns heute noch auf sehr primitiven Stufen der
Organisation, der Bildung höherer Einheiten, entgegen. Dementsprechend ist das erziehliche Moment des äußeren Zwanges zur Sittlichkeit, welches wir beim einzelnen so wirksam fanden, bei ihnen
noch kaum nachweisbar. Wir hatten zwar gehofft, daß die großartige, durch Verkehr und Produktion hergestellte Interessengemeinschaft den Anfang eines solchen Zwanges ergeben werde, allein es
scheint, die Völker gehorchen ihren Leidenschaften derzeit weit
mehr als ihren Interessen. Sie bedienen sich höchstens der Interessen, um die Leidenschaften zu *rationalisieren*; sie schieben ihre
Interessen vor, um die Befriedigung ihrer Leidenschaften begrün-
den zu können. Warum die Völkerindividuen einander eigentlich
geringschätzen, hassen, verabscheuen, und zwar auch in Friedenszeiten, und jede Nation die andere, das ist freilich rätselhaft. Ich
weiß es nicht zu sagen. Es ist in diesem Falle geradeso, als ob sich alle

sittlichen Erwerbungen der einzelnen auslöschten, wenn man eine Mehrheit oder gar Millionen Menschen zusammennimmt, und nur die primitivsten, ältesten und rohesten seelischen Einstellungen übrigblieben. An diesen bedauerlichen Verhältnissen werden vielleicht erst späte Entwicklungen etwas ändern können. Aber etwas mehr Wahrhaftigkeit und Aufrichtigkeit allerseits, in den Beziehungen der Menschen zueinander und zwischen ihnen und den sie Regierenden, dürfte auch für diese Umwandlung die Wege ebnen.

II
Unser Verhältnis zum Tode

Das zweite Moment, von dem ich es ableite, daß wir uns so befremdet fühlen in dieser einst so schönen und trauten Welt, ist die Störung des bisher von uns festgehaltenen Verhältnisses zum Tode.

Dies Verhältnis war kein aufrichtiges. Wenn man uns anhörte, so waren wir natürlich bereit zu vertreten, daß der Tod der notwendige Ausgang alles Lebens sei, daß jeder von uns der Natur einen Tod schulde und vorbereitet sein müsse, die Schuld zu bezahlen, kurz, daß der Tod natürlich sei, unableugbar und unvermeidlich. In Wirklichkeit pflegten wir uns aber zu benehmen, als ob es anders wäre. Wir haben die unverkennbare Tendenz gezeigt, den Tod beiseite zu schieben, ihn aus dem Leben zu eliminieren. Wir haben versucht, ihn totzuschweigen; wir besitzen ja auch das Sprichwort: man denke an etwas wie an den Tod. Wie an den eigenen natürlich. Der eigene Tod ist ja auch unvorstellbar, und sooft wir den Versuch dazu machen, können wir bemerken, daß wir eigentlich als Zuschauer weiter dabeibleiben. So konnte in der psychoanalytischen Schule der Ausspruch gewagt werden: Im Grunde glaube niemand an seinen eigenen Tod oder, was dasselbe ist: im Unbewußten sei jeder von uns von seiner Unsterblichkeit überzeugt.

Was den Tod eines anderen betrifft, so wird der Kulturmensch es sorgfältig vermeiden, von dieser Möglichkeit zu sprechen, wenn der zum Tode Bestimmte es hören kann. Nur Kinder setzen sich über diese Beschränkung hinweg; sie drohen einander ungescheut mit

den Chancen des Sterbens und bringen es auch zustande, einem geliebten Person dergleichen ins Gesicht zu sagen, wie z. B.: Liebe
Mama, wenn du leider gestorben sein wirst, werde ich dies oder
jenes. Der erwachsene Kultivierte wird den Tod eines anderen auch
nicht gern in seine Gedanken einsetzen, ohne sich hart oder böse zu
erscheinen; es sei denn, daß er berufsmäßig als Arzt, Advokat u. dgl.
mit dem Tode zu tun habe. Am wenigsten wird er sich gestatten, an
den Tod des anderen zu denken, wenn mit diesem Ereignis ein Gewinn an Freiheit, Besitz, Stellung verbunden ist. Natürlich lassen
sich Todesfälle durch dies unser Zartgefühl nicht zurückhalten;
wenn sie sich ereignet haben, sind wir jedesmal tief ergriffen und wie
in unseren Erwartungen erschüttert. Wir betonen regelmäßig die
zufällige Veranlassung des Todes, den Unfall, die Erkrankung, die
Infektion, das hohe Alter, und verraten so unser Bestreben, den Tod
von einer Notwendigkeit zu einer Zufälligkeit herabzudrücken.
Eine Häufung von Todesfällen erscheint uns als etwas überaus
Schreckliches. Dem Verstorbenen selbst bringen wir ein besonderes
Verhalten entgegen, fast wie eine Bewunderung für einen, der etwas
sehr Schwieriges zustande gebracht hat. Wir stellen die Kritik gegen
ihn ein, sehen ihm sein etwaiges Unrecht nach, geben den Befehl
aus: *de mortuis nil nisi bene*[1], und finden es gerechtfertigt, daß man
ihm in der Leichenrede und auf dem Grabsteine das Vorteilhafteste
nachrühmt. Die Rücksicht auf den Toten, deren er doch nicht mehr
bedarf, steht uns über der Wahrheit, den meisten von uns gewiß
auch über der Rücksicht für den Lebenden.
Diese kulturell-konventionelle Einstellung gegen den Tod ergänzt
sich nun durch unseren völligen Zusammenbruch, wenn das Sterben
eine der uns nahestehenden Personen, einen Eltern- oder Gattenteil,
ein Geschwister, Kind oder teuren Freund getroffen hat. Wir begraben mit ihm unsere Hoffnungen, Ansprüche, Genüsse, lassen uns
nicht trösten und weigern uns, den Verlorenen zu ersetzen. Wir benehmen uns dann wie eine Art von Asra, welche *mitsterben, wenn
die sterben, die sie lieben.*
Dies unser Verhältnis zum Tode hat aber eine starke Wirkung auf
unser Leben. Das Leben verarmt, es verliert an Interesse, wenn der

---

1 [»Über die Toten soll man nur gut sprechen.«]

höchste Einsatz in den Lebensspielen, eben das Leben selbst, nicht gewagt werden darf. Es wird so schal, gehaltlos wie etwa ein amerikanischer Flirt, bei dem es von vornherein feststeht, daß nichts vorfallen darf, zum Unterschied von einer kontinentalen Liebesbeziehung, bei welcher beide Partner stets der ernsten Konsequenzen eingedenk bleiben müssen. Unsere Gefühlsbindungen, die unerträgliche Intensität unserer Trauer, machen uns abgeneigt, für uns und die unserigen Gefahren aufzusuchen. Wir getrauen uns nicht, eine Anzahl von Unternehmungen in Betracht zu ziehen, die gefährlich, aber eigentlich unerläßlich sind wie Flugversuche, Expeditionen in ferne Länder, Experimente mit explodierbaren Substanzen. Uns lähmt dabei das Bedenken, wer der Mutter den Sohn, der Gattin den Mann, den Kindern den Vater ersetzen soll, wenn ein Unglück geschieht. Die Neigung, den Tod aus der Lebensrechnung auszuschließen, hat so viele andere Verzichte und Ausschließungen im Gefolge. Und doch hat der Wahlspruch der Hansa gelautet: *Navigare necesse est, vivere non necesse!* Seefahren muß man, leben muß man nicht.

Es kann dann nicht anders kommen, als daß wir in der Welt der Fiktion, in der Literatur, im Theater Ersatz suchen für die Einbuße des Lebens. Dort finden wir noch Menschen, die zu sterben verstehen, ja, die es auch zustande bringen, einen anderen zu töten. Dort allein erfüllt sich uns auch die Bedingung, unter welcher wir uns mit dem Tode versöhnen könnten, wenn wir nämlich hinter allen Wechselfällen des Lebens noch ein unantastbares Leben übrigbehielten. Es ist doch zu traurig, daß es im Leben zugehen kann wie im Schachspiel, wo ein falscher Zug uns zwingen kann, die Partie verloren zu geben, mit dem Unterschiede aber, daß wir keine zweite, keine Revanchepartie beginnen können. Auf dem Gebiete der Fiktion finden wir jene Mehrheit von Leben, deren wir bedürfen. Wir sterben in der Identifizierung mit dem einen Helden, überleben ihn aber doch und sind bereit, ebenso ungeschädigt ein zweites Mal mit einem anderen Helden zu sterben.

Es ist evident, daß der Krieg diese konventionelle Behandlung des Todes hinwegfegen muß. Der Tod läßt sich jetzt nicht mehr verleugnen; man muß an ihn glauben. Die Menschen sterben wirklich, auch nicht mehr einzeln, sondern viele, oft Zehntausende an einem

Tage. Es ist auch kein Zufall mehr. Es scheint freilich noch zufällig, ob diese Kugel den einen trifft oder den anderen; aber diesen anderen mag leicht eine zweite Kugel treffen, die Häufung macht dem Eindruck des Zufälligen ein Ende. Das Leben ist freilich wieder interessant geworden, es hat seinen vollen Inhalt wiederbekommen.

Man müßte hier eine Scheidung in zwei Gruppen vornehmen, diejenigen, die selbst im Kampfe ihr Leben preisgeben, trennen von den anderen, die zu Hause geblieben sind und nur zu erwarten haben, einen ihrer Lieben an den Tod durch Verletzung, Krankheit oder Infektion zu verlieren. Es wäre gewiß sehr interessant, die Veränderungen in der Psychologie der Kämpfer zu studieren, aber ich weiß zuwenig darüber. Wir müssen uns an die zweite Gruppe halten, zu der wir selbst gehören. Ich sagte schon, daß ich meine, die Verwirrung und die Lähmung unserer Leistungsfähigkeit, unter denen wir leiden, seien wesentlich mitbestimmt durch den Umstand, daß wir unser bisheriges Verhältnis zum Tode nicht aufrechthalten können und ein neues noch nicht gefunden haben. Vielleicht hilft es uns dazu, wenn wir unsere psychologische Untersuchung auf zwei andere Beziehungen zum Tode richten, auf jene, die wir dem Urmenschen, dem Menschen der Vorzeit, zuschreiben dürfen, und jene andere, die in jedem von uns noch erhalten ist, aber sich unsichtbar für unser Bewußtsein in tieferen Schichten unseres Seelenlebens verbirgt.

Wie sich der Mensch der Vorzeit gegen den Tod verhalten, wissen wir natürlich nur durch Rückschlüsse und Konstruktionen, aber ich meine, daß diese Mittel uns ziemlich vertrauenswürdige Auskünfte ergeben haben.

Der Urmensch hat sich in sehr merkwürdiger Weise zum Tode eingestellt. Gar nicht einheitlich, vielmehr recht widerspruchsvoll. Er hat einerseits den Tod ernst genommen, ihn als Aufhebung des Lebens anerkannt und sich seiner in diesem Sinne bedient, anderseits aber auch den Tod geleugnet, ihn zu nichts herabgedrückt. Dieser Widerspruch wurde durch den Umstand ermöglicht, daß er zum Tode des anderen, des Fremden, des Feindes, eine radikal andere Stellung einnahm als zu seinem eigenen. Der Tod des anderen war ihm recht, galt ihm als Vernichtung des Verhaßten, und der Urmensch kannte kein Bedenken, ihn herbeizuführen. Er war gewiß

ein sehr leidenschaftliches Wesen, grausamer und bösartiger als andere Tiere. Er mordete gerne und wie selbstverständlich. Den Instinkt, der andere Tiere davon abhalten soll, Wesen der gleichen Art zu töten und zu verzehren, brauchen wir ihm nicht zuzuschreiben.
Die Urgeschichte der Menschheit ist denn auch vom Morde erfüllt. Noch heute ist das, was unsere Kinder in der Schule als Weltgeschichte lernen, im wesentlichen eine Reihenfolge von Völkermorden. Das dunkle Schuldgefühl, unter dem die Menschheit seit Urzeiten steht, das sich in manchen Religionen zur Annahme einer *Urschuld*, einer Erbsünde, verdichtet hat, ist wahrscheinlich der Ausdruck einer Blutschuld, mit welcher sich die urzeitliche Menschheit beladen hat. Ich habe in meinem Buche *Totem und Tabu* (1913), den Winken von W. Robertson Smith, Atkinson und Ch. Darwin folgend, die Natur dieser alten Schuld erraten wollen und meine, daß noch die heutige christliche Lehre uns den Rückschluß auf sie ermöglicht. Wenn Gottes Sohn sein Leben opfern mußte, um die Menschheit von der Erbsünde zu erlösen, so muß nach der Regel der Talion, der Vergeltung durch Gleiches, diese Sünde eine Tötung, ein Mord gewesen sein. Nur dies konnte zu seiner Sühne das Opfer eines Lebens erfordern. Und wenn die Erbsünde ein Verschulden gegen Gott-Vater war, so muß das älteste Verbrechen der Menschheit ein Vatermord gewesen sein, die Tötung des Urvaters der primitiven Menschenhorde, dessen Erinnerungsbild später zur Gottheit verklärt wurde.[1]
Der eigene Tod war dem Urmenschen gewiß ebenso unvorstellbar und unwirklich wie heute noch jedem von uns. Es ergab sich aber für ihn ein Fall, in dem die beiden gegensätzlichen Einstellungen zum Tode zusammenstießen und in Konflikt miteinander gerieten, und dieser Fall wurde sehr bedeutsam und reich an fernwirkenden Folgen. Er ereignete sich, wenn der Urmensch einen seiner Angehörigen sterben sah, sein Weib, sein Kind, seinen Freund, die er sicherlich ähnlich liebte wie wir die unseren, denn die Liebe kann nicht um vieles jünger sein als die Mordlust. Da mußte er in seinem Schmerz

---

1 Vgl. »Die infantile Wiederkehr des Totemismus« (die letzte Abhandlung in »Totem und Tabu«).

die Erfahrung machen, daß man auch selbst sterben könne, und sein ganzes Wesen empörte sich gegen dieses Zugeständnis; jeder dieser Lieben war ja doch ein Stück seines eigenen geliebten Ichs. Anderseits war ihm ein solcher Tod doch auch recht, denn in jeder der geliebten Personen stak auch ein Stück Fremdheit. Das Gesetz der Gefühlsambivalenz, das heute noch unsere Gefühlsbeziehungen zu den von uns geliebtesten Personen beherrscht, galt in Urzeiten gewiß noch uneingeschränkter. Somit waren diese geliebten Verstorbenen doch auch Fremde und Feinde gewesen, die einen Anteil von feindseligen Gefühlen bei ihm hervorgerufen hatten.[1]

Die Philosophen haben behauptet, das intellektuelle Rätsel, welches das Bild des Todes dem Urmenschen aufgab, habe sein Nachdenken erzwungen und sei der Ausgang jeder Spekulation geworden. Ich glaube, die Philosophen denken da zu – philosophisch, nehmen zuwenig Rücksicht auf die primär wirksamen Motive. Ich möchte darum die obige Behauptung einschränken und korrigieren: An der Leiche des erschlagenen Feindes wird der Urmensch triumphiert haben, ohne einen Anlaß zu finden, sich den Kopf über die Rätsel des Lebens und Todes zu zerbrechen. Nicht das intellektuelle Rätsel und nicht jeder Todesfall, sondern der Gefühlskonflikt beim Tode geliebter und dabei doch auch fremder und gehaßter Personen hat die Forschung der Menschen entbunden. Aus diesem Gefühlskonflikt wurde zunächst die Psychologie geboren. Der Mensch konnte den Tod nicht mehr von sich fernhalten, da er ihn in dem Schmerz um den Verstorbenen verkostet hatte, aber er wollte ihn doch nicht zugestehen, da er sich selbst nicht tot vorstellen konnte. So ließ er sich auf Kompromisse ein, gab den Tod auch für sich zu, bestritt ihm aber die Bedeutung der Lebensvernichtung, wofür ihm beim Tode des Feindes jedes Motiv gefehlt hatte. An der Leiche der geliebten Person ersann er die Geister, und sein Schuldbewußtsein ob der Befriedigung, die der Trauer beigemengt war, bewirkte, daß diese erstgeschaffenen Geister böse Dämonen wurden, vor denen man sich ängstigen mußte. Die [physischen] Veränderungen des To-

---

1 Siehe »Tabu und Ambivalenz« (die zweite Abhandlung in »Totem und Tabu«).

des legten ihm die Zerlegung des Individuums in einen Leib und in eine – ursprünglich mehrere – Seelen nahe; in solcher Weise ging sein Gedankengang dem Zersetzungsprozeß, den der Tod einleitet, parallel. Die fortdauernde Erinnerung an den Verstorbenen wurde die Grundlage der Annahme anderer Existenzformen, gab ihm die Idee eines Fortlebens nach dem anscheinenden Tode.

Diese späteren Existenzen waren anfänglich nur Anhängsel an die durch den Tod abgeschlossene, schattenhaft, inhaltsleer und bis in späte Zeiten hinauf geringgeschätzt; sie trugen noch den Charakter kümmerlicher Auskünfte. Wir erinnern, was die Seele des Achilleus dem Odysseus erwidert:

»Denn dich Lebenden einst verehrten wir, gleich den Göttern,
Argos Söhn'; und jetzo gebietest du mächtig den Geistern,
Wohnend allhier. Drum laß dich den Tod nicht reuen,
                                        Achilleus.«
Also ich selbst; und sogleich antwortet' er, solches erwidernd:
»Nicht mir rede vom Tod ein Trostwort, edler Odysseus!
Lieber ja wollt' ich das Feld als Tagelöhner bestellen
Einem dürftigen Mann, ohn' Erb' und eigenen Wohlstand,
Als die sämtliche Schar der geschwundenen Toten beherrschen.«
                                        (Odyssee XI v. 484–491.)

Oder in der kraftvollen, bitter-parodistischen Fassung von H. Heine

Der kleinste lebendige Philister
Zu Stuckert am Neckar, viel glücklicher ist er
Als ich, der Pelide, der tote Held,
Der Schattenfürst in der Unterwelt.

Erst später brachten es die Religionen zustande, diese Nachexistenz für die wertvollere, vollgültige auszugeben und das durch den Tod abgeschlossene Leben zu einer bloßen Vorbereitung herabzudrükken. Es war dann nur konsequent, wenn man auch das Leben in die Vergangenheit verlängerte, die früheren Existenzen, die Seelenwanderung und Wiedergeburt ersann, alles in der Absicht, dem Tode seine Bedeutung als Aufhebung des Lebens zu rauben. So frühzeitig hat die Verleugnung des Todes, die wir als konventionell-kulturell bezeichnet haben, ihren Anfang genommen.

An der Leiche der geliebten Person entstanden nicht nur die Seelen-lehre, der Unsterblichkeitsglaube und eine mächtige Wurzel des menschlichen Schuldbewußtseins, sondern auch die ersten ethi-schen Gebote. Das erste und bedeutsamste Verbot des erwachenden Gewissens lautete: *Du sollst nicht töten.* Es war als Reaktion gegen die hinter der Trauer versteckte Haßbefriedigung am geliebten To-ten gewonnen worden und wurde allmählich auf den ungeliebten Fremden und endlich auch auf den Feind ausgedehnt.

An letzterer Stelle wird es vom Kulturmenschen nicht mehr ver-spürt. Wenn das wilde Ringen dieses Krieges seine Entscheidung gefunden hat, wird jeder der siegreichen Kämpfer froh in sein Heim zurückkehren, zu seinem Weibe und Kindern, unverweilt und un-gestört durch Gedanken an die Feinde, die er im Nahkampfe oder durch die fernwirkende Waffe getötet hat. Es ist bemerkenswert, daß sich die primitiven Völker, die noch auf der Erde leben und dem Urmenschen gewiß näher stehen als wir, in diesem Punkte anders verhalten – oder verhalten haben, solange sie noch nicht den Einfluß unserer Kultur erfahren hatten. Der Wilde – Australier, Busch-mann, Feuerländer – ist keinesfalls ein reueloser Mörder; wenn er als Sieger vom Kriegspfade heimkehrt, darf er sein Dorf nicht betre-ten und sein Weib nicht berühren, ehe er seine kriegerischen Mord-taten durch oft langwierige und mühselige Bußen gesühnt hat. Na-türlich liegt die Erklärung aus seinem Aberglauben nahe; der Wilde fürchtet noch die Geisterrache der Erschlagenen. Aber die Geister der erschlagenen Feinde sind nichts anderes als der Ausdruck seines bösen Gewissens ob seiner Blutschuld; hinter diesem Aberglauben verbirgt sich ein Stück ethischer Feinfühligkeit, welches uns Kultur-menschen verlorengegangen ist.[1]

Fromme Seelen, welche unser Wesen gerne von der Berührung mit Bösem und Gemeinem ferne wissen möchten, werden gewiß nicht versäumen, aus der Frühzeitigkeit und Eindringlichkeit des Mord-verbotes befriedigende Schlüsse zu ziehen auf die Stärke ethischer Regungen, welche uns eingepflanzt sein müssen. Leider beweist die-ses Argument noch mehr für das Gegenteil. Ein so starkes Verbot kann sich nur gegen einen ebenso starken Impuls richten. Was kei-

---

1 Siehe »Totem und Tabu«.

nes Menschen Seele begehrt, braucht man nicht zu verbieten[1], es schließt sich von selbst aus. Gerade die Betonung des Gebotes: Du sollst nicht töten, macht uns sicher, daß wir von einer unendlich langen Generationsreihe von Mördern abstammen, denen die Mordlust, wie vielleicht noch uns selbst, im Blute lag. Die ethischen Strebungen der Menschheit, an deren Stärke und Bedeutsamkeit man nicht zu nörgeln braucht, sind ein Erwerb der Menschengeschichte; in leider sehr wechselndem Ausmaße sind sie dann zum ererbten Besitze der heute lebenden Menschheit geworden.

Verlassen wir nun den Urmenschen und wenden wir uns dem Unbewußten im eigenen Seelenleben zu. Wir fußen hier ganz auf der Untersuchungsmethode der Psychoanalyse, der einzigen, die in solche Tiefen reicht. Wir fragen: Wie verhält sich unser Unbewußtes zum Problem des Todes? Die Antwort muß lauten: fast genauso wie der Urmensch. In dieser wie in vielen anderen Hinsichten lebt der Mensch der Vorzeit ungeändert in unserem Unbewußten fort. Also unser Unbewußtes glaubt nicht an den eigenen Tod, es gebärdet sich wie unsterblich. Was wir unser »Unbewußtes« heißen, die tiefsten, aus Triebregungen bestehenden Schichten unserer Seele, kennt überhaupt nichts Negatives, keine Verneinung – Gegensätze fallen in ihm zusammen – und kennt darum auch nicht den eigenen Tod, dem wir nur einen negativen Inhalt geben können. Dem Todesglauben kommt also nichts Triebhaftes in uns entgegen. Vielleicht ist dies sogar das Geheimnis des Heldentums. Die rationelle Begründung des Heldentums ruht auf dem Urteile, daß das eigene Leben nicht so wertvoll sein kann wie gewisse abstrakte und allgemeine Güter. Aber ich meine, häufiger dürfte das instinktive und impulsive Heldentum sein, welches von solcher Motivierung absieht und einfach nach der Zusicherung des Anzengruberschen Steinklopferhanns: *Es kann dir nix g'scheh'n*, den Gefahren trotzt. Oder jene Motivierung dient nur dazu, die Bedenken wegzuräumen, welche die dem Unbewußten entsprechende heldenhafte Reaktion hintanhalten können. Die Todesangst, unter deren Herrschaft wir häufiger stehen, als wir selbst wissen, ist dagegen etwas Sekundäres und meist aus Schuldbewußtsein hervorgegangen.

---

1 Vgl. die glänzende Argumentation von Frazer (Freud »Totem und Tabu«).

Anderseits anerkennen wir den Tod für Fremde und Feinde, und verhängen ihn über sie ebenso bereitwillig und unbedenklich wie der Urmensch. Hier zeigt sich freilich ein Unterschied, den man in der Wirklichkeit für entscheidend erklären wird. Unser Unbewußtes führt die Tötung nicht aus, es denkt und wünscht sie bloß. Aber es wäre unrecht, diese *psychische* Realität im Vergleiche zur *faktischen* so ganz zu unterschätzen. Sie ist bedeutsam und folgenschwer genug. Wir beseitigen in unseren unbewußten Regungen täglich und stündlich alle, die uns im Wege stehen, die uns beleidigt und geschädigt haben. Das »Hol' ihn der Teufel«, das sich so häufig in scherzendem Unmute über unsere Lippen drängt und das eigentlich sagen will: »Hol' ihn der Tod«, in unserem Unbewußten ist es ernsthafter, kraftvoller Todeswunsch. Ja, unser Unbewußtes mordet selbst für Kleinigkeiten; wie die alte athenische Gesetzgebung des Drakon kennt es für Verbrechen keine andere Strafe als den Tod, und dies mit einer gewissen Konsequenz, denn jede Schädigung unseres allmächtigen und selbstherrlichen Ichs ist im Grunde ein *crimen laesae majestatis*[1].

So sind wir auch selbst, wenn man uns nach unseren unbewußten Wunschregungen beurteilt, wie die Urmenschen eine Rotte von Mördern. Es ist ein Glück, daß alle diese Wünsche nicht die Kraft besitzen, die ihnen die Menschen in Urzeiten noch zutrauten[2]; in dem Kreuzfeuer der gegenseitigen Verwünschungen wäre die Menschheit längst zugrunde gegangen, die besten und weisesten der Männer darunter wie die schönsten und holdesten der Frauen.

Mit Aufstellungen wie diesen findet die Psychoanalyse bei den Laien meist keinen Glauben. Man weist sie als Verleumdungen zurück, welche gegen die Versicherungen des Bewußtseins nicht in Betracht kommen, und übersieht geschickt die geringen Anzeichen, durch welche sich auch das Unbewußte dem Bewußtsein zu verraten pflegt. Es ist darum am Platze, darauf hinzuweisen, daß viele Denker, die nicht von der Psychoanalyse beeinflußt sein konnten, die Bereitschaft unserer stillen Gedanken, mit Hinwegsetzung über das Mordverbot zu beseitigen, was uns im Wege steht, deutlich ge-

---

1 [Majestätsbeleidigung.]
2 Vgl. über »Allmacht der Gedanken« in »Totem und Tabu«.

nug angeklagt haben. Ich wähle hiefür ein einziges berühmt gewordenes Beispiel an Stelle vieler anderer:
Im »Père Goriot« spielt Balzac auf eine Stelle in den Werken J. J. Rousseaus an, in welcher dieser Autor den Leser fragt, was er wohl tun würde, wenn er – ohne Paris zu verlassen und natürlich ohne entdeckt zu werden – einen alten Mandarin in Peking durch einen bloßen Willensakt töten könnte, dessen Ableben ihm einen großen Vorteil einbringen müßte. Er läßt erraten, daß er das Leben dieses Würdenträgers für nicht sehr gesichert hält. »*Tuer son mandarin*« ist dann sprichwörtlich geworden für diese geheime Bereitschaft auch der heutigen Menschen.

Es gibt auch eine ganze Anzahl von zynischen Witzen und Anekdoten, welche nach derselben Richtung Zeugnis ablegen, wie z. B. die dem Ehemanne zugeschriebene Äußerung: Wenn einer von uns beiden stirbt, übersiedle ich nach Paris. Solche zynische Witze wären nicht möglich, wenn sie nicht eine verleugnete Wahrheit mitzuteilen hätten, zu der man sich nicht bekennen darf, wenn sie ernsthaft und unverhüllt ausgesprochen wird. Im Scherz darf man bekanntlich sogar die Wahrheit sagen.

Wie für den Urmenschen, so ergibt sich auch für unser Unbewußtes ein Fall, in dem die beiden entgegengesetzten Einstellungen gegen den Tod, die eine, welche ihn als Lebensvernichtung anerkennt, und die andere, die ihn als unwirklich verleugnet, zusammenstoßen und in Konflikt geraten. Und dieser Fall ist der nämliche wie in der Urzeit, der Tod oder die Todesgefahr eines unserer Lieben, eines Eltern- oder Gattenteils, eines Geschwisters, Kindes oder lieben Freundes. Diese Lieben sind uns einerseits ein innerer Besitz, Bestandteile unseres eigenen Ichs, anderseits aber auch teilweise Fremde, ja Feinde. Den zärtlichsten und innigsten unserer Liebesbeziehungen hängt mit Ausnahme ganz weniger Situationen ein Stückchen Feindseligkeit an, welches den unbewußten Todeswunsch anregen kann. Aus diesem Ambivalenzkonflikt geht aber nicht wie dereinst die Seelenlehre und die Ethik hervor, sondern die Neurose, die uns tiefe Einblicke auch in das normale Seelenleben gestattet. Wie häufig haben die psychoanalytisch behandelnden Ärzte mit dem Symptom der überzärtlichen Sorge um das Wohl der Angehörigen oder mit völlig unbegründeten Selbstvorwürfen nach dem Tode einer geliebten Person zu tun gehabt. Das Studium dieser Vorfälle hat ihnen über die Verbreitung und Bedeutung der unbewußten Todeswünsche keinen Zweifel gelassen.

Der Laie empfindet ein außerordentliches Grauen vor dieser Gefühlsmöglichkeit und nimmt diese Abneigung als legitimen Grund zum Unglauben gegen die Behauptungen der Psychoanalyse. Ich meine mit Unrecht. Es wird keine Herabsetzung unseres Liebeslebens beabsichtigt, und es liegt auch keine solche vor. Unserem Verständnis wie unserer Empfindung liegt es freilich ferne, Liebe und Haß in solcher Weise miteinander zu verkoppeln, aber indem die Natur mit diesem Gegensatzpaar arbeitet, bringt sie es zustande, die Liebe immer wach und frisch zu erhalten, um sie gegen den hinter ihr lauernden Haß zu versichern. Man darf sagen, die schönsten Entfaltungen unseres Liebeslebens danken wir der *Reaktion* gegen den feindseligen Impuls, den wir in unserer Brust verspüren.

Resümieren wir nun: Unser Unbewußtes ist gegen die Vorstellung des eigenen Todes ebenso unzugänglich, gegen den Fremden ebenso mordlustig, gegen die geliebte Person ebenso zwiespältig (ambivalent) wie der Mensch der Urzeit. Wie weit haben wir uns aber in der konventionell-kulturellen Einstellung gegen den Tod von diesem Urzustande entfernt!

Es ist leicht zu sagen, wie der Krieg in diese Entzweiung eingreift. Er streift uns die späteren Kulturauflagerungen ab und läßt den Urmenschen in uns wieder zum Vorschein kommen. Er zwingt uns wieder, Helden zu sein, die an den eigenen Tod nicht glauben können; er bezeichnet uns die Fremden als Feinde, deren Tod man herbeiführen oder herbeiwünschen soll; er rät uns, uns über den Tod geliebter Personen hinwegzusetzen. Der Krieg ist aber nicht abzuschaffen; solange die Existenzbedingungen der Völker so verschieden und die Abstoßungen unter ihnen so heftig sind, wird es Kriege geben müssen. Da erhebt sich denn die Frage: Sollen wir nicht diejenigen sein, die nachgeben und sich ihm anpassen? Sollen wir nicht zugestehen, daß wir mit unserer kulturellen Einstellung zum Tode psychologisch wieder einmal über unseren Stand gelebt haben, und vielmehr umkehren und die Wahrheit fatieren? Wäre es nicht besser, dem Tode den Platz in der Wirklichkeit und in unseren Gedanken einzuräumen, der ihm gebührt, und unsere unbewußte Einstellung zum Tode, die wir bisher so sorgfältig unterdrückt haben, ein wenig mehr hervorzukehren? Es scheint das keine Höherleistung zu sein, eher ein Rückschritt in manchen Stücken, eine Regression, aber es hat den Vorteil, der Wahrhaftigkeit mehr Rechnung zu tragen und uns das Leben wieder erträglicher zu machen. Das Leben zu ertragen bleibt ja doch die erste Pflicht aller Lebenden. Die Illusion wird wertlos, wenn sie uns darin stört.

Wir erinnern uns des alten Spruches: *Si vis pacem, para bellum.* Wenn du den Frieden erhalten willst, so rüste zum Kriege.

Es wäre zeitgemäß, ihn abzuändern: *Si vis vitam, para mortem.* Wenn du das Leben aushalten willst, richte dich auf den Tod ein.

WARUM KRIEG?

(1933)

Wien, im September 1932

Lieber Herr Einstein!

Als ich hörte, daß Sie die Absicht haben, mich zum Gedankenaustausch über ein Thema aufzufordern, dem Sie Ihr Interesse schenken und das Ihnen auch des Interesses anderer würdig erscheint, stimmte ich bereitwillig zu. Ich erwartete, Sie würden ein Problem an der Grenze des heute Wißbaren wählen, zu dem ein jeder von uns, der Physiker wie der Psycholog, sich seinen besonderen Zugang bahnen könnte, so daß sie sich von verschiedenen Seiten her auf demselben Boden träfen. Sie haben mich dann durch die Fragestellung überrascht, was man tun könne, um das Verhängnis des Krieges von den Menschen abzuwehren. Ich erschrak zunächst unter dem Eindruck meiner – fast hätte ich gesagt: unserer – Inkompetenz, denn das erschien mir als eine praktische Aufgabe, die den Staatsmännern zufällt. Ich verstand dann aber, daß Sie die Frage nicht als Naturforscher und Physiker erhoben haben, sondern als Menschenfreund, der den Anregungen des Völkerbunds gefolgt war, ähnlich wie der Polarforscher Fridtjof Nansen es auf sich genommen hatte, den Hungernden und den heimatlosen Opfern des Weltkrieges Hilfe zu bringen. Ich besann mich auch, daß mir nicht zugemutet wird, praktische Vorschläge zu machen, sondern daß ich nur angeben soll, wie sich das Problem der Kriegsverhütung einer psychologischen Betrachtung darstellt.

Aber auch hierüber haben Sie in Ihrem Schreiben das meiste gesagt. Sie haben mir gleichsam den Wind aus den Segeln genommen, aber ich fahre gern in Ihrem Kielwasser und bescheide mich damit, alles zu bestätigen, was Sie vorbringen, indem ich es nach meinem besten Wissen – oder Vermuten – breiter ausführe.

Sie beginnen mit dem Verhältnis von Recht und Macht. Das ist gewiß der richtige Ausgangspunkt für unsere Untersuchung. Darf ich das Wort »Macht« durch das grellere, härtere Wort »Gewalt« ersetzen? Recht und Gewalt sind uns heute Gegensätze. Es ist leicht zu zeigen, daß sich das eine aus dem anderen entwickelt hat, und wenn wir auf die Uranfänge zurückgehen und nachsehen, wie das zuerst geschehen ist, so fällt uns die Lösung des Problems mühelos zu. Entschuldigen Sie mich aber, wenn ich im folgenden allgemein Bekanntes und Anerkanntes erzähle, als ob es neu wäre; der Zusammenhang nötigt mich dazu.

Interessenkonflikte unter den Menschen werden also prinzipiell durch die Anwendung von Gewalt entschieden. So ist es im ganzen Tierreich, von dem der Mensch sich nicht ausschließen sollte; für den Menschen kommen allerdings noch Meinungskonflikte hinzu, die bis zu den höchsten Höhen der Abstraktion reichen und eine andere Technik der Entscheidung zu fordern scheinen. Aber das ist eine spätere Komplikation. Anfänglich, in einer kleinen Menschenhorde, entschied die stärkere Muskelkraft darüber, wem etwas gehören oder wessen Wille zur Ausführung gebracht werden sollte. Muskelkraft verstärkt und ersetzt sich bald durch den Gebrauch von Werkzeugen; es siegt, wer die besseren Waffen hat oder sie geschickter verwendet. Mit der Einführung der Waffe beginnt bereits die geistige Überlegenheit die Stelle der rohen Muskelkraft einzunehmen; die Endabsicht des Kampfes bleibt die nämliche, der eine Teil soll durch die Schädigung, die er erfährt, und durch die Lähmung seiner Kräfte gezwungen werden, seinen Anspruch oder Widerspruch aufzugeben. Dies wird am gründlichsten erreicht, wenn die Gewalt den Gegner dauernd beseitigt, also tötet. Es hat zwei Vorteile, daß er seine Gegnerschaft nicht ein andermal wiederaufnehmen kann und daß sein Schicksal andere abschreckt, seinem Beispiel zu folgen. Außerdem befriedigt die Tötung des Feindes eine triebhafte Neigung, die später erwähnt werden muß. Der Tötungsabsicht kann sich die Erwägung widersetzen, daß der Feind zu nützlichen Dienstleistungen verwendet werden kann, wenn man ihn eingeschüchtert am Leben läßt. Dann begnügt sich also die Gewalt damit, ihn zu unterwerfen, anstatt ihn zu töten. Es ist der Anfang der Schonung des Feindes, aber der Sieger hat von nun an mit der lauernden Rachsucht des Besiegten zu rechnen, gibt ein Stück seiner eigenen Sicherheit auf.

Das ist also der ursprüngliche Zustand, die Herrschaft der größeren Macht, der rohen oder intellektuell gestützten Gewalt. Wir wissen,

dies Regime ist im Laufe der Entwicklung abgeändert worden, es führte ein Weg von der Gewalt zum Recht, aber welcher? Nur ein einziger, meine ich. Er führte über die Tatsache, daß die größere Stärke des einen wettgemacht werden konnte durch die Vereinigung mehrerer Schwachen. »L'union fait la force.« Gewalt wird gebrochen durch Einigung, die Macht dieser Geeinigten stellt nun das Recht dar im Gegensatz zur Gewalt des einzelnen. Wir sehen, das Recht ist die Macht einer Gemeinschaft. Es ist noch immer Gewalt, bereit, sich gegen jeden einzelnen zu wenden, der sich ihr widersetzt, arbeitet mit denselben Mitteln, verfolgt dieselben Zwecke; der Unterschied liegt wirklich nur darin, daß es nicht mehr die Gewalt eines einzelnen ist, die sich durchsetzt, sondern die der Gemeinschaft. Aber damit sich dieser Übergang von der Gewalt zum neuen Recht vollziehe, muß eine psychologische Bedingung erfüllt werden. Die Einigung der mehreren muß eine beständige, dauerhafte sein. Stellte sie sich nur zum Zweck der Bekämpfung des einen Übermächtigen her und zerfiele nach seiner Überwältigung, so wäre nichts erreicht. Der nächste, der sich für stärker hält, würde wiederum eine Gewaltherrschaft anstreben, und das Spiel würde sich endlos wiederholen. Die Gemeinschaft muß permanent erhalten werden, sich organisieren, Vorschriften schaffen, die den gefürchteten Auflehnungen vorbeugen, Organe bestimmen, die über die Einhaltung der Vorschriften – Gesetze – wachen und die Ausführung der rechtmäßigen Gewaltakte besorgen. In der Anerkennung einer solchen Interessengemeinschaft stellen sich unter den Mitgliedern einer geeinigten Menschengruppe Gefühlsbindungen her, Gemeinschaftsgefühle, in denen ihre eigentliche Stärke beruht.
Damit, denke ich, ist alles Wesentliche bereits gegeben: die Überwindung der Gewalt durch Übertragung der Macht an eine größere Einheit, die durch Gefühlsbindungen ihrer Mitglieder zusammengehalten wird. Alles Weitere sind Ausführungen und Wiederholungen. Die Verhältnisse sind einfach, solange die Gemeinschaft nur aus einer Anzahl gleich starker Individuen besteht. Die Gesetze dieser Vereinigung bestimmen dann, auf welches Maß von persönlicher Freiheit, seine Kraft als Gewalt anzuwenden, der einzelne verzichten muß, um ein gesichertes Zusammenleben zu ermöglichen. Aber ein solcher Ruhezustand ist nur theoretisch denkbar, in Wirklich-

167

keit kompliziert sich der Sachverhalt dadurch, daß die Gemeinschaft von Anfang an ungleich mächtige Elemente umfaßt, Männer
und Frauen, Eltern und Kinder und bald infolge von Krieg und
Unterwerfung Siegreiche und Besiegte, die sich in Herren und Skla-
ven umsetzen. Das Recht der Gemeinschaft wird dann zum Ausdruck der ungleichen Machtverhältnisse in ihrer Mitte, die Gesetze
werden von und für die Herrschenden gemacht werden und den
Unterworfenen wenig Rechte einräumen. Von da an gibt es in der
Gemeinschaft zwei Quellen von Rechtsunruhe, aber auch von
Rechtsfortbildung. Erstens die Versuche einzelner unter den Herren, sich über die für alle gültigen Einschränkungen zu erheben,
also von der Rechtsherrschaft auf die Gewaltherrschaft zurückzu-
greifen, zweitens die ständigen Bestrebungen der Unterdrückten,
sich mehr Macht zu verschaffen und diese Änderungen im Gesetz
anerkannt zu sehen, also im Gegenteil vom ungleichen Recht zum
gleichen Recht für alle vorzudringen. Diese letztere Strömung
wird besonders bedeutsam werden, wenn sich im Inneren des
Gemeinwesens wirklich Verschiebungen der Machtverhältnisse
ergeben, wie es infolge mannigfacher historischer Momente geschehen kann. Das Recht kann sich dann allmählich den neuen Macht-
verhältnissen anpassen, oder, was häufiger geschieht, die herrschende Klasse ist nicht bereit, dieser Änderung Rechnung zu tragen, es
kommt zu Auflehnung, Bürgerkrieg, also zur zeitweiligen Aufhebung des Rechts und zu neuen Gewaltproben, nach deren Ausgang eine neue Rechtsordnung eingesetzt wird. Es gibt noch eine
andere Quelle der Rechtsänderung, die sich nur in friedlicher Weise
äußert, das ist die kulturelle Wandlung der Mitglieder des Gemeinwesens, aber die gehört in einen Zusammenhang, der erst später berücksichtigt werden kann.
Wir sehen also, auch innerhalb eines Gemeinwesens ist die gewaltsame Erledigung von Interessenkonflikten nicht vermieden worden. Aber die Notwendigkeiten und Gemeinsamkeiten, die sich aus
dem Zusammenleben auf demselben Boden ableiten, sind einer raschen Beendigung solcher Kämpfe günstig, und die Wahrscheinlichkeit friedlicher Lösungen unter diesen Bedingungen nimmt ste-
tig zu. Ein Blick in die Menschheitsgeschichte zeigt uns aber eine
unaufhörliche Reihe von Konflikten zwischen einem Gemeinwesen

und einem oder mehreren anderen, zwischen größeren und kleineren Einheiten, Stadtgebieten, Landschaften, Stämmen, Völkern, Reichen, die fast immer durch die Kraftprobe des Krieges entschieden werden. Solche Kriege gehen entweder in Beraubung oder in volle Unterwerfung, Eroberung des einen Teils aus. Man kann die Eroberungskriege nicht einheitlich beurteilen. Manche, wie die der Mongolen und Türken, haben nur Unheil gebracht, andere im Gegenteil zur Umwandlung von Gewalt in Recht beigetragen, indem sie größere Einheiten herstellten, innerhalb deren nun die Möglichkeit der Gewaltanwendung aufgehört hatte und eine neue Rechtsordnung die Konflikte schlichtete. So haben die Eroberungen der Römer den Mittelmeerländern die kostbare pax romana gegeben. Die Vergrößerungslust der französischen Könige hat ein friedlich geeinigtes, blühendes Frankreich geschaffen. So paradox es klingt, man muß doch zugestehen, der Krieg wäre kein ungeeignetes Mittel zur Herstellung des ersehnten »ewigen« Friedens, weil er imstande ist, jene großen Einheiten zu schaffen, innerhalb deren eine starke Zentralgewalt weitere Kriege unmöglich macht. Aber er taugt doch nicht dazu, denn die Erfolge der Eroberung sind in der Regel nicht dauerhaft; die neu geschaffenen Einheiten zerfallen wieder, meist infolge des mangelnden Zusammenhalts der gewaltsam geeinigten Teile. Und außerdem konnte die Eroberung bisher nur partielle Einigungen, wenn auch von größerem Umfang, schaffen, deren Konflikte die gewaltsame Entscheidung erst recht herausforderten. So ergab sich als die Folge all dieser kriegerischen Anstrengungen nur, daß die Menschheit zahlreiche, ja unaufhörliche Kleinkriege gegen seltene, aber um so mehr verheerende Großkriege eintauschte.

Auf unsere Gegenwart angewendet, ergibt sich das gleiche Resultat, zu dem Sie auf kürzerem Weg gelangt sind. Eine sichere Verhütung der Kriege ist nur möglich, wenn sich die Menschen zur Einsetzung einer Zentralgewalt einigen, welcher der Richtspruch in allen Interessenkonflikten übertragen wird. Hier sind offenbar zwei Forderungen vereinigt, daß eine solche übergeordnete Instanz geschaffen und daß ihr die erforderliche Macht gegeben werde. Das eine allein würde nicht nützen. Nun ist der Völkerbund als solche Instanz gedacht, aber die andere Bedingung ist nicht erfüllt; der Völkerbund hat keine eigene Macht und kann sie nur bekommen, wenn die Mitglieder der neuen Einigung, die einzelnen Staaten, sie ihm abtreten. Dazu scheint aber derzeit wenig Aussicht vorhanden. Man stünde der Institution des Völkerbundes nun ganz ohne Verständnis gegenüber, wenn man nicht wüßte, daß hier ein Versuch vorliegt, der in der Geschichte der Menschheit nicht oft – vielleicht noch nie in diesem Maß – gewagt worden ist. Es ist der Versuch, die Autorität – d. i. den zwingenden Einfluß –, die sonst auf dem Besitz der Macht ruht, durch die Berufung auf bestimmte ideelle Einstellungen zu erwerben. Wir haben gehört, was eine Gemeinschaft zusammenhält, sind zwei Dinge: der Zwang der Gewalt und die Gefühlsbindungen – Identifizierungen heißt man sie technisch – der Mitglieder. Fällt das eine Moment weg, so kann möglicherweise das andere die Gemeinschaft aufrechthalten. Jene Ideen haben natürlich nur dann eine Bedeutung, wenn sie wichtige Gemeinsamkeiten der Mitglieder Ausdruck geben. Es fragt sich dann, wie stark sie sind. Die Geschichte lehrt, daß sie in der Tat ihre Wirkung geübt haben. Die panhellenische Idee z. B., das Bewußtsein, daß man etwas Besseres sei als die umwohnenden Barbaren, das in den Amphiktyonien, den Orakeln und Festspielen so kräftigen Ausdruck fand, war stark genug, um die Sitten der Kriegsführung unter Griechen zu mildern, aber selbstverständlich nicht imstande, kriegerische Streitigkeiten zwischen den Partikeln des Griechenvolkes zu verhüten, ja nicht einmal, um eine Stadt oder einen Städtebund abzuhalten, sich zum Schaden eines Rivalen mit dem Perserfeind zu verbünden. Ebensowenig hat das christliche Gemeingefühl, das doch mächtig genug war, im Renaissancezeitalter christliche Klein- und Großstaaten daran gehindert, in ihren Kriegen miteinander um die Hilfe des Sultans zu werben. Auch in unserer Zeit gibt es keine Idee, der man eine solche einigende Autorität zumuten könnte. Daß die heute die Völker beherrschenden nationalen Ideale zu einer gegenteiligen Wirkung drängen, ist ja allzu deutlich. Es gibt Personen, die vorhersagen, erst das allgemeine Durchdringen der bolschewistischen Denkungsart werde den Kriegen ein Ende machen können, aber von solchem Ziel sind wir heute jedenfalls weit entfernt, und vielleicht wäre es nur nach schrecklichen Bürgerkriegen erreichbar. So scheint es also, daß der Versuch, reale Macht durch die Macht der Ideen zu ersetzen, heute noch zum Fehlschlagen verurteilt ist. Es ist ein Fehler in der Rechnung, wenn man nicht berücksichtigt, daß Recht ursprünglich rohe Gewalt war und noch heute der Stützung durch die Gewalt nicht entbehren kann.

Ich kann nun daran gehen, einen anderen Ihrer Sätze zu glossieren. Sie verwundern sich darüber, daß es so leicht ist, die Menschen für den Krieg zu begeistern, und vermuten, daß etwas in ihnen wirksam ist, ein Trieb zum Hassen und Vernichten, der solcher Verhetzung entgegenkommt. Wiederum kann ich Ihnen nur uneingeschränkt beistimmen. Wir glauben an die Existenz eines solchen Triebes und haben uns gerade in den letzten Jahren bemüht, seine Äußerungen zu studieren. Darf ich Ihnen aus diesem Anlaß ein Stück der Trieblehre vortragen, zu der wir in der Psychoanalyse nach vielem Tasten und Schwanken gekommen sind? Wir nehmen an, daß die Triebe des Menschen nur von zweierlei Art sind, entweder solche, die erhalten und vereinigen wollen – wir heißen sie erotische, ganz im Sinne des Eros im Symposion Platos, oder sexuelle mit bewußter Überdehnung des populären Begriffs von Sexualität –, und andere, die zerstören und töten wollen; wir fassen diese als Aggressionstrieb oder Destruktionstrieb zusammen. Sie sehen, das ist eigentlich nur die theoretische Verklärung des weltbekannten Gegensatzes von Lieben und Hassen, der vielleicht zu der Polarität von Anziehung und Abstoßung eine Urbeziehung unterhält, die auf Ihrem Gebiet eine Rolle spielt. Nun lassen Sie uns nicht zu rasch mit den Wertungen von Gut und Böse einsetzen. Der eine dieser Triebe ist ebenso unerläßlich wie der andere, aus dem Zusammen- und Gegeneinanderwirken der beiden gehen die Erscheinungen des Lebens hervor. Nun scheint es, daß kaum jemals ein Trieb der einen Art sich isoliert betätigen kann, er ist immer mit einem gewissen Betrag von der anderen Seite verbunden, wie wir sagen: legiert, der sein Ziel modifiziert oder ihm unter Umständen dessen Erreichung erst möglich macht. So ist z. B. der Selbsterhaltungstrieb gewiß erotischer Natur, aber gerade er bedarf der Verfügung über die Aggression, wenn er seine Absicht durchsetzen soll. Ebenso benötigt der auf Objekte gerichtete Liebestrieb eines Zusatzes vom Bemächtigungstrieb, wenn er seines Objekts überhaupt habhaft werden soll. Die Schwierigkeit, die beiden

Triebarten in ihren Äußerungen zu isolieren, hat uns ja so lange in ihrer Erkenntnis behindert.

Wenn Sie mit mir ein Stück weitergehen wollen, so hören Sie, daß die menschlichen Handlungen noch eine Komplikation von anderer Art erkennen lassen. Ganz selten ist die Handlung das Werk einer einzigen Triebregung, die an und für sich bereits aus Eros und Destruktion zusammengesetzt sein muß. In der Regel müssen mehrere in der gleichen Weise aufgebaute Motive zusammentreffen, um die Handlung zu ermöglichen. Einer Ihrer Fachgenossen hat das bereits gewußt, ein Prof. G. Ch. Lichtenberg, der zur Zeit unserer Klassiker in Göttingen Physik lehrte; aber vielleicht war er als Psycholog noch bedeutender denn als Physiker. Er erfand die Motivenrose, indem er sagte: »Die Bewegungsgründe[1], woraus man etwas tut, könnten so wie die 32 Winde geordnet und ihre Namen auf eine ähnliche Art formiert werden, z. B. Brot – Brot – Ruhm oder Ruhm – Ruhm – Brot.« Wenn also die Menschen zum Krieg aufgefordert werden, so mögen eine ganze Anzahl von Motiven in ihnen zustimmend antworten, edle und gemeine, solche, von denen man laut spricht, und andere, die man beschweigt. Wir haben keinen Anlaß, sie alle bloßzulegen. Die Lust an der Aggression und Destruktion ist gewiß darunter; ungezählte Grausamkeiten der Geschichte und des Alltags bekräftigen ihre Existenz und ihre Stärke. Die Verquickung dieser destruktiven Strebungen mit anderen, erotischen und ideellen, erleichtert natürlich deren Befriedigung. Manchmal haben wir, wenn wir von den Greueltaten der Geschichte hören, den Eindruck, die ideellen Motive hätten den destruktiven Gelüsten nur als Vorwände gedient, andere Male, z. B. bei den Grausamkeiten der heiligen Inquisition, meinen wir, die ideellen Motive hätten sich im Bewußtsein vorgedrängt, die destruktiven ihnen eine unbewußte Verstärkung gebracht. Beides ist möglich.

Ich habe Bedenken, Ihr Interesse zu mißbrauchen, das ja der Kriegsverhütung gilt, nicht unseren Theorien. Doch möchte ich noch einen Augenblick bei unserem Destruktionstrieb verweilen, dessen Beliebtheit keineswegs Schritt hält mit seiner Bedeutung. Mit etwas Aufwand von Spekulation sind wir nämlich zu der Auffassung ge-

---

1 Wir sagen heute: Beweggründe.

langt, daß dieser Trieb innerhalb jedes lebenden Wesens arbeitet und dann das Bestreben hat, es zum Zerfall zu bringen, das Leben zum Zustand der unbelebten Materie zurückzuführen. Er verdiente in allem Ernst den Namen eines Todestriebes, während die erotischen Triebe die Bestrebungen zum Leben repräsentieren. Der Todestrieb wird zum Destruktionstrieb, indem er mit Hilfe besonderer Organe nach außen, gegen die Objekte, gewendet wird. Das Lebewesen bewahrt sozusagen sein eigenes Leben dadurch, daß es fremdes zerstört. Ein Anteil des Todestriebes verbleibt aber im Innern des Lebewesens tätig, und wir haben versucht, eine ganze Anzahl von normalen und pathologischen Phänomenen von dieser Verinnerlichung des Destruktionstriebes abzuleiten. Wir haben sogar die Ketzerei begangen, die Entstehung unseres Gewissens durch eine solche Wendung der Aggression nach innen zu erklären. Sie merken, es ist gar nicht so unbedenklich, wenn sich dieser Vorgang in allzu großem Ausmaß vollzieht, es ist direkt ungesund, während die Wendung dieser Triebkräfte zur Destruktion in der Außenwelt das Lebewesen entlastet, wohltuend wirken muß. Das diene zur biologischen Entschuldigung all der häßlichen und gefährlichen Strebungen, gegen die wir ankämpfen. Man muß zugeben, sie sind der Natur näher als unser Widerstand dagegen, für den wir auch noch eine Erklärung finden müssen. Vielleicht haben Sie den Eindruck, unsere Theorien seien eine Art von Mythologie, nicht einmal eine erfreuliche in diesem Fall. Aber läuft nicht jede Naturwissenschaft auf eine solche Art von Mythologie hinaus? Geht es Ihnen heute in der Physik anders?

Aus dem Vorstehenden entnehmen wir für unsere nächsten Zwecke soviel, daß es keine Aussicht hat, die aggressiven Neigungen der Menschen abschaffen zu wollen. Es soll in glücklichen Gegenden der Erde, wo die Natur alles, was der Mensch braucht, überreichlich zur Verfügung stellt, Völkerstämme geben, deren Leben in Sanftmut verläuft, bei denen Zwang und Aggression unbekannt sind. Ich kann es kaum glauben, möchte gern mehr über diese Glücklichen erfahren. Auch die Bolschewisten hoffen, daß sie die menschliche Aggression zum Verschwinden bringen können dadurch, daß sie die Befriedigung der materiellen Bedürfnisse verbürgen und sonst Gleichheit unter den Teilnehmern an der Gemeinschaft herstellen. Ich halte das für eine Illusion. Vorläufig sind sie auf das sorgfältigste bewaffnet und halten ihre Anhänger nicht zum mindesten durch den Haß gegen alle Außenstehenden zusammen. Übrigens handelt es sich, wie Sie selbst bemerken, nicht darum, die menschliche Aggressionsneigung völlig zu beseitigen; man kann versuchen, sie so weit abzulenken, daß sie nicht ihren Ausdruck im Kriege finden muß.

Von unserer mythologischen Trieblehre her finden wir leicht eine Formel für die indirekten Wege zur Bekämpfung des Krieges. Wenn die Bereitwilligkeit zum Krieg ein Ausfluß des Destruktionstriebs ist, so liegt es nahe, gegen sie den Gegenspieler dieses Triebes, den Eros, anzurufen. Alles, was Gefühlsbindungen unter den Menschen herstellt, muß dem Krieg entgegenwirken. Diese Bindungen können von zweierlei Art sein. Erstens Beziehungen wie zu einem Liebesobjekt, wenn auch ohne sexuelle Ziele. Die Psychoanalyse braucht sich nicht zu schämen, wenn sie hier von Liebe spricht, denn die Religion sagt dasselbe: Liebe deinen Nächsten wie dich selbst. Das ist nun leicht gefordert, aber schwer zu erfüllen. Die andere Art von Gefühlsbindung ist die durch Identifizierung. Alles was bedeutsame Gemeinsamkeiten unter den Menschen herstellt, ruft solche Gemeingefühle, Identifizierungen, hervor. Auf ihnen ruht zum guten Teil der Aufbau der menschlichen Gesellschaft.

Einer Klage von Ihnen über den Mißbrauch der Autorität entnehme ich einen zweiten Wink zur indirekten Bekämpfung der Kriegsneigung. Es ist ein Stück der angeborenen und nicht zu beseitigenden Ungleichheit der Menschen, daß sie in Führer und in Abhängige zerfallen. Die letzteren sind die übergroße Mehrheit, sie bedürfen einer Autorität, welche für sie Entscheidungen fällt, denen sie sich meist bedingungslos unterwerfen. Hier wäre anzuknüpfen, man müßte mehr Sorge als bisher aufwenden, um eine Oberschicht selbständig denkender, der Einschüchterung unzugänglicher, nach Wahrheit ringender Menschen zu erziehen, denen die Lenkung der unselbständigen Massen zufallen würde. Daß die Übergriffe der Staatsgewalten und das Denkverbot der Kirche einer solchen Aufzucht nicht günstig sind, bedarf keines Beweises. Der ideale Zustand wäre natürlich eine Gemeinschaft von Menschen, die ihr Triebleben der Diktatur der Vernunft unterworfen haben. Nichts anderes könnte eine so vollkommene und widerstandsfähige Einigung der Menschen hervorrufen, selbst unter Verzicht auf die Gefühlsbindungen zwischen ihnen. Aber das ist höchst wahrscheinlich eine utopische Hoffnung. Die anderen Wege einer indirekten Verhinderung des Krieges sind gewiß eher gangbar, aber sie versprechen keinen raschen Erfolg. Ungern denkt man an Mühlen, die so langsam mahlen, daß man verhungern könnte, ehe man das Mehl bekommt.

Sie sehen, es kommt nicht viel dabei heraus, wenn man bei dringenden praktischen Aufgaben den weltfremden Theoretiker zu Rate zieht. Besser, man bemüht sich in jedem einzelnen Fall, der Gefahr zu begegnen mit den Mitteln, die eben zur Hand sind. Ich möchte aber noch eine Frage behandeln, die Sie in Ihrem Schreiben nicht aufwerfen und die mich besonders interessiert. Warum empören wir uns so sehr gegen den Krieg, Sie und ich und so viele andere, warum nehmen wir ihn nicht hin wie eine andere der vielen peinlichen Notlagen des Lebens? Er scheint doch naturgemäß, biologisch wohlbegründet, praktisch kaum vermeidbar. Entsetzen Sie sich nicht über meine Fragestellung. Zum Zweck einer Untersuchung darf man vielleicht die Maske einer Überlegenheit vornehmen, über die man in Wirklichkeit nicht verfügt. Die Antwort wird lauten, weil jeder Mensch ein Recht auf sein eigenes Leben hat, weil der Krieg hoffnungsvolle Menschenleben vernichtet, den einzelnen Menschen in Lagen bringt, die ihn entwürdigen, ihn zwingt, andere zu morden, was er nicht will, kostbare materielle Werte, Ergebnis von Menschenarbeit, zerstört und anderes mehr. Auch daß der Krieg in seiner gegenwärtigen Gestaltung keine Gelegenheit mehr gibt, das alte heldische Ideal zu erfüllen, und daß ein zukünftiger Krieg infolge der Vervollkommnung der Zerstörungsmittel die Ausrottung eines oder vielleicht beider Gegner bedeuten würde. Das ist alles wahr und scheint so unbestreitbar, daß man sich nur verwundert, wenn das Kriegführen noch nicht durch allgemeine menschliche Übereinkunft verworfen worden ist. Man kann zwar über einzelne dieser Punkte diskutieren. Es ist fraglich, ob die Gemeinschaft nicht auch ein Recht auf das Leben des einzelnen haben soll; man kann nicht alle Arten von Krieg in gleichem Maß verdammen; solange es Reiche und Nationen gibt, die zur rücksichtslosen Vernichtung anderer bereit sind, müssen diese anderen zum Krieg gerüstet sein. Aber wir wollen über all das rasch hinweggehen, das ist nicht die Diskussion, zu der Sie mich aufgefordert haben. Ich ziele auf etwas anderes hin; ich glaube, der Hauptgrund, weshalb wir uns gegen den Krieg empören, ist, daß wir nicht anders können. Wir sind Pazifisten, weil wir es aus organischen Gründen sein müssen. Wir haben es dann leicht, unsere Einstellung durch Argumente zu rechtfertigen.

Das ist wohl ohne Erklärung nicht zu verstehen. Ich meine das Folgende: Seit unvordenklichen Zeiten zieht sich über die Menschheit der Prozeß der Kulturentwicklung hin. (Ich weiß, andere heißen ihn lieber: Zivilisation.) Diesem Prozeß verdanken wir das Beste, was wir geworden sind, und ein gut Teil von dem, woran wir leiden. Seine Anlässe und Anfänge sind dunkel, sein Ausgang ungewiß, einige seiner Charaktere leicht ersichtlich. Vielleicht führt er zum Erlöschen der Menschenart, denn er beeinträchtigt die Sexualfunktion in mehr als einer Weise, und schon heute vermehren sich unkultivierte Rassen und zurückgebliebene Schichten der Bevölkerung stärker als hochkultivierte. Vielleicht ist dieser Prozeß mit der Domestikation gewisser Tierarten vergleichbar; ohne Zweifel bringt er körperliche Veränderungen mit sich; man hat sich noch nicht mit der Vorstellung vertraut gemacht, daß die Kulturentwicklung ein solcher organischer Prozeß sei. Die mit dem Kulturprozeß einhergehenden psychischen Veränderungen sind auffällig und unzweideutig. Sie bestehen in einer fortschreitenden Verschiebung der Triebziele und Einschränkung der Triebregungen. Sensationen, die unseren Vorahnen lustvoll waren, sind für uns indifferent oder selbst unleidlich geworden; es hat organische Begründungen, wenn unsere ethischen und ästhetischen Idealforderungen sich geändert haben. Von den psychologischen Charakteren der Kultur scheinen zwei die wichtigsten: die Erstarkung des Intellekts, der das Triebleben zu beherrschen beginnt, und die Verinnerlichung der Aggressionsneigung mit all ihren vorteilhaften und gefährlichen Folgen. Den psychischen Einstellungen, die uns der Kulturprozeß aufnötigt, widerspricht nun der Krieg in der grellsten Weise, darum müssen wir uns gegen ihn empören, wir vertragen ihn einfach nicht mehr, es ist nicht bloß eine intellektuelle und affektive Ablehnung,

es ist bei uns Pazifisten eine konstitutionelle Intoleranz, eine Idiosynkrasie gleichsam in außerster Vergrößerung. Und zwar scheint
es, daß die ästhetischen Erniedrigungen des Krieges nicht viel weniger Anteil an unserer Auflehnung haben als seine Grausamkeiten.
Wie lange müssen wir nun warten, bis auch die anderen Pazifisten
werden? Es ist nicht zu sagen, aber vielleicht ist es keine utopische
Hoffnung, daß der Einfluß dieser beiden Momente, der kulturellen
Einstellung und der berechtigten Angst vor den Wirkungen eines
Zukunftskrieges, dem Kriegführen in absehbarer Zeit ein Ende setzen wird. Auf welchen Wegen oder Umwegen, können wir nicht
erraten. Unterdes dürfen wir uns sagen: Alles, was die Kulturent-
wicklung fördert, arbeitet auch gegen den Krieg.
Ich grüße Sie herzlich und bitte Sie um Verzeihung, wenn meine
Ausführungen Sie enttäuscht haben.

Ihr
Sigm. Freud

ANHANG

EDITORISCH-BIBLIOGRAPHISCHE NOTIZ

Das Unbehagen in der Kultur

Erstveröffentlichungen:

1929   Vorabdruck des ersten Kapitels unter dem Titel ›Das ozeanische Gefühl‹ in: *Die psychoanalytische Bewegung*, Bd. 1, Heft 4, November–Dezember, S. 289–298.

1930   Vorabdruck des fünften Kapitels (ohne dessen ersten Absatz) unter dem Titel ›Nächstenliebe und Aggressionstrieb‹ in: *Die psychoanalytische Bewegung*, Bd. 2, Heft 1, Januar–Februar, S. 5-13.

1930   Vollständig in Buchform: Internationaler Psychoanalytischer Verlag, Leipzig, Wien, Zürich. 136 Seiten.

Abdrucke in deutschen Werkausgaben:

1934   In: Sigmund Freud, *Gesammelte Schriften* (12 Bände), Internationaler Psychoanalytischer Verlag, Leipzig, Wien, Zürich 1924–34, Bd. 12, S. 27–114.

1948   In: Sigmund Freud, *Gesammelte Werke* (18 Bände und ein Nachtragsband), Imago Publishing Co., Ltd., London 1940–52, und S. Fischer Verlag, Frankfurt am Main 1968, 1987, Bd. 14, S. 419–506.

1974   In: Sigmund Freud, *Studienausgabe* (10 Bände und ein Ergänzungsband), S. Fischer Verlag, Frankfurt am Main 1969–75, Bd. 9, S. 191, 197–270.

Die »kulturelle« Sexualmoral und die moderne Nervosität

Erstveröffentlichung:

1908   *Sexual-Probleme*, Bd. 4, Heft 3 [März], S. 107–129.

Abdrucke in deutschen Werkausgaben:

1924   In: Sigmund Freud, *Gesammelte Schriften* (12 Bände), Internationaler Psychoanalytischer Verlag, Leipzig, Wien, Zürich 1924–34, Bd. 5, S. 143–167.

1941   In: Sigmund Freud, *Gesammelte Werke* (18 Bände und ein Nachtragsband), Imago Publishing Co., Ltd., London 1940–52, und S. Fischer Verlag, Frankfurt am Main 1968, 1987, Bd. 7, S. 143–167.

1974   In: Sigmund Freud, *Studienausgabe* (10 Bände und ein Ergänzungs-
        band), S. Fischer Verlag, Frankfurt am Main 1969–75, Bd. 9, S. 9,
        13–32.

Zeitgemäßes über Krieg und Tod

Erstveröffentlichungen:
1915   Vorabdruck des zweiten Kapitels – mit einigen sprachlichen Abweichun-
        gen, jedoch inhaltlich identisch – unter dem Titel ›Wir und der Tod‹
        (Vortrag, gehalten am 16. Febr. 1915 vor dem israelitischen Humanitäts-
        verein »Wien« des Ordens B'nai B'rith) in: *Zweimonats-Bericht für die
        Mitglieder der österr. israel. Humanitätsvereine B'nai B'rith*, Bd. 18,
        S. 41–51.
1915   Vollständig in: *Imago*, Bd. 4, Heft 1, S. 1–21.

Abdrucke in deutschen Werkausgaben:
1924   In: Sigmund Freud, *Gesammelte Schriften* (12 Bände), Internationaler
        Psychoanalytischer Verlag, Leipzig, Wien, Zürich 1924–34, Bd. 10,
        S. 315–346.
1946   In: Sigmund Freud, *Gesammelte Werke* (18 Bände und ein Nachtrags-
        band), Imago Publishing Co., Ltd., London 1940–52, und S. Fischer
        Verlag, Frankfurt am Main 1968, 1987, Bd. 10, S. 324–355.
1974   In: Sigmund Freud, *Studienausgabe* (10 Bände und ein Ergänzungs-
        band), S. Fischer Verlag, Frankfurt am Main 1969–75, Bd. 9, S. 33,
        35–60.

Warum Krieg?
[Brief an Albert Einstein]

Erstveröffentlichung:
1933   Zusammen mit dem Brief Albert Einsteins vom 30.7.1932, in: *Warum
        Krieg? Pourquoi la guerre? Why War?* (Bd. 2 der Serie ›Correspondance,
        Open letters‹), dreisprachig hrsg. vom Internationalen Institut für gei-
        stige Zusammenarbeit am Völkerbund (Institut International de Coopé-
        ration Intellectuelle), Paris. 62 Seiten. (Einsteins Brief S. 11–21; Freuds
        Brief S. 25–62.)

Abdrucke in deutschen Werkausgaben:
1934   In: Sigmund Freud, *Gesammelte Schriften* (12 Bände), Internationaler
        Psychoanalytischer Verlag, Leipzig, Wien, Zürich 1924–34, Bd. 12,
        S. 347–363.

Editorisch-bibliographische Notiz

1950   In: Sigmund Freud, *Gesammelte Werke* (18 Bände und ein Nachtragsband), Imago Publishing Co., Ltd., London 1940–52, und S. Fischer Verlag, Frankfurt am Main 1968, 1987, Bd. 16, S. 13–27.

1974   In: Sigmund Freud, *Studienausgabe* (10 Bände und ein Ergänzungsband), S. Fischer Verlag, Frankfurt am Main 1969–75, Bd. 9, S. 271, 275–286.

Die hier abgedruckten Freud-Texte sind aus den betreffenden Bänden der *Gesammelten Werke* übernommen, wobei in Anlehnung an Band 9 der *Studienausgabe* stillschweigend einige Korrekturen vorgenommen wurden. Diese beziehen sich insbesondere auf Druckfehler, bibliographische Irrtümer und Ergänzungen, Richtigstellung von Zitaten sowie Modernisierung von Orthographie und Interpunktion. Redaktionelle Zusätze stehen jeweils in eckigen Klammern.

SIGMUND FREUD
WERKE IM TASCHENBUCH

Herausgegeben von Ilse Grubrich-Simitis
Redigiert von Ingeborg Meyer-Palmedo

Die Sammlung präsentiert das Lebenswerk des Begründers der Psychoanalyse breiten Leserschichten. Sie löst sukzessive die früheren Taschenbuchausgaben der Schriften Sigmund Freuds ab. Durch großzügigere Ausstattung eignet sie sich besonders zum Gebrauch in Schule und Universität. Zeitgenössische Wissenschaftler haben Begleittexte verfaßt; sie stellen Verbindungen zur neueren Forschung her, gelangen zu einer differenzierten Neubewertung des Freudschen Œuvres und beschreiben dessen Fortwirkung in einem weiten Spektrum der intellektuellen Moderne.

In systematischer Gliederung umfaßt die Sammlung:
- vier Bände mit Einführungen in die Psychoanalyse;
- vier Bände mit Monographien über seelische Schlüsselphänomene wie Traum, Fehlleistung, Witz;
- vier Bände mit Schriften über Sexualtheorie und über Metapsychologie;
- zwei Bände mit Schriften über Krankheitslehre und über Behandlungstechnik (erstmals als Taschenbuch-Einzelausgaben vorgelegt);
- fünf Bände mit Krankengeschichten;
- vier Bände mit kulturtheoretischen Schriften;
- drei Bände mit Schriften über Kunst und Künstler;
- zwei Bände mit voranalytischen Schriften (seit ihrer Erstveröffentlichung vor rund hundert Jahren erstmals wieder zugänglich gemacht).

EINFÜHRUNGEN:

Vorlesungen zur Einführung in die Psychoanalyse (Band 10432)
Biographisches Nachwort von Peter Gay

Neue Folge der Vorlesungen zur Einführung in die Psychoanalyse (Band 10433)
Biographisches Nachwort von Peter Gay

Abriß der Psychoanalyse (Band 10434)
Einführende Darstellungen
Einleitung von F. -W. Eickhoff
    Abriß der Psychoanalyse
    Über Psychoanalyse
    Das Interesse an der Psychoanalyse
    Eine Schwierigkeit der Psychoanalyse
    Die Frage der Laienanalyse (inkl. Nachwort)

»Selbstdarstellung« (Band 10435)
Schriften zur Geschichte der Psychoanalyse
Herausgegeben und eingeleitet von Ilse Grubrich-Simitis
    »Selbstdarstellung« (inkl. Nachschrift)
    Jugendbriefe an Emil Fluß
    Curriculum vitae
    Bericht über meine mit Universitäts-Jubiläums-Reisestipendium unter-
    nommene Studienreise nach Paris und Berlin
    Autobiographische Notiz
    Zur Geschichte der psychoanalytischen Bewegung
    Kurzer Abriß der Psychoanalyse
    Die Widerstände gegen die Psychoanalyse

ÜBER SCHLÜSSELPHÄNOMENE – TRAUM, FEHLLEISTUNG, WITZ:

Die Traumdeutung (Band 10436)
Nachwort von Hermann Beland

Schriften über Träume und Traumdeutungen (Band 10437)
Einleitung von Hermann Beland
    Eine erfüllte Traumahnung
    Über den Traum
    Träume im Folklore
    Ein Traum als Beweismittel
    Märchenstoffe in Träumen
    Traum und Telepathie
    Einige Nachträge zum Ganzen der Traumdeutung
    Brief an Maxime Leroy über einen Traum des Cartesius
    Meine Berührung mit Josef Popper-Lynkeus

Zur Psychopathologie des Alltagslebens (Band 10438)
Über Vergessen, Versprechen, Vergreifen, Aberglaube und Irrtum
Einleitung von Riccardo Steiner

Anhang

Der Witz und seine Beziehung zum Unbewußten / Der Humor (Band 10439)
Einleitung von Peter Gay

SEXUALTHEORIE UND METAPSYCHOLOGIE:

Drei Abhandlungen zur Sexualtheorie (Band 10440)
Einleitung von Reimut Reiche

Schriften über Liebe und Sexualität (Band 10441)
Einleitung von Reimut Reiche
  Über Deckerinnerungen
  Zur sexuellen Aufklärung der Kinder
  Über infantile Sexualtheorien
  Der Familienroman der Neurotiker
  Beiträge zur Psychologie des Liebeslebens
  Zwei Kinderlügen
  Über Triebumsetzungen, insbesondere der Analerotik
  Die infantile Genitalorganisation
  Der Untergang des Ödipuskomplexes
  Einige psychische Folgen des anatomischen Geschlechtsunterschieds
  Über libidinöse Typen
  Über die weibliche Sexualität

Das Ich und das Es (Band 10442)
Metapsychologische Schriften
Einleitung von Alex Holder
  Formulierungen über die zwei Prinzipien des psychischen Geschehens
  Einige Bemerkungen über den Begriff des Unbewußten in der Psychoanalyse
  Zur Einführung des Narzißmus
  Triebe und Triebschicksale
  Die Verdrängung
  Das Unbewußte
  Metapsychologische Ergänzung zur Traumlehre
  Trauer und Melancholie
  Jenseits des Lustprinzips
  Das Ich und das Es
  Das ökonomische Problem des Masochismus
  Notiz über den »Wunderblock«
  Die Verneinung
  Fetischismus
  Die Ichspaltung im Abwehrvorgang

Hemmung, Symptom und Angst (Band 10443)
Einleitung von F.-W. Eickhoff

KRANKHEITSLEHRE UND BEHANDLUNGSTECHNIK:

Schriften zur Krankheitslehre der Psychoanalyse (Band 10444)
Einleitung von Clemens de Boor
    Über die Berechtigung, von der Neurasthenie einen bestimmten Symptomen-
    komplex als »Angstneurose« abzutrennen
    Zur Ätiologie der Hysterie
    Die Sexualität in der Ätiologie der Neurosen
    Meine Ansichten über die Rolle der Sexualität in der Ätiologie der Neurosen
    Hysterische Phantasien und ihre Beziehung zur Bisexualität
    Charakter und Analerotik
    Allgemeines über den hysterischen Anfall
    Die psychogene Sehstörung in psychoanalytischer Auffassung
    Über neurotische Erkrankungstypen
    Die Disposition zur Zwangsneurose
    Mitteilung eines der psychoanalytischen Theorie widersprechenden Falles
    von Paranoia
    »Ein Kind wird geschlagen« (Beitrag zur Kenntnis der Entstehung sexueller
    Perversionen)
    Über die Psychogenese eines Falles von weiblicher Homosexualität
    Über einige neurotische Mechanismen bei Eifersucht, Paranoia und Homo-
    sexualität
    Neurose und Psychose
    Der Realitätsverlust bei Neurose und Psychose

Zur Dynamik der Übertragung (Band 10445)
Behandlungstechnische Schriften
Einleitung von Hermann Argelander
    Die Handhabung der Traumdeutung in der Psychoanalyse
    Zur Dynamik der Übertragung
    Ratschläge für den Arzt bei der psychoanalytischen Behandlung
    Zur Einleitung der Behandlung
    Erinnern, Wiederholen und Durcharbeiten
    Bemerkungen über die Übertragungsliebe
    Die endliche und die unendliche Analyse
    Konstruktionen in der Analyse

KRANKENGESCHICHTEN:

Studien über Hysterie (zusammen mit Josef Breuer) (Band 10446)
Einleitung von Stavros Mentzos

Bruchstück einer Hysterie-Analyse (Band 10447)
Nachwort von Stavros Mentzos

Analyse der Phobie eines fünfjährigen Knaben (Band 10448)
(inkl. Nachschrift)
Einleitung von Veronica Mächtlinger
Im Anhang: Vorwort 1979 von Anna Freud

Zwei Krankengeschichten (Band 10449)
Einleitung von Carl Nedelmann
  Bemerkungen über einen Fall von Zwangsneurose
  Aus der Geschichte einer infantilen Neurose

Zwei Fallberichte (Band 10450)
Einleitung von Mario Erdheim
  Psychoanalytische Bemerkungen über einen autobiographisch beschriebenen
  Fall von Paranoia (Dementia paranoides) (inkl. Nachtrag)
  Eine Teufelsneurose im siebzehnten Jahrhundert

KULTURTHEORETISCHE SCHRIFTEN:

Totem und Tabu (Band 10451)
Einige Übereinstimmungen im Seelenleben der Wilden und
der Neurotiker
Einleitung von Mario Erdheim

Massenpsychologie und Ich-Analyse / Die Zukunft einer Illusion (Band 10452)
Einleitung von Reimut Reiche

Das Unbehagen in der Kultur (Band 10453)
Und andere kulturtheoretische Schriften
Einleitung von Alfred Lorenzer und Bernard Görlich
  Das Unbehagen in der Kultur
  Die »kulturelle« Sexualmoral und die moderne Nervosität
  Zeitgemäßes über Krieg und Tod
  Warum Krieg?

Der Mann Moses und die monotheistische Religion (Band 10454)
Und andere religionspsychologische Schriften
Herausgegeben und eingeleitet von Ilse Grubrich-Simitis
  Der Mann Moses und die monotheistische Religion
  Zwangshandlungen und Religionsübungen
  Vorrede zu ›Probleme der Religionspsychologie‹ von Theodor Reik
  Zur Gewinnung des Feuers

S. Freud – Werke im Taschenbuch (Gesamtübersicht)

ÜBER KUNST UND KÜNSTLER.

Der Wahn und die Träume in W. Jensens ›Gradiva‹ (Band 10455)
(inkl. Nachtrag zur zweiten Auflage)
Mit dem Text der Erzählung von Wilhelm Jensen
und Sigmund Freuds Randbemerkungen
Herausgegeben und eingeleitet von Bernd Urban

Der Moses des Michelangelo (Band 10456)
Schriften über Kunst und Künstler
Einleitung von Peter Gay
    Psychopathische Personen auf der Bühne
    Der Dichter und das Phantasieren
    Das Motiv der Kästchenwahl
    Der Moses des Michelangelo (inkl. Nachtrag)
    Vergänglichkeit
    Einige Charaktertypen aus der psychoanalytischen Arbeit
    Eine Kindheitserinnerung aus ›Dichtung und Wahrheit‹
    Das Unheimliche
    Dostojewski und die Vatertötung
    Goethe-Preis

Eine Kindheitserinnerung des Leonardo da Vinci (Band 10457)
Einleitung von Janine Chasseguet-Smirgel

VORANALYTISCHE SCHRIFTEN:

Schriften über Kokain (Band 10458)
Aufgrund der Vorarbeiten von Paul Vogel
herausgegeben und eingeleitet von Albrecht Hirschmüller
    Über Coca (inkl. Nachträge)
    Beitrag zur Kenntnis der Cocawirkung
    Über die Allgemeinwirkung des Cocains
    Gutachten über das Parke Cocain
    Bemerkungen über Cocainsucht und Cocainfurcht
Im Anhang: Cocaine

Zur Auffassung der Aphasien (Band 10459)
Eine kritische Studie
Herausgegeben von Paul Vogel
Bearbeitet von Ingeborg Meyer-Palmedo
Einleitung von Wolfgang Leuschner

Jean Starobinski, Ilse Grubrich-Simitis, Mark Solms
Hundert Jahre ›Traumdeutung‹ von Sigmund Freud
Drei Essays

Zusammengestellt von Ilse Grubrich-Simitis
Der Band enthält zwei Faksimiles
Band 14928

Freuds Opus magnum wurde zur Millennium-Wende hundert Jahre alt. Wie der Autor selbst sagte: »Die Psychoanalyse ist sozusagen mit dem zwanzigsten Jahrhundert geboren; die Veröffentlichung, mit welcher sie als etwas Neues vor die Welt tritt, meine ›Traumdeutung‹, trägt die Jahreszahl 1900.« Die enorme Spannweite des Jahrhundertbuchs spiegelt sich in der Vielgestaltigkeit der drei Essays renommierter Freud-Forscher wider.

»Ja, die ›Traumdeutung‹ war in der Tat ein Jahrhundertbuch. Vorab ein mutiges Buch, weil Freud kein sexuelles und kein familiäres Tabu mehr gelten ließ und auch mit der Analyse von fünfzig eigenen Träumen bei aller Diskretion den autobiographischen Bezug nicht scheute. [...] Es war ein schöpferisches Buch, das den Menschen anders sehen lehrte, wahrlich nicht besser, nicht höher, sondern abgründiger, dunkler [...]. Und es war in all dem ein epochemachendes Buch, das aus dem 20. Jahrhundert das an humaner Seelenwissenschaft reichste Jahrhundert gemacht hat. [...] Jean Starobinski denkt über das Vergil-Motto Freuds nach, das den Entdecker des Unbewußten in der Rolle des trotzigen Aufklärers, des prometheischen ›Menschen in der Revolte‹ zeigt [...]. Mark Solms revidiert das inzwischen gängige Vorurteil, die Psychoanalyse harmoniere nicht mit der avancierten Neurowissenschaft, die ihr heute das Wasser abgraben soll. Und Ilse Grubrich-Simitis, die beste Kennerin der Textgeschichte des Freudschen Werkes, zeichnet detailliert und luzide die Metamorphosen der ›Traumdeutung‹ von der ersten bis zur achten Auflage nach [...]. Diese Metamorphosen zeigen den großen Arbeiter Freud, den kooperativen Pionier einer neuen Wissenschaft, der auch das Werk seiner Schüler integriert.«

Ludger Lütkehaus (Neue Zürcher Zeitung)

Fischer Taschenbuch Verlag

Ilse Grubrich-Simitis
Zurück zu Freuds Texten
Stumme Dokumente sprechen machen

Der Band enthält zahlreiche Abbildungen und Faksimiles
Leinen. 399 Seiten

Das Buch, mittlerweile in mehrere Sprachen übersetzt, bahnt einen in
der Freud-Forschung noch nie eingeschlagenen Weg. Es eröffnet unmittelbaren Zugang zur terra incognita der *Handschriften* Freuds und
damit zum bisher verborgenen spannungsreichen Mikrokosmos seiner
Kreativität. Sozusagen diesseits von Sekundärliteratur bringt die Auto-
rin, Psychoanalytikerin und Freud-Editorin, die Dokumente selbst zum
Sprechen, darunter viele bisher unbekannte Originaltexte. In einer neu-
artigen Form authentischer Werkstattanalyse erzählt sie, wie der Be-
gründer der Psychoanalyse als Wissenschaftler und Schriftsteller *gear-
beitet* hat. Es ist, als ob das Œuvre, das ja nicht nur einen Paradigmen-
wechsel in den Wissenschaften vom Menschen bewirkt hat, sondern
auch ein längst klassisches Exempel großer Prosa verkörpert, seine komplizierte Entstehungsgeschichte selbst erzählte.

»Ilse Grubrich-Simitis hat ein vorzügliches Buch geschrieben ... Man hat
das Gefühl, an einer Freudschen Analyse teilzunehmen.«
Frankfurter Allgemeine Zeitung

»Ilse Grubrich-Simitis läßt uns einen unbekannten Freud entdecken,
einen Freud, der nicht nach den aktuellen Regeln des Anti-Freudismus
revidiert oder manipuliert ist, einen – im Gegensatz zu den verschiedenen psychoanalytischen Schulen – nicht-interpretierten Freud, einen in
seiner Eigenständigkeit, seiner Realität und Materialität restituierten
Freud, jenseits von Hagiographie und Deutungen.«   *Le Monde*

»Ein hervorragender Beitrag zum wachsenden Verständnis von Freud als
Denker wie als Schriftsteller... ein exzeptionell bedeutendes Buch.«
The New York Times

S. Fischer

fi 1025 / 7